工会理论与实践前沿报告

（2021—2022）

复旦大学、上海工会管理职业学院———编

天津出版传媒集团

天津人民出版社

图书在版编目（ＣＩＰ）数据

工会理论与实践前沿报告. 2021—2022 / 复旦大学, 上海工会管理职业学院编. -- 天津 : 天津人民出版社, 2023.10
ISBN 978-7-201-19815-6

Ⅰ.①工… Ⅱ.①复… ②上… Ⅲ.①工会工作—研究报告—中国—2021-2022—文集 Ⅳ.①D412.6-53

中国国家版本馆 CIP 数据核字(2023)第 180956 号

工会理论与实践前沿报告(2021-2022)

GONGHUI LILUN YU SHIJIAN QIANYAN BAOGAO(2021-2022)

出　　版	天津人民出版社
出 版 人	刘　庆
地　　址	天津市和平区西康路35号康岳大厦
邮政编码	300051
邮购电话	（022）23332469
电子信箱	reader@tjrmcbs.com
责任编辑	王佳欢
特约编辑	佐　拉
封面设计	明轩文化·李晶晶
印　　刷	天津新华印务有限公司
经　　销	新华书店
开　　本	710毫米×1000毫米　1/16
印　　张	18.25
插　　页	2
字　　数	240千字
版次印次	2023年10月第1版　2023年10月第1次印刷
定　　价	89.00元

富钟 厚友 王李 主编

李 冉

目　录

第五篇　新经济形态和新型劳动者群体

第六篇　域外工人运动与劳动关系

第一篇

马克思恩格斯经典理论

马克思恩格斯论工人阶级上升为无产阶级 *

　　面对西方"蜕化论""衰退说"和对相关概念的混同使用,有必要甄别和回答对工人阶级和无产阶级所形成的若干争论。在马克思恩格斯看来,工人阶级虽是工业资本主义兴起的历史产物,但只有上升为无产阶级才具有世界历史意义。无产阶级并不是资本逻辑的直接产物,却通过私有财产关系确证自身被统治的地位,从而要求全面改写资本主义整体框架。那么,工人阶级上升为无产阶级的历史条件有哪些? 其中的关键因素是什么? 又是如何实现上升的? 带来了哪些方面的改变? 马克思恩格斯通过工人阶级和无产阶级"两条线索",揭示上升的目的是实现从资本限定工人到无产阶级限定资本逻辑的转变,奏响了资本主义自我否定式发展的"变奏曲"。马克思恩格斯着眼未来考察无产阶级的历史使命,在概念的高度把握住了无产阶级具有的时代超越性,对于探索无产阶级革命的具体道路和分析现代世界发展趋势具有重要启示。

一、在争论中还原马克思恩格斯对工人阶级、无产阶级的论述

　　目前国内外在解读马克思恩格斯对无产阶级革命运动的影响时,存在以下问题:一是混同使用工人阶级和无产阶级的概念,导致遮蔽马克思恩格斯使用这两个概念的不同意义;二是没有意识到相对于同时代思想家,马克

---

　　*　本文原载于《复旦学报(社会科学版)》2021 年第 2 期。

思恩格斯提出从工人阶级上升至无产阶级的革命性意义；三是针对资本主义新变化出现了工人阶级蜕化论、无产阶级衰退说，没有看到马克思恩格斯探索无产阶级革命具体道路的开放性。只有在还原中准确把握马克思恩格斯对工人阶级和无产阶级的相关论述，才能在"回到马克思"中回答上述争议。

（一）甄别对工人阶级、无产阶级的若干争论

"混同说"之所以把工人阶级等同于无产阶级，是因为混淆了阶级划分与阶级立场。C.白蒂尔海姆区分了社会阶级及其阶级立场，①从而看到处于相同社会阶级却具有不同阶级立场的情况。相对于资本主义社会占统治地位的阶级而言，工人阶级和无产阶级都被归入被统治阶级。可是，前者却不一定具有后者解放自己乃至全人类的阶级立场。K.普朗迪和 R.M.布莱克伯恩就在同一企业调研中发现，对待工会行动蓝领工人支持社会团结的左翼阶级立场，而白领工人则采取反对政治斗争的保守阶级立场。②马克思恩格斯早在考察工人状况时揭示了这一问题。旧工人阶级在工场手工业时期就存在，他们靠纺纱织布耕地为生，"但是，他们至少不是无产者"③；而资本主义现代大工业发展中出现的新工人阶级社会地位却要低一等，因为他们已经沦为机器的一部分。"但是，正因为如此，工业革命也就促使他们去思考，促使他们去争取人应有的地位。"④

马克思恩格斯已经在新工人阶级身上看到了其上升为无产阶级的历史必然性。这使他们超越了同时代思想家对工人运动的影响。作为曾经的青年黑格尔派密友，卢格与马克思在批判黑格尔法哲学方面志同道合，⑤但是西

---

① 参见［法］C. 白蒂尔海姆：《无产阶级专政社会各阶级和无产阶级意识形态》，《每月评论》，1971 年 11 月。

② 参见［法］K.普朗迪、［法］R.M.布莱克伯恩等：《概念与尺度团结的范例》，《社会学杂志》，1974年 8 期。

③ 《马克思恩格斯文集》（第一卷），人民出版社，2009 年，第 389 页。

④ 同上，第 390 页。

⑤ 参见姚远：《卢格与马克思——黑格尔法哲学批判的两种书写》，《中国社会科学报》，2018 年11 月 21 日。

里西亚纺织工人起义改变了卢格的共产主义立场,使二人从此分道扬镳。普鲁东是当时法国工人运动的一面旗帜,他对巴黎公社成立的影响要大于马克思恩格斯。然而巴黎公社作为无产阶级专政的一次尝试昙花一现,成为"普鲁东社会主义学派的坟墓"①。普鲁东看不到,在没有彻底消灭阶级对立的情况下,无产阶级不可能实行专政;并且马克思恩格斯所设想的无产阶级专政不是一种"简单地掌握现成的国家机器"②的国家形式,而是通过无产阶级消灭国家来实现解放。

资本主义社会虽然制造了新工人阶级,却不会必然制造出无产阶级。无产阶级并不是资本主义的工业逻辑制造出来的,而是反映了以私有财产关系为中介,资产阶级对无产阶级进行政治统治的权力关系;工人阶级只反映了资本家支配工人劳动的权力关系。在工人阶级身上或许没有自觉的政治呼声,但是在无产阶级身上却存在自觉的革命行动。

然而无产阶级革命并没有首先在发达资本主义国家取得胜利,无产阶级也没有随着这些国家的发展而壮大起来,西方社会③就出现了工人阶级被同化和无产阶级革命性衰退等声音。这些观点虽然看到了资本主义发展的客观形势对工人阶级和无产阶级的现实影响,却没有看到这种影响到底具

---

① 《马克思恩格斯选集》(第二卷),人民出版社,1972年,第334页。

② 中央编译局编译:《马克思恩格斯列宁斯大林论巴黎公社》,人民出版社,1961年,第362页。

③ A.埃马奴尔认为发达资本主义国家没有工人阶级,只有"工人贵族"。他看到由于国际劳动分工所造成的特权现象,但没有看到这一分工并未在无产阶级与资产阶级之间建立起利益一致的关系;F.鲍恩和M.A.布尔涅认为技术发展改变了无产阶级的革命立场。这是因为技术进步导致无产阶级职业地位的下降,却没有改变整个社会的体制机制和意识形态;在马尔库塞看来,消费社会通过控制工人阶级的需求,使无产阶级陷入"革命革不起来的反常时期"。这是因为马尔库塞没有从无产阶级这个高度来看待革命事业,导致他过分低估了工人阶级的反抗能力。参见H.韦伯尔:《工业社会中无产阶级的革命性在衰退吗?——评A.埃马奴尔、F.鲍恩、M.A.布尔涅、H.马尔库塞的"工人阶级蜕化论"》,《哲学译丛》,1979年第4期。艾伦·伍德则认为,新自由主义为无产阶级的形成提供了新的历史条件。在"民主+资本主义"的框架中仍然存在资本主义在政治上要求形式平等而在经济上服从资本逻辑的矛盾,为工人阶级从经济斗争上升到改写资本主义体系的政治斗争提供了条件。埃里克·霍布斯鲍姆进一步从资本逻辑所导致的全球危机指出,只有通过无产阶级革命才能使资本主义转向社会主义。参见张双利:《再论〈共产党宣言〉的当代意义——纪念中文版发表100周年》,《探索与争鸣》,2020年第8期。

有何种意义还要取决于革命者自身。无产阶级是在整个资本主义体系既有框架内确证自身被统治的地位,这就决定了它必然会具有的历史使命。

(二)马克思恩格斯的历史洞见

马克思恩格斯分别在历史条件、上升途径和现实指导三个层面作了开拓性探索。第一,马克思恩格斯立足工业资本主义的历史背景考察无产阶级的历史使命。第二,工人阶级在成为无产阶级之前先要沦为无产者,之后又存在一个极其艰难的转变过程。在工人阶级上升之后,其历史使命是通过无产阶级革命把握整个现代社会的历史发展进程。第三,马克思恩格斯把无产阶级理论运用到对工人运动的现实指导当中。面对 19 世纪末英国工人阶级斗争陷入低潮的情况,马克思恩格斯认为,这是因为工人还没有真正建立无产阶级革命政党而受资产阶级控制所导致的。工人没有被具有鲜明阶级立场的无产阶级政党组织起来,"工人运动就不可能是政治性的"①,也不可能具有解放自己进而解放全人类的世界历史意义。恩格斯在 1881 年反思这段历史时就指出"世界上没有任何力量能够对组织成一个整体的不列颠工人阶级进行哪怕是一天的抵抗"②。

从马克思恩格斯终其一生投入到无产阶级革命事业来看,他们并没有对工人阶级丧失信心,而是努力打通工人阶级上升为无产阶级的诸多环节。因此,考察工人阶级如何上升为无产阶级的问题必须回到马克思恩格斯及其所处时代的历史语境当中寻找答案。

二、马克思恩格斯立足工业资本主义考察上升的条件

资本主义生产关系早在 14 至 15 世纪的地中海沿岸就萌芽了。从 16 世纪开始,西欧各国陆续通过资产阶级革命扫清资本主义现代大工业发展的路障。现代大工业存在的条件也是工人存在的条件。恩格斯直接从工人的实际生活观察中探究工人生活贫困的原因,形成了《英国状况·十八世纪》《英国工人阶级状况》等理论思考。受恩格斯的影响,马克思通过介入政治经济

---

① 关勋夏:《试析十九世纪末期英国工人运动衰落的原因》,《史学月刊》,1992 年第 6 期。

② 《马克思恩格斯全集》(第 19 卷),人民出版社,1963 年,第 286 页。

学对工人的社会状况进行了初步的理论分析,集中体现在《1844年经济学哲学手稿》《神圣家族》等早期著作当中。马克思恩格斯立足资本主义工业发展的时代背景,探寻工人阶级上升为无产阶级的可能条件与关键要素。

(一)时代的铺垫与历史的抉择

工业资本主义兴起的时代背景。在恩格斯的考察语境中,现代工人生活在以"蒸汽力和机器"①推动生产力大发展的生产关系当中。英国作为当时典型的资本主义工业国,既通过"蒸汽力和机器"成全了英国资本家,又催生出了大量生活贫困的工人。这些工人为了生计不得不出卖劳动力。这种工业发展模式造就了这样一种制度,"这个制度使文明社会越来越分裂,一方面是一小撮路特希尔德们和万德比尔特们,他们是全部生产资料和消费资料的所有者,另一方面是广大的雇佣工人,他们除了自己的劳动力之外一无所有"②。对"生产资料和消费资料的所有"使资本家作为一个阶级享有对作为对立面阶级即工人的劳动进行支配的权力。现代工人作为资本主义社会的被压迫阶级,就诞生于机器大工业在分工上对人与人之间劳动关系的改写当中。

在工业资本主义时代所催生的历史任务。工人在机器大工业所带来的自由竞争社会中被推向了万丈深渊。一方面,在激烈的竞争中,资本主义生产必须扩张,否则就无法消化资本过剩和失业工人过剩所带来的经济危机;另一方面,资本过剩是建立在无偿占有工人在劳动中创造剩余价值的基础之上,直接导致了工人的贫困生活,而失业工人过剩则是一无所有的工人在市场上出卖劳动力时自由竞争的恶果。这就决定了工人不能简单地争取更多的权益,要想彻底改变悲惨命运就要全面推翻这种资本主义生产框架本身,这是工人所面临的历史任务。这样就能理解,为什么恩格斯说"现代英国工人阶级的贫困和穷苦却具有全国性意义,甚至具有世界历史意义"③。工人的历史使命是被工业资本主义逻辑划定的,也是消灭生活贫困不得不面对

---

① 《马克思恩格斯文集》(第一卷),人民出版社,2009年,第376页。

② 同上,第368页。

③ 同上,第93页。

的历史选择。

青年恩格斯对英国工人运动的实际考察不仅从实证分析上对青年马克思产生深刻影响,而且促使他与沉浸在思辨唯心主义当中不能自拔的青年黑格尔派主将布·鲍威尔等人展开论战。青年马克思恩格斯放弃了对纯粹思辨理论的探讨,转而关注现实生活中实际的物质利益问题。这种转向又使得他们与工人运动相结合,在参加工人的集会中深入了解工人的真实处境。他们很快就意识到,科学技术发展和工人斗争都未能有效改善工人阶级的恶劣处境,工人阶级斗争的目的只能用资本主义经济制度框架所造成的对立状况来解释,"应当到资本主义制度本身中去寻找"①。作为工厂主的资本家在这种制度安排下"不但自己不感到有任何解放的需要,而且还全力反对工人阶级的自我解放,工人阶级就应当单独地准备和实现社会变革"②。这就是青年马克思恩格斯与工人运动结合的原因,其目的是使工人阶级上升为无产阶级,把工人的自我解放运动提升到阶级革命的高度。

(二)上升的可能条件与关键因素

异化劳动创造了工人阶级上升为无产阶级的可能性。面对资本主义大工业在早期发展中所造成的工人极端贫困处境,马克思从异化劳动视角剖析了工人对劳动的依附及其造成的异化现象。在资本主义大工业之前也有贫困问题,但工业革命却使工人的贫困成为严重的社会问题,并且导致贫困悬殊的两极分化。在马克思看来,工人贫困是与异化劳动相互缠绕在一起的。工人在劳动中与劳动产品的分离直接导致异化劳动的产生,"工人在劳动中耗费的力量越多,他亲手创造出来反对自身的、异己的对象世界的力量就越强大,他自身、他的内部世界就越贫乏,归他所有的东西就越少"③。工人非但不能享有劳动产品,为了生存还要用低价工资购买所生产出来的劳动产品,忍受二次剥削。这就为工人反抗现行经济运行及其制度框架提供了一种可能性。

① 《马克思恩格斯文集》(第一卷),人民出版社,2009年,第368页。

② 同上,第370页。

③ 同上,第157页。

　　然而异化劳动非但不会使工人团结在一起,还会激化工人阵营的分裂,加剧工人之间的相互竞争。因为工人要想得到工作,不仅会在异化劳动中服从有组织地剥削,还会利用各种竞争优势①排斥其他工人,否则他就没有工作,活不下去了。

　　虽然在矛盾激化的时候工人也会反抗,这种反抗也会成为资本主义危机产生的重要原因,但是危机也不会使得工人就自动上升为无产阶级。因为危机是资本主义生产方式的必然产物。资本主义一定会在其自身之内采取各种措施,化解、缓和、消灭危机的爆发。受到一系列改良措施的影响,资本主义非但没有灭亡,还在各个领域通过改善工人条件,竭力同化工人阶级。这就是滋生工人阶级"终结论"或"消亡说"的重要背景。这种杂音之所以不正确,是因为它只局限于资本主义发展的客观立场,而忽视了工人自身的革命主动性,甚至有意否定工人斗争的革命意志和决心。马克思恩格斯不仅看到危机会在客观上迫使工人阶级超越对立状态,朝着具有普遍革命意识的无产阶级过渡,而且认为工人阶级要想上升为无产阶级,必须是由工人自己来发动的!

　　《共产党宣言》就特别强调了教育因素使"工人彻底超越了相互竞争的状态,达到无产阶级革命所要求的普遍性"②。

　　马克思恩格斯所指出的教育因素,第一个方面来自资产阶级本身。资产阶级反对封建专制的斗争同时也促进了无产阶级的发展。工人在参与资产阶级领导的政治运动中,不仅援助了资产阶级,而且在资产阶级政治革命中争取自身权益,从而借助于资产阶级向无产阶级转化。也就是说,"资产阶级自己就把自己的教育因素即反对自身的武器给予了无产阶级"③。第二个方面来自对资本逻辑辩护的超越。"工业的进步把统治阶级的整批成员抛到无产阶级队伍里去,或者至少也使他们的生活条件受到威胁。他们也给无产阶

---

　　① 这种情况最典型的是:在同工同酬上,女工和童工会利用自身身体弱势条件主动要求降低劳动报酬,达到排斥男工和其他女工、童工的目的。这种以低成本来增加自己竞争优势的做法,不仅会在劳动中损伤身体,往往还会达到反人道主义的残酷地步。

　　② 张双利:《论〈共产党宣言〉对资本主义的批判》,《探索与争鸣》,2018年第5期。

　　③ 《马克思恩格斯文集》(第一卷),人民出版社,2009年,第41页。

级带来了大量的教育因素。"①工人被工业资本组织起来,在资本主义生产方式中沦为工业资本自我增值的牺牲品。但是国民经济学家们却为资本的这种逻辑进行正当辩护,完全忽视了工人物质生活条件的贫困。而工人的受教育恰恰需要从对这种物质生活条件的认识中获得。第三个方面就是以马克思恩格斯为代表的无产阶级知识分子对生活贫困工人的思想教育。他们出生在资本主义大工业时代,却看到了资本主义自我否定的发展逻辑,进而转向能够掌握未来的阶级。"正像过去贵族中有一部分人转到资产阶级方面一样,现在资产阶级中也有一部分人,特别是已经提高到能从理论上认识整个历史运动的一部分资产阶级思想家,转到无产阶级方面来了。"②这部分人把自己的思想与时代的发展紧密联系在一起,在指导工人运动中成为工人阶级上升到无产阶级最为重要的思想环节和教育因素。

三、马克思恩格斯指出工人阶级上升为无产阶级的途径

马克思恩格斯已经从工业资本主义兴起的时代背景中敏锐洞察到工人阶级上升为无产阶级的必然趋势。那么,他们又是如何揭示出这一上升的历史过程？只有对其中的上升环节有所把握,才能提炼出无产阶级坚定的阶级立场,呈现无产阶级通过解放自身实现全人类解放的普遍性高度。

(一)自然人、工人、无产者、无产阶级

伴随着前资本主义社会向资本主义社会转型的是自然人向工人的身份转变。工人在资本主义私有制框架下沦为无产者,成为过渡到无产阶级的中间环节,最终无产阶级在革命中以"自己的面目"建构新世界。这一系列转变反映了在资本主义社会的具体历史发展进程中人与人之间关系的变化,内在地揭示了资本主义自我否定发展的客观规律。

第一,自然人成为工人,必然要经历商品化阶段。自由竞争的商业社会使自然人自由地出卖劳动力,成全了人与人之间自由买卖的关系,使自然人通过出卖劳动力顺利地成为工人。其结果是资本主义社会使自然人商品化,

---

① ② 《马克思恩格斯文集》(第一卷),人民出版社,2009年,第41页。

即人与人之间的关系是通过商品的中介形式来实现的。资产阶级古典政治经济学家亚当·斯密是从分工角度①理解这一社会关系的实质。黑格尔则认为商品使人摆脱了传统的血缘、宗法和等级关系，可以使人在商品面前建立起独立人格。可他却没有看到人与人之间的这种平等只具有抽象意义，其实质是商品拜物教②的统治。这些理论家只看到了人与人在商品化世界的形式层面，而没有像马克思恩格斯那样看到商品形式背后的实质内容是工人被赤裸裸地剥削和压榨，是被商品自由买卖所掩盖的资本家支配工人劳动的经济关系。"工人对劳动的关系，生产出资本家——或者不管人们给劳动的主宰起个什么别的名字——对这个劳动的关系。"③

第二，工人沦为无产者。资本主义社会的异化劳动造成了人的普遍异化，在现实生活中又通过极端的贫富分化表现出来。贫富分化的直接表达形式是工人在绝对贫困中沦为无产者，而资本主义体系就是依靠支配和排斥绝大多数无产者才得以运转的。这就导致无产者的反抗。无产者的身份之所以会彻底激活资本主义体系中被压迫、被剥削的社会反抗力量，是因为无产者"直接被无法再回避的、无法再掩饰的、绝对不可抗拒的贫困"④逼向了死地。马克思不仅指出了无产者的来源，还对无产者进行了甄别。工场手工业时期的旧工人阶级不是无产者。他们主要是织工工人，通过家庭纺纱和自主耕种过着惬意的生活。而之后的新工人只能通过出卖劳动力成为机器运转的一个组成部分，完全靠工资生活。"他们确实也不算是人，而只是一部替一直主宰着历史的少数贵族做工的机器。"⑤被剥夺了作为人的最后一点残余，促使这些转化为无产者的工人思考争取他们作为人应有的地位，这就掀起了工人的斗争。

---

① 参见刘绍唐、李雅君：《试论亚当·斯密的社会商品经济理论》，《贵州师范大学学报（社会科学版）》，1987 年第 1 期。

② 参见夏林：《黑格尔的主 – 奴辩证法与商品拜物教的呈现》，《华中科技大学学报（社会科学版）》，2005 年第 2 期。

③ 《马克思恩格斯文集》（第一卷），人民出版社，2009 年，第 166 页。

④ 同上，第 262 页。

⑤ 同上，第 390 页。

第三,工人的三重斗争。工人被异化为机器,必然会产生对机器的憎恨,所以工人首先会发起反抗生产工具的斗争。工人很快就意识到对机器的破坏并不能改变自身的处境。因为在资本主义的工商业社会之下所展开的是资本家对工人劳动的支配,是人与人之间不平等的权利关系,而不是资产阶级理论家所向往的那种自由而平等的抽象关系。工人要想改变不对等的劳动地位,改善恶劣的劳动条件,就要展开争取权利的斗争。所以,工人的第二重斗争就是在劳动中意识到实际权利之间的失衡之后所展开的争取权利的斗争。最后就是已经上升为无产阶级的工人反抗整个资本主义体系的斗争。随着工人对资本主义劳动分工体系贡献性的不断增加,必然会带来对资本主义私有制所决定的整个资本主义体系的斗争,也就是对资本主义框架本身的全面改写。这是工人斗争的最终走向。

第四,在阶级划分上讨论工人斗争有别于具有明确阶级立场的无产阶级革命。英国学者莱什发展了马克思从生产劳动出发提出的阶级斗争理论。他认为在资本主义生产劳动中,工人与无产阶级虽然都是"具有相同阶级划分的阶级,其阶级立场并不一样"[1]。二者都属于被压迫、被剥削的社会底层阶级,但是很显然,工人却不具备无产阶级消灭私有财产的同时消灭自己的鲜明革命立场。因为工业无产阶级即工人阶级[2]的对立面是购买劳动力的资本家阶级,其对立范围只存在于买卖关系当中;而无产阶级的对立面是支配私有财产(财富)的资产阶级(有产阶级),其对立范围却存在于整个资本主义私有制当中。这就决定了,"无产阶级执行着雇佣劳动由于为别人生产财富、为自己生产贫困而给自己做出的判决,同样,它也执行着私有财产由于产生无产阶级而给自己做出的判决"[3]。无产阶级不仅受到雇佣劳动的支配,更受到私有财产的支配。这种双重支配决定了无产阶级不是像工人那样在

---

[1] [英]S.M.莱什:《生产劳动、阶级划分与阶级立场》,《哲学译丛》,1979年第4期。

[2] 无产阶级除了包括工业无产阶级,还包括依靠土地也不能养活自己的农业无产阶级,以及从资产阶级中分化出来而具有无产阶级立场的中间阶级,这个中间阶级是无产阶级在革命中需要争取的社会力量。

[3] 《马克思恩格斯文集》(第一卷),人民出版社,2009年,第261页。

斗争中反抗个别资本家,而是旨在消灭整个资本主义私有制。这是它鲜明的阶级立场。

(二)上升的三个环节和三个改变

工人阶级上升为无产阶级不仅仅是身份的转变,以及阶级立场的明确,还存在着极为复杂的上升环节。马克思恩格斯正是基于对这些环节的把握,才能在无产阶级革命实践当中有效指导工人运动,促使工人阶级向能够肩负消灭资本主义私有制的无产阶级转型。

第一,斗争环节。资本家绝不会自愿取消对工人的劳动剥削,资产阶级也同样不会自动退出历史舞台。工人所具有的无产阶级立场是在阶级斗争中逐步获得的。这里面所展开的斗争不是资产阶级革命中先行社会革命(工业革命)再行推翻封建专制的政治革命的历史过程,而是先行推翻资产阶级国家机器的政治革命再行变革社会关系的社会革命。这是因为,在资本主义现代大工业刚兴起之时,国家还只是为了社会而存在的上层建筑。可是在此之后,政治国家与市民社会的关系就发生了转变。市民社会无法解决人的异化问题和贫困现象,导致自身无法维系,政治国家就开始对市民社会进行统摄和引领。这样的历史境遇使得无产阶级必须先通过暴力革命消灭资产阶级国家机器,才能进一步对社会关系进行改写。

第二,思想环节。工人在斗争中需要教育介入才能避免分裂和对立。教育是为了培养工人的无产阶级意识,使其在斗争中具有无产阶级的主体意识和阶级立场。这是无产阶级能够联合起来的前件要素。建立在资本主义私有制基础之上的资产阶级意识形态必然不会把工人当作社会的主体和国家的主人,造成工人主体意识的缺失。①通过来自资产阶级社会三个方面的教育,尤其是马克思恩格斯在对思辨唯心主义展开批判时,对体现无产阶级"思想"和"利益"的意识形态(即无产阶级革命思想)的确证,成为工人上升

---

① 笔者曾专门从意识形态视域探讨资产阶级意识形态缺失主体意识,企图用资产阶级的意识形态话语体系否定无产阶级在资本主义历史发展中所具有的主体地位。参见任帅军:《〈神圣家族〉意识形态思想探究》,《复旦学报(社会科学版)》,2020 年第 2 期。

为无产阶级的理论武器。工人一旦被"批判的武器"所掌握,就会让"思想的闪电""彻底击中这块朴素的人民园地"①,从而使工人具有无产阶级的主体意识和阶级立场,进而自觉地实现"武器的批判"所具有的改变世界的现实力量。

第三,组织环节。工人被机器组织起来与无产阶级的高度组织性具有不同的社会意涵。工人是被捆绑在机器上的奴隶,其所获得的高度组织性来自机器。工人原本就是处于分离和竞争的状态,是资本主义社会的一盘散沙,是被机器组织起来的劳动力。无产阶级的高度组织性不可能在工人这里就有。马克思恩格斯与工人运动相结合的直接目的就是把工人组织起来,使工人斗争上升到无产阶级革命的高度。工人在此之前虽然被资产阶级组织起来反对封建专制统治,却并未因为被组织起来而改变了被统治的命运。当工人要在资本主义框架下彻底改变自身的既定命运,而有意识地自我组织起来的时候,就使这种组织性质提升到了无产阶级革命的高度。马克思恩格斯在1847年创建了世界上第一个无产阶级政党——共产主义者同盟,就是为了使工人上升为能够担当历史转型任务的无产阶级。

工人阶级上升为无产阶级给整个资本主义体系带来了三个方面的革命性改变。

首先,由无产阶级意识形态引发的革命。工人上升为具有主体意识和阶级立场的无产阶级,就会引发无产阶级意识形态对抗资产阶级意识形态的革命。这场革命既体现为马克思恩格斯与国民经济学以及各种唯心主义历史观的斗争,又体现在他们对历史唯物主义的创建和科学化论证。正是意识形态斗争既反映又推动着时代的变迁,马克思才说,"如果从观念上来考察,那么一定的意识形式的解体足以使整个时代覆灭"②。

其次,由无产阶级的贫困生活引发的革命。工人在劳动分工体系中创造的财富是社会性的财富,但是这些社会性财富却无法返回和成全社会,造成

---

① 《马克思恩格斯文集》(第一卷),人民出版社,2009年,第17页。
② 《马克思恩格斯文集》(第八卷),人民出版社,2009年,第170页。

了工人的贫困。工人只有转变成与财富对立的无产阶级,才能在消灭资本主义私有制的革命中消灭以雇佣劳动方式对自己的出卖,消灭作为私有财产对立面的无产者的自己。无产阶级在消灭私有制后不会成为新的统治阶级,因为"无产阶级在获得胜利时,无论如何决不会因此成为社会的绝对方面,因为它只有消灭自己本身和自己的对立面才能获得胜利"①。

最后,由无产阶级对资本主义生产方式变革引发的革命。这是无产阶级革命中最根本的内容。工人只是工业技术(机器)与私有财产(资本)合谋下的社会牺牲品。只有当工人上升为无产阶级的时候,他才能在这一牺牲中明白自己的悲惨命运,明确自己改写资本主义生产方式的必然使命。所以马克思认为,无产阶级不消灭由资本主义生产方式所决定的社会生活条件就无法解放自己。"如果无产阶级不消灭它本身的生活条件,它就不能解放自己。如果它不消灭集中表现在它本身处境中的现代社会的一切非人性的生活条件,它就不能消灭它本身的生活条件。"②资本主义生产方式使无产阶级革命日趋成熟,因此马克思指出无产阶级的"目标和它的历史使命已经在它自己的生活状况和现代资产阶级社会的整个组织中明显地、无可更改地预示出来了"③。

四、马克思恩格斯在无产阶级身上看到了未来

在马克思恩格斯看来,无产阶级既是代表未来的力量,又是通向未来的力量。无产阶级革命不仅是对资本主义自我否定式发展的深刻把握,更以超越资本主义整体框架的方式把握着未来。只有着眼于未来考察无产阶级的历史使命,才能明白马克思恩格斯在概念的高度把握无产阶级所具有的时代超越性和思想开放性。

(一)"两条线索"奏响的"变奏曲"

马克思恩格斯是通过"两条线索"即工人阶级和无产阶级,"一个主题"

---

① 《马克思恩格斯文集》(第一卷),人民出版社,2009 年,第 261 页。
②③ 同上,第 262 页。

即实现人的解放,考察资本主义发展初期展现的劳动支配关系,以及在发展中暴露的不可调和的内在矛盾。他们在探究工人阶级上升为无产阶级背后的物质动因时,揭示了资本主义自我否定式发展的历史规律。

在第一条线索中,工人阶级的斗争始终是在资本限定工人的语境下展开的。资本主义生产方式用雇佣劳动这种形式建立了资本家与工人之间剥削与被剥削的关系。在这种生产劳动中所展开的人对人的权力关系的实质是,资本家作为生产资料的所有者无偿占有工人的劳动产品。所以,工人阶级斗争的核心始终围绕着生产劳动展开。在第二条线索中,无产阶级革命是在无产阶级限定资本逻辑的语境中展开的。此时的无产阶级已经意识到,资本主义社会中资产阶级对无产阶级的统治是被资产阶级政治革命所终结了的统治,是被人与人之间在法律和政治上的平等关系所中介了的支配。而这种所谓的"平等"只不过是商品经济在政治领域的表达,是资本逻辑在政治领域的延伸。因此,无产阶级很清楚自己革命的目的就是要在政治领域当中反抗它的经济统治关系,改变内在于资本主义私有制当中的政治权力关系,进而改变整个资本主义私有制框架。这就清晰地揭示了工人阶级上升到无产阶级的目的是实现从资本限定工人到无产阶级限定资本逻辑的转变。

不管是工人阶级的斗争,还是无产阶级革命,都旨在打碎资本主义私有制的经济统治。只不过二者在消灭支配其存在的对立面上有不同形式的差异,但是其本质都是要消灭以"物"(资本)的形式所展开的人对人的支配和统治,最终实现人的解放。所以,工人阶级斗争与无产阶级革命共同敲响了资本主义自我否定式发展的"变奏曲"。

当工人阶级上升为无产阶级之后,工人阶级斗争就成为无产阶级革命的当然组成部分。然而工人阶级可以在其主导的斗争范围内取得一定程度的胜利,无产阶级革命却并不一定会顺利获胜。马克思恩格斯虽然坚信无产阶级在革命中终将实现全人类的解放,但是他们也没有明确说过无产阶级革命就必然会取得胜利。这是因为,无产阶级革命获胜的物质条件是社会生产力的高度发达;主体条件是工人上升为无产阶级;路径条件是先行推翻资产阶级国家机器的政治革命,再行以国家为主导对社会关系变革的社会革命。然而在马克思恩格斯所生活的那个年代,资本主义自我否定式发展的逻辑虽然以周期性经济危机的形式呈现出来,但是资本主义在应对危机的同时不断进行自我调整,不仅有效缓和了阶级矛盾,还朝着垄断资本主义方向发展。无产阶级革命倒是首先在虽然不具备物质条件,却积累起来了足够矛盾的俄国爆发,使社会主义从革命理论变成了国家类型。马克思在19世纪80年代就提出"不通过资本主义制度的卡夫丁峡谷"[①]理论预见到了这个问题,使他对如何理解无产阶级革命呈现出不拘泥于固定模式的历史开放性。

马克思强调在不同历史条件下探索无产阶级革命的具体道路,对诞生于旧中国的中国共产党通过民族解放运动实现社会主义产生了深刻影响。在还没有取得民族独立的旧中国,无产阶级的力量已经开始壮大。中国共产党的成立就是马克思主义与中国无产阶级相结合的历史性产物。在中国共产党的领导下,新民主主义革命和社会主义革命先后在这片承受过深重灾难的土地上完成,使新中国重新焕发出新的生气。然而"党的最高理想和最终目标是实现共产主义"[②]。中国共产党并没有像资产阶级执政党那样成为新的统治阶级,而是将反帝反封建的最低纲领与实现共产主义的最高纲领相统一,不仅实现了无产阶级领导下的以建立社会主义现代化国家为使命的政治革命,而且在实现无产阶级革命与中华民族解放的内在一致中,通过制定"两个一百年"的奋斗目标深化推进社会革命,使社会主义在新的制度文明类型中熠熠生辉。这是在无产阶级的领导下,社会主义对资本主义的全新超越。

(二)无产阶级及其时代超越性

马克思恩格斯是着眼未来考察无产阶级历史使命的,因此就看到了工人阶级上升为无产阶级的历史必然性和时代超越性。他们看到了工人阶级的斗争是看到了当下,看到了无产阶级革命是看到了未来。因为无产阶级既属于马克思恩格斯身处其中的那个时代,又超越了工业资本主义正在兴盛

---

① 《马克思恩格斯文集》(第三卷),人民出版社,2009年,第575页。

② 《中国共产党章程》,人民出版社,2007年,第1页。

的历史阶段。无产阶级不仅作为资本主义社会日益壮大的阶级力量,代表着未来社会的全新发展方向;而且自身在概念上就具有一种超越资本主义的逻辑力量,相信通过自己的解放可以实现一切被压迫者的解放,最终实现全人类的解放。所以,马克思恩格斯在无产阶级身上看到了未来。

无产阶级代表着未来社会的发展方向,马克思恩格斯在无产阶级身上寄予了对资本主义历史局限性的超越。

第一,无产阶级断定的是资本主义走向自我否定式发展的逻辑本身。工人阶级的斗争还是在资本主义整体框架中进行的,而无产阶级革命则超出了这个框架本身,对它的未来发展做出了一种否定式的判断。在资本主义社会,"斗争现在已经达到这样一个阶段,即被剥削被压迫阶级(无产阶级),如果不同时使整个社会永远摆脱剥削、压迫和阶级斗争,就不再能使自己从剥削它压迫它的阶级(资产阶级)下解放出来"①,这就决定了无产阶级必须通过实现政治解放的阶级斗争形式来实现自身的解放。另外,当生产过剩和工人贫困之间的矛盾积累到一定程度,就会爆发经济危机,导致日趋尖锐的社会矛盾并以政治斗争的形式表现出来。于是,资产阶级不得不借助国家机器有目的、有组织地缓和阶级冲突,使得"赤裸的压迫"被"虚饰的剥削"所取代。②资本主义的国家干预加强了对无产阶级的社会控制,使资本主义的自我否定式发展更加隐蔽。这就更加需要无产阶级以革命的自觉性完成自身的历史使命。

第二,无产阶级给出了自己对未来命运和现代世界发展趋势的根本判断。资产阶级采取更加隐蔽的剥削手段,更加暴露出它自身否定式发展的必然逻辑,否则早就"采用作为它早期阶段的特征的那些小的哄骗和欺诈手段"③了。由此可知,面对资产阶级同化无产阶级的阴谋,无产阶级从来就没有在革命中妥协过。无产阶级通过革命所要实现的绝不仅仅是工人阶级对

① 《马克思恩格斯文集》(第二卷),人民出版社,2009年,第9页。

② 徐伟轩、吴海江:《恩格斯晚年对资本主义变化的认识及其时代意义》,《马克思主义研究》,2020年第4期。

③ 《马克思恩格斯文集》(第一卷),人民出版社,2009年,第366页。

自身权益的正当诉求,而是对资本主义整体框架的历史性改写。因此,无产阶级绝不会从对抗走向合作,而是要在革命中消灭资本主义私有制。随着私有财产关系的消灭,无产阶级也会因为自己的对立面——私有财产的消灭而自行消灭。但是,工人阶级却在这一解放过程中挣脱了资本主义生产关系的束缚,从私有财产关系下人对人的劳动支配关系中解放出来,不仅通过革命提升了生活需求,而且实现了自己作为人的解放。在资本主义之后的更高发展阶段,"工人"将不再作为谋生职业的称谓,而是作为实现个性的称谓而存在。工人为了实现自由而全面的发展,更加重视对"美好生活"的追求。在生产力高度发达的未来社会,工人创造的财富也能变成满足其他人需要的社会资源,人们将不会为了满足基本生存需求而苦苦挣扎。这就是无产阶级给自己下的定义。

第三,无产阶级在概念的高度上具有时代的超越性和思想的开放性。首先,无产阶级是在概念的高度之上统摄整个现代社会的发展逻辑。无产阶级与其所处的时代之间具有双重内涵的关联。无产阶级既是对工业资本主义兴起的时代背景的直接回应,又同时在自身的革命中超越资本主义这个特定的时代。所以,马克思恩格斯既在资本主义时代提出了无产阶级的历史使命,又通过无产阶级革命把握资本主义的未来发展趋势。无产阶级的概念高度就在于,它是对资本的逻辑得以展开之后带来的现代社会内在矛盾运动规律及其发展方向的深刻把握和科学揭示。因此,无产阶级立足它那个时代而能够超越它那个时代。其次,无产阶级是在概念的高度之上为思想与时代的互动预留了开放性空间。无产阶级与之后的思想家对时代的把握之间也具有双重内涵的关系。无产阶级既通过对自身所处时代的回应启发着后来的思想家,这些思想家又可以在新的时代之中根据新的现实要求不断发展无产阶级学说。只要在现实生活中还存在着被雇佣劳动和私有财产双重异化的人挣扎在贫困线上,马克思主义无产阶级革命学说就具有现实生命力。这也进一步印证了恩格斯在《共产主义原理》中从概念高度对无产阶级进行科学把握的深刻性:"完全没有财产的阶级,他们为了换得维持生存所必需的生活资料,不得不把自己的劳动出卖给资产者。这个阶级叫做无产者阶级或无产阶级。"①

（任帅军,复旦大学马克思主义学院讲师;肖巍,复旦大学马克思主义学院教授、博士生导师）

---

① 《马克思恩格斯文集》(第一卷),人民出版社,2009 年,第 677~678 页。

重思马克思"自主活动"概念的自由劳动意蕴 *

  自由是马克思思想的重要线索,自由劳动是实现自由的根本途径。马克思对自由劳动的思考需要追溯到"自主活动"概念。"自主活动"概念不仅是马克思对黑格尔"自我意识"的超越,也是对赫斯"自由行动"的扬弃,它否定了纯粹的精神活动的自主性。在马克思"实践哲学"那里,"自主活动"作为批判市民社会中的异化劳动出场,是对人的类本质的肯定方面。在确立唯物史观后,"自主活动"概念开始与生产力与生产关系的矛盾运动、分工联系在一起,马克思洞悉到阶级个性与分工个性不能替代自由个性,自由劳动才能带来人类解放和个人自由。

  自由劳动是马克思对人的自由何以实现的根本探索,他认为劳动应该作为人的"第一需要",劳动不应仅仅是人的手段,更是目的,在劳动中人们可以实现自身的自由个性,此时的劳动才是自由劳动,践行自由劳动的人才是自由的人。"自主活动"概念是马克思在早期文本中对人的自由何以可能做出的初步思考,为之后自由劳动思想的完善提供了理论前提。该概念主要集中在《1844 年经济学哲学手稿》(以下简称《手稿》)和《德意志意识形态》(以下简称《形态》)。起初,"自主活动"概念只是描述自由意志的表现形式,之后在阐释唯物史观基本原理的基础之上马克思再一次确证"个人的自主

---

  * 本文原载于《北京航空航天大学学报(社会科学版)》,2022 年 9 月网络首发。

活动"是现实的个人自由的本质规定,共产主义的目标就是实现个人全面发展和自由发展,最终实现自由人的联合体。虽然马克思进一步健全唯物史观体系并迈入政治经济学批判视域后,摒弃了"自主活动"概念转而进入了劳动的范畴去探究人的自由,但是重思"自主活动"概念的内涵有益于理解马克思"自主活动—自主劳动—自由劳动"的思想转变历程,更有利于深刻理解马克思主义的科学性、实践性与彻底性。

一、"自主活动"是对"自我意识"的超越

马克思提出"自主活动"概念是从批判黑格尔的"自我意识"概念引申得来。在象征着黑格尔哲学"真正诞生地和秘密开始"的文本《精神现象学》中,黑格尔将"自我意识"确证为人的本质,他把人本身就看作一个"自为存在"者,不需要依赖于他物而可以自己确证自己存在,所以对象也不过是对象化的自我意识或者说是作为对象的自我意识。在《现象学》中出现的各种不同形式的异化,归根到底不过是意识和自我意识的不同形式。在黑格尔那里,抽象的意识本身也是自我意识的一个环节罢了,这一运动的结果也表现为自我意识和意识的同一,即绝对知识,也就是那种已经不是向外部而是仅仅在自身内部进行的抽象思维运动。①在思维运动中,自我意识一直保持在自身当中,其对象也为自我意识而存在,二者相互统一。后来黑格尔进一步阐明,自由就是精神依靠自身而存在,就是精神认识到自身的存在,即"自我意识"。

第一,"自我意识"在黑格尔的主-奴辩证法中得到阐发。黑格尔首先阐述了自我意识的双向运动逻辑。主人和奴隶的关系是留有余地的,主人虽然可以掌握着奴隶的生命权但是不会完全否定他的生命,以此奴隶只是一个具有自我意识欲望却没有承认"自为存在"勇气的工具。奴隶也因为忌惮主人轻易产生对自身生命的终结,也不敢对"自为存在"抱有任何幻想。主人和奴隶本来处于生死斗争过程中的两方,但是主人在生命权的斗争中争取到

---

① 参见《马克思恩格斯文集》(第一卷),人民出版社,2009年,第226页。

了精神自由,奴隶在这过程中变成主人确证自身精神自由的环节。需要注意的是,主人的物质独立和精神自由其实也是建立在对奴隶的依赖上,因为没有奴隶生产物质资料主人也无法占有物质生活资料来滋养肉身。并且,奴隶在劳动时,即为主人生产物质生活资料的时候,其实也确立了自身在与物的关系上的独立性,所以在某种程度上来说,奴隶也不是绝对的依附主人。所以,劳动对"自我意识"的生产起到了极大的促进作用。

第二,"自我意识"是劳动陶冶形成的意识。"在陶冶事物的劳动中则自为存在成为他自己固有的了,他并且开始意识到他本身是自在自为地存在着的。"①黑格尔阐述的劳动,是建立在分工基础上的劳动,也就是基于古典经济学谈论的劳动,这样的劳动形塑了整个西方社会个人的自我意识。所以基于"主奴关系"的论断,奴隶在劳动的同时也是获得自我意识的过程,这同时也是奴隶的某种自我解放,在这个意义上的自我意识是一种自由的意识。奴隶在这个过程中既把他人的意识内化吸收,也逐渐认识到了自身的独立性。

马克思起初在博士论文时期和《莱茵报时期》深受黑格尔和鲍威尔的"自我意识"概念的影响。他一度承袭了思辨唯心主义的传统,把伊壁鸠鲁的原子运动理论解释为一种原子概念的内在矛盾运动外化为单个原子的排斥与吸引,也把人的自由等同于自我意识的自由。后来他甚至区分了"特殊自由"与"普遍自由"。"特殊自由"指的是个别人物、个别阶级的自由;"普遍自由"指的是指全体人类的自由,"普遍自由"应该是所有人的价值追求。直到《黑格尔法哲学批判》,马克思彻底放弃了"自我意识"的自由这一说法,与思辨唯心主义划清了界限,他终于看清了思辨唯心主义者用"自我意识"即"精神"代替了现实的个人的活动是不彻底的自由,现实的个人的自由才是人类解放的诉求。此时马克思认为"社会主义是人的不再以宗教的扬弃为中介的积极的自我意识,正像现实生活是人的不再以私有财产的扬弃即共产主义

---

① ［德］黑格尔:《精神现象学(上卷)》,贺麟、王玖兴译,商务印书馆,1979 年,第 131 页。

为中介的积极的现实一样"①。

对于"自我意识",马克思与黑格尔、鲍威尔的差别在于,他看到了"自我意识"的个性蕴意。马克思认为"自我意识"不应该只局限于普遍性的自由,也应该注重个体的自由向度,例如原子之所以能偏斜也是因为个体性运动的不同导致的。并且马克思还开始意识到了自由不应该只停留在个体的内在性意识之中,而应该体现普罗大众的意识,一种"人民性",这也为他后来从"自我意识"转到"自主活动"奠定了基础。马克思早期哲学思想的人本学转向的关键在于他受到了费尔巴哈的人本学影响将人的自由意志实现为人的感性对象性活动。马克思提出"自主活动"概念既为了批判当时的德国封建统治,也是为他的无神论起到了支撑性的作用,也进一步为唯物史观的确立打下坚实的基础。

二、"自主活动"是对"自由行动"的扬弃

马克思首次使用"自主活动"概念是在《巴黎手稿》,他用心灵的自主活动类比说明工人活动也不是自主活动,他的活动属于别人,是自身的丧失。②此时马克思尚未确立唯物史观的哲学革命,受人本主义的影响较为明显。在《形态》的"费尔巴哈"章中,马克思立足唯物史观的根基集中对自主活动进行了更为深入的讨论,确定了"自主活动"就是指主体能够按照自己的意志和意愿,并且能够自由地支配所需要的各种外部社会条件所从事的实践活动。实际上,马克思"自主活动"概念与赫斯的"自由行动"概念有着紧密的联系,在《手稿》的"序言"当中,马克思本人提到了《二十一印张》文集中赫斯的几篇论文对他的影响。在这几篇论文中,赫斯阐发了他的自由行动理论。赫斯认为精神哲学应当转为"行动的哲学"③,"我知道我在行动而不是知道我存在"④。赫斯认为,不仅要在思维和精神中把握自由的存在,更要用活动或

---

① 《马克思恩格斯文集》(第一卷),人民出版社,2009年,第197页。

② 参见《马克思恩格斯文集》(第一卷),人民出版社,2009年,第160页。

③ [德]莫泽斯·赫斯:《赫斯精粹》,邓习议编译,南京大学出版社,2010年,第96页。

④ 同上,第83页。

行动来实现自由。

赫斯如何理解自由呢？在《行动的哲学》中他明确提出，"所谓自由，就是自我限制对外在的限制的胜利，就是精神在它的活动中的自我意识，就是自然的偶然性向自我决定的转化"。也就是说，自由就是精神的自我决定。赫斯如何界定"自由的行动"呢？

第一，他认为自由行动的对立面是奴役劳动。"在奴役中，生产束缚生产者本身，而在自由中，精神在其中异化的任何限制都不会变成自然的约束（Naturbestimmtheit），而是得到克服而成为自我决定（Selbstbestimmung）。"①在自由行动中酝酿着自由精神，在自由行动中人的精神不仅不会得到束缚，反而会克服种种桎梏最终获得自主性。赫斯认为自由精神的特点在于"决不会在既得成果面前停留，不会把它固定化，具体化和物质化以及把它作为自己的'财富'保存起来"②。自由精神应该是不断超越自身的、开放的活动，而不是永恒不变的、停滞的活动。

第二，自由行动应是一种"愉快的活动"。他认为，"'汗流满面的劳动'曾经使人成为可怜的奴隶；'愉快的活动'将使人自由而幸福"③。可见，傅立叶的"劳动应当是一种享受"对赫斯的行动哲学具有直接的影响。但是针对傅立叶这一论断，马克思后来评价他"完全以一个浪漫女郎的方式极其天真地理解"那些自由的活动。马克思举了作曲为例子，这样的自由活动其实也是非常严肃、极其紧张的事情。自由活动不应只是消遣或娱乐，不应只是一种浪漫色彩的享受性活动，应该体现的是人的自由意志，而不仅仅是表面的愉快感觉。劳动之所以成为吸引人的劳动，是因为其能够"成为个人的自我实现"。赫斯提出"愉快的活动"立场是批判资本主义私有制对人的奴役，让人的劳动变成奴役劳动，在这样的社会条件下人被分裂成两种存在，即"劳动的奴隶和享受的动物"④。赫斯提出的这一点，否定了劳动的本质是非人化和

①② ［德］莫泽斯·赫斯：《赫斯精粹》，邓习议编译，南京大学出版社，2010年，第96页。

③ 同上，第97页。

④ 同上，第131页。

非自主的。

第三,自由行动本质上还是伦理道德活动。他明确提出,"自由行动的基础,就是斯宾诺莎的伦理学,而现在的行动的哲学将只是这个伦理学的一个新发展"①。他高度肯定了斯宾诺莎为了积极创造新的精神的历史"做过一切",但是这些成果却被埋没了好几个世纪。赫斯强调,"自由就是道德,因而就是生命规律和精神活动的完成以及对这一事实的明显意识"。所以,赫斯还是偏向于用精神来解释历史,其"自由行动"的概念并非基于对生产实践活动的考察,而是流于一种抽象的伦理的价值悬设。

由此可见,赫斯的"自由行动"概念除了深受斯宾诺莎的伦理学影响,也还携带着费希特"本原行动"和切什考夫斯基"实践哲学"的基因。首先,"自由行动"的概念还只是观念论意义上的思辨与抽象,因而无法从这一概念直接推导出唯物主义的革命实践。②其次,这个概念又具有一定的激进主义色彩。

马克思的"自主活动"概念深受赫斯"自由行动"的影响,某些德国唯心主义哲学家也使用这个概念,仅仅指的是某种精神活动的自主性,而赫斯开始划分出人的本质的"形成"与"自主发展"阶段,并将"自主活动"作为未来"自主发展"阶段的特征。到了马克思这里,他虽然参考了赫斯的"自由行动"概念中对人类的理想自由活动的定义,但是在《手稿》中关注到的是市民社会中的异化劳动并进行了系统的批判,在《形态》中他也开始将自主活动的实现引向了人类劳动。

三、作为类本质肯定方面的"自主活动":主体哲学的自由

在《手稿》当中,"自主活动"概念虽然初次登场,但是马克思对该概念的使用十分零散,并未集中阐述这个概念的内涵。此时的"自主活动"是作为马克思对异化劳动的批判向度内蕴在"类生活"和"类本质"的线索之中的。

---

① [德]莫泽斯·赫斯:《赫斯精粹》,邓习议编译,南京大学出版社,2010年,第99页。
② 参见邹诗鹏:《赫斯与马克思思想形成关系再探——赫斯影响马克思的限度与马克思对赫斯的自觉批判》,《复旦学报》(社会科学版),2021年第3期。

首先,在《手稿》里,马克思没有对自主活动、自由(的)活动加以具体的阐释,都视作人的类生活的组成部分。"异化劳动把自主活动、自由活动贬低为手段,也就把人的类生活变成维持人的肉体生存的手段。"①自主活动和自由活动本应看作人的自由意志发挥,却被异化劳动降格为人的生存手段。"结果是,人(工人)只有在运用自己的动物机能——吃、喝、生殖,至多还有居住、修饰等等——的时候,才觉得自己在自由活动,而在运用人的机能时,觉得自己只不过是动物。动物的东西成为人的东西,而人的东西成为动物的东西。"②异化劳动让工人们的动物机能与人的机能彻底颠倒,此时的"自由活动"是一种虚假的自由感觉,是套上自由外衣的奴役活动。动物只要本能得以实现,动物就会感到快乐,所以趋乐避苦就成为动物本能活动的特点。可是人类连这种快乐的可能性都丧失了。人的生命活动是类生活,当肉体生存本身变成唯一目的,其余活动都是手段时,类生活就成为单纯的肉体存在的手段。

其次,"自主活动"与"异化劳动"都是"自由自觉的活动"的结果。"我们已经看到,对于通过劳动而占有自然界的工人来说,占有表现为异化,自主活动表现为替他人活动和表现为他人的活动,生命的活跃表现为生命的牺牲,对象的生产表现为对象的丧失,即对象转归异己力量、异己的人所有。"③马克思区分了对象化和异化的不同。他认为对象化就是劳动固化在对象中,对象化有两种结果:一是劳动产品使主体肯定自身;另一种是劳动产品否定或反对劳动主体,这时对象化就变成了异化。于马克思而言,不管是"自主活动"还是"异化劳动",其实都是人的类本质即"自由自觉的活动"的结果,自主活动是肯定方面,异化劳动是否定方面。"如果上述国民经济学是从表面上承认人、人的独立性、自主活动等等开始,并由于把私有财产转移人自身的本质中而能够不再受制于作为存在于人之外的本质的私有财产的那些地域性的、民族的等等的规定,从而发挥一种世界主义的、普遍的、摧毁一切界

---

① 《马克思恩格斯文集》(第一卷),人民出版社,2009 年,第 163 页。

② 同上,第 160 页。

③ 同上,第 168 页。

限和束缚的能量,以便自己作为唯一的政策、普遍性、界限和束缚取代这些规定,——那么国民经济学在它往后的发展过程中必定抛弃这种伪善性,而表现出自己的十足的昔尼克主义。"①需要注意的是,马克思在指明自主活动和自由活动的丧失时都是基于工人生存的异化状态。在马克思看来,"异化劳动"本身是一个"国民经济的事实",但国民经济学家看不到这样的劳动的异化状态,这是一个被他们无视的事实。国民经济学家看到的出发点是私有财产,而不是劳动。

最后,马克思谈及了自由个性的问题,他认为只有在共产主义社会,"自主活动"才会真正成为实现人的全面自由发展的途径,即转为自由劳动。扬弃异化意味着扬弃私有财产和以此建构的私有制,只有在共产主义社会中才会实现合乎人性的人的复归,他认为,在个性的自由联合状态下,货币的抽象的普遍价值已经消失。因此,任何价值都不能将个性普遍颠倒。在共产主义之后的社会,马克思构想了人们依然要通过对象性活动即劳动来满足自身的需要。但是这时的对象性活动不再是转化为交换价值的抽象劳动,而是个性的自由发挥,即自由劳动。

四、作为个性表征的"自主活动":生产逻辑下的自由

马克思恩格斯在《形态》中将个人自由本质确定为"个人的自主活动"(Selbstbetaetigung der Individuen)。这样的"自主活动"既不是黑格尔式的精神劳动自由,也不是斯宾诺莎-赫斯式的伦理道德自由,而是一种"对生产力总和的占有以及由此而来的才能总和的发挥",自主活动要和物质生活一致起来。"自主活动"蕴含着双重内涵,不仅包括人的主观上的自由,即按照自己的意志和意愿,而且还包含客观上的自由,即能够自由地支配各种外部的社会条件,将各种外部的社会条件置于自己的支配和调控之下。②所以在《形态》阶段,马克思已经开始挖掘劳动的肯定性内涵,将个人的自由自主的实现放在了生产逻辑之下。

---

① 《马克思恩格斯文集》(第一卷),人民出版社,2009 年,第 179 页。

② 参见侯才:《马克思视域中的自由:自主活动》,《马克思主义哲学论丛》,2010 年第 1 期。

在《形态》中，马克思对"自主活动"的概念内涵进行了阐发。

首先，他强调了"自主活动"的物质性和历史性，个人"自主活动"的发挥受各个时代的生产力条件及其形成的交往形式的制约。在原始社会中，部落是最基本的共同体形式，这时还是简单的自然分工。由于自然分工不断加强，社会生产力水平不断提高，开始出现剩余产品。剩余产品的出现一方面让一部分人可以摆脱物质生产从事精神生产，另一方面也为物质财富的私有化提供了条件，甚至是直接占有他人的人身关系。于是奴隶主和奴隶开始出现，阶级、民族和国家相继建立，从氏族或部落共同体的自然分工逐步转向了以私有制为核心、跨越氏族和部落边界的社会分工。"生存于一定关系中的一定的个人独立生产自己的物质生活以及与这种物质生活有关的东西，因而这些条件是个人的自主活动的条件，并且是由这种自主活动产生出来的。"但是，"这些不同的条件，起初是自主活动的条件，后来却变成了自主活动的桎梏，……已成为桎梏的旧交往形式被适应于比较发达的生产力，因而也适应于进步的个人自主活动方式的新交往形式所代替"①。

其次，马克思认为分工给"自主活动"带来了压迫，导致了谋生劳动对个体自主活动的普遍化否定。"在以前各个时期，自主活动和物质生活的生产是分开的，这是因为它们是由不同的人承担的……而现在它们竟互相分离到这般地步，以致物质生活一般都表现为目的，而这种物质生活的生产即劳动（劳动现在是自主活动的唯一可能的形式，然而正如我们看到的，也是自主活动的否定形式）则表现为手段"②。对个人来说，他们同生产力并同他们自身的存在还保持着唯一联系，即劳动，在他们那里已经失去了任何自主活动的假象，而且只能用摧残生命的方式来维持他们的生命。马克思揭露了资本主义社会中个人与生产力的分离，且个人在经济生活中的非自主性。

最后，自主活动只有现代无产者才能掌握，且他们要联合起来进行生产力和交往形式的革新。马克思相信"只有完全失去了整个自主活动的现代无产者，才能够实现自己的充分的、不再受限制的自主活动，这种自主活动就

---

① 《马克思恩格斯文集》（第一卷），人民出版社，2009年，第575页。

② 同上，第580页。

是对生产力总和的占有以及由此而来的才能总和的发挥"。无产者对生产力总和的全部占有，其实就是私有制的终结。这时马克思还是将自主活动与(异化)劳动视作一种二元的关系，无产者为了实现自己的自由个性，应消灭他们迄今面临的生存条件，消灭这个同时也是整个迄今存在的社会的生存条件，即消灭劳动(Aufhebung der Arbeit)，也就是消灭异化劳动。

需要注意的是，马克思着重从分工视角分析了个体的自由发展与实现"真正的共同体"之间的张力问题。其实赫斯也论述过自由和共同体的关系，但是他始终把自由视作道德的自由，认为"没有这种道德，人们不能想象任何共同体(Gemeinschaft)；另一方面，没有共同体，也无法想象任何道德"①。所以他最后的落脚点依然是诉诸精神的行动来摆脱奴役的牢笼。而在《形态》中马克思讨论现实的个人与共同体的关系时，已经经过了哲学革命的荡涤，站在了唯物史观的角度去把握自主活动的内涵，并进一步说明了现实的个人与共同体形态的演进。他没有停留在价值批判层面去判断劳动的不自主状态，而是"从直接生活的物质生产出发阐述现实的生产过程，把同这种生产方式相联系的、它所产生的交往形式即各个不同阶段上的市民社会理解为整个历史的基础"②。马克思考察了三种共同体，即"冒充的共同体""虚假的共同体"和"真正的共同体"的区别及特征。

"冒充的共同体"和"虚假的共同体"不是完全压抑了个性的发生，而是产生了分工个性与阶级个性，"偶然的个人"转变为"有个性的个人"。但是这里的"有个性的个人"还不是有"自由个性"的个人。"在过去的种种冒充的共同体中，如在国家等等中，个人自由只是对那些在统治阶级范围内发展的个人来说是存在的，他们之所以有个人自由，只是因为他们是这一阶级的个人。"③在历史发展进程中，分工范围的扩大也必然导致着每一个人的个人生活同他的对于某一劳动部门和与之相关的各种条件的生活之间也必然出现差别。此时他们并没有磨平个性，而是与其社会关系特别是阶级关系息息相

---

① [德]莫泽斯·赫斯:《赫斯精粹》，邓习议编译，南京大学出版社，2010年，第104页。

② 《马克思恩格斯文集》(第一卷)，人民出版社，2009年，第544页。

③ 同上，第571页。

关,被赋予了某种分工个性或阶级个性,他们之间的差异只是在他们与另一分工群体或阶级的对立中才出现。这些"虚假的共同体"是建立于阶级与阶级之间的对立,因此"对于被统治的阶级来说,它不仅是完全虚幻的共同体,而且是新的桎梏"。在这样的情况下,分工个性和阶级个性就替代了自由个性的萌生。

"真正的共同体"应该是个体自由与共同体自由的双重实现,从"有个性的个人"成为有"自由个性"的人,"真正的共同体"就是自由个性的联合。"只有在共同体中,个人才能获得全面发展其才能的手段,也就是说,只有在共同体中才可能有个人自由。"①至于如何实现,马克思强调了从"偶然的个人"到"有个性的个人"的转变,需要依靠个人的自主活动才能加以实现。在共产主义社会,把个人活动真正引入、结合和贯穿到"生产–交往形式"的结构之中②,使社会的发展真正成为个人自由、自主和自觉劳动的显现和提升,从而使"有个性的个人"成为有自由个性的个人。"当分工一出现之后,任何人都有自己一定的特殊的活动范围,这个活动范围是强加于他的,他不能超出这个范围……而在共产主义社会里,任何人都没有特殊的活动范围,而是都可以在任何部门内发展。"③只有在真正的共同体中,才存在个性自由的人,即真正的个人。正如马克思之后提到,未来的劳动将不再受制于经济必然性的奴役,而成为自由创造的劳动,由此,真实的而不是想象中的自由个人才诞生。

综上所述,唯物史观确立之后,"自主活动"概念经过了新世界观的洗礼,马克思开始意识到自主活动转向自由劳动的可能性,他从人类物质生活的历史性发展去考察劳动的自由。从"自主活动的否定形式"再到"劳动向自主活动的转化",马克思自身在逐步瓦解自主活动与劳动的二元对立框架。从"偶然的个人"到"有个性的个人"再到有"自由个性"的个人,马克思认识

---

① 《马克思恩格斯文集》(第一卷),人民出版社,2009 年,第 571 页。

② 参见聂锦芳:《"现实的个人"与"共同体"关系之辨——重温马克思、恩格斯对一个重要问题的阐释与论证》,《哲学研究》,2010 年第 11 期。

③ 《马克思恩格斯文集》(第一卷),人民出版社,2009 年,第 537 页。

到自主活动只有真正融入生产力和交往形式(生产关系)的社会结构之中,以私有制为核心的社会分工被彻底扬弃,真正的共同体才会得以实现。马克思辩证性否定地发展"自主活动"概念也为他后来转向政治经济学批判,揭露雇佣劳动本质,洞悉剩余价值理论以及认识到劳动应成为人的"第一需要"即自由劳动奠定了基石。

(陈茜,上海第二工业大学马克思主义学院讲师,毕业于复旦大学马克思主义学院;金瑶梅,上海理工大学马克思主义学院院长、教授、博士生导师)

第二篇

中国工人运动史

中国共产党领导中国工人运动的百年历程与
经验启示 *

　　中国共产党的成立离不开工人运动，中国现代工人运动是在中国
共产党的领导下展开的。在中国新民主主义革命时期、社会主义革命和
建设时期、改革开放和社会主义建设新时期、中国特色社会主义新时
代，党领导工人运动呈现不同的阶段性特征。中国共产党领导工人运动
的百年历程，探索了一系列行之有效的做法，积累了丰富的经验，对新
时代工人运动提供了宝贵启示。这些经验和启示是中国特色社会主义
工会制度优势的重要体现，也是未来工运事业发展的重要遵循。

　　中国共产党与中国工人运动①密不可分。党的诞生离不开工人运动，党
诞生后又将组织和发动工人运动作为重要任务，中国现代工人运动是在中
国共产党的领导下产生和发展的。回顾中国共产党领导中国工人运动的百
年历程，总结经验启示，对于加强和改进党对工人运动的领导，发挥中国特
色社会主义工会制度优势，推进中国工运事业发展及中国工人阶级成长进
步，凝聚工人阶级力量实现中华民族伟大复兴中国梦，具有重要意义。

---

　　* 　本文原载于《工会理论研究》2021 年第 4 期。
　　① 　工人运动有狭义与广义之分，狭义的工人运动往往指工人集会、结社、游行示威、罢工等工
人的集体行动；广义的工人运动不仅包括工人的集体行动，还包括工人阶级的组织建设、生存状况、
成长发展、队伍变迁、作用发挥、权益维护、自身解放等。本文所讲工人运动，系从广义维度来界定的。

一、中国共产党领导中国工人运动的百年历程

历史分期是研究历史的重要方法，根据中国共产党成立百年来不同阶段的社会背景、主要矛盾、中心任务的不同，结合重大历史事件、重要会议等作为分界点，形成不同的历史分期。不同历史分期中工人运动也呈现不同的特点。

（一）新民主主义革命时期党领导的工人运动：觉醒、联合与斗争

党在新民主主义革命时期的历史任务就是领导中国人民推翻帝国主义、封建主义、官僚资本主义的反动统治，建立新中国，实现中国人民"站起来"。此阶段党领导工人运动的突出特点是觉醒、联合与斗争，工人阶级逐步觉醒，通过组织工会联合起来，积极斗争以取得革命胜利。

一是工人阶级从分散走向联合。中国共产党成立以前也有各类工会组织，但大多为行会、帮会，或有名无实的招牌工会，或资方控制、工贼参与、专事破坏工人运动的旧式工会。中国共产党成立后，成立领导工人运动的公开机构，坚持以产业为原则推进工会组织建设，建立中华全国总工会，实现中国工人阶级和工会组织的统一。

二是工人阶级从自在阶级向自为阶级转变。党通过出版工人刊物、开办工人学校、组织工人运动等，加强对工人的教育引导和思想启蒙，激发工人阶级进行斗争以求得阶级解放。毛泽东1921年在《所希望于劳工会的》一文中指出，劳动组合的目的，"尤在养成阶级的自觉，以全阶级的大同团结，谋全阶级的根本利益"[①]。

三是工人运动从自发向自觉转变。党成立前的工人运动往往是自发分散的，以经济斗争为主，党成立后引导工人阶级将经济斗争与政治斗争相结合，旨在推翻反动统治，实现工人阶级翻身做主人。

四是工人阶级拓展同盟建立统一战线。在长期革命斗争实践中，工人阶级不仅加强自身的联合，还积极构建统一战线壮大革命力量，如国民革命时

---

① 中华全国总工会、中共中央文献研究室编：《毛泽东邓小平江泽民论工人阶级和工会工作》，中央文献出版社，2002年，第3页。

期的国共合作联合战线、土地革命时期的工农民主统一战线、抗日战争时期的抗日民族统一战线、解放战争时期的人民民主统一战线等,统一战线成为中国革命取得胜利的三大法宝之一。

五是探索形成了不同时期、不同区域的工运策略。针对革命根据地、中央苏区、抗日根据地、国统区及沦陷区的不同情况,党领导工人运动探索形成了发展赤色工会、打击黄色工会、利用合法手段灵活地开展斗争、"发展生产、繁荣经济、公私兼顾、劳资两利"以及"隐蔽精干、长期埋伏、积蓄力量、以待时机"等不同的工运方针,这些方针总体适应了革命斗争需要,也曾因右倾机会主义和"左"倾盲动主义而给工人运动带来损失。

六是工人运动以斗争性的集体行动为主体谋求革命胜利。在帝国主义奴役及反动政府统治下,改良主义道路行不通,工人阶级只有通过集体抗争,才能推翻旧的制度实现自身解放,这是此时期工人运动的一个鲜明特点。

七是锤炼了一批杰出的工运领袖。党选派优秀干部从事工人运动,党又在工人运动中培养干部,党的一大 13 名代表中有 6 名曾担任过中国劳动组合书记部总部或分部负责人,一大批党的领导干部同时也是工运领袖,一大批工会干部成为新中国成立后干部队伍的重要来源。

八是工人阶级队伍不断发展壮大。随着外国资本、官僚资本、民族资本的发展,中国近代产业工人队伍也逐步扩大,五四运动前夕,中国产业工人总量约 288 万人[①];至 1949 年新中国成立前夕,中国产业工人近 2000 万人。[②]

(二)社会主义革命和建设时期党领导的工人运动:探索、建设与奠基

党在社会主义革命和建设时期的历史任务就是实现从新民主主义向社会主义过渡,确立社会主义基本制度,基本建立起独立的、比较完整的工业体系和国民经济体系。此时期党领导工人运动的突出特点就是探索、建设与奠基,探索社会主义条件下工会的性质、功能、地位与作用,发挥工人阶级建设国家的主力军作用,为恢复国民经济、推进社会主义建设奠基。

---

① 参见刘明逵、唐玉良主编:《中国工人运动史(第一卷)》,广东人民出版社,1998 年,第 73 页。
② 参见李玉赋主编:《新编中国工人运动史(上卷)》,中国工人出版社,2016 年,第 317 页。

一是确立了全心全意依靠工人阶级的方针。毛泽东在党的七届二中全会上首次提出"全心全意依靠工人阶级"①这一重要论断,邓小平强调"依靠工人阶级必须成为党的指导思想,必须贯彻到各部门中去"②,从此全心全意依靠工人阶级成为党长期坚持的指导方针。

二是对社会主义条件下工会的性质与作用进行了探索。1950年至1951年,邓子恢、李立三与高岗就社会主义公营企业中工会存在的必要性以及工会的性质、作用等进行了争论;1953年至1958年赖若愚在主持全总工作期间对工会在正确处理人民内部矛盾中的作用、工会与党和行政的关系、工会的独特任务等进行了探索。

三是提出了新阶段工人运动的方针。工会七大提出"以生产为中心,生产、生活、教育三位一体"的工会工作方针,工会八大再次延续这一方针。此方针在推进国民经济恢复方面发挥了重要作用,同时由于忽视了工会自身的维护职能,也存在一定的局限性。

四是加强了工会法治化建设。1950年6月,《中华人民共和国工会法》颁布实施,这是新中国成立后最早颁布的三部法律之一;工会七大、八大全面修改出台《中华人民共和国工会章程》《中国工会章程》。

五是探索确立了一系列工会工作政策与原则。1958年3月,党中央在成都召开政治局扩大会议通过《关于工会组织问题的意见》,明确各级工会以同级党委领导为主,同时接受上级工会的领导③;工会八大将"按照产业原则"调整为"按照产业和地区相结合的原则"④,这些政策、原则沿用至今。

六是积极发挥工人阶级主力军作用建功立业。广泛开展了劳动竞赛、增产节约、合理化建议、群众性技术革新和先进生产者运动等,激发劳动热情,

① 中华全国总工会、中共中央文献研究室编:《毛泽东邓小平江泽民论工人阶级和工会工作》,中央文献出版社,2002年,第36页。

② 同上,第83页。

③ 参见李桂才主编:《中国工会四十年资料选编(1948—1988)》,辽宁人民出版社,1990年,第738页。

④ 中华全国总工会组织部:《中国工会章程简史》,中国工人出版社,2015年,第178页。

大力表彰劳模先进,为我国在短时期内实现国民经济的恢复做出突出贡献。

七是工人运动在探索实践中走过了曲折的历程。全总第一次党组扩大会议和全总第三次党组扩大会议分别对李立三、赖若愚进行错误批判,1958年刮起"工会消亡风",1960年提出工会"纳入人民公社",随后出现县级工会撤销潮,"文革"期间工会领导机关和工会工作受到极大冲击,等等。当然,这些挫折也是中国工人阶级和工人运动的宝贵财富。

八是中国工人阶级队伍构成发生变化。1956年中共中央知识分子问题会议、1978年全国科学大会先后强调知识分子的绝大部分已经是工人阶级的一部分,同时一部分农民转型为工人,工人阶级队伍发展迅速,至1978年底全国职工达9499万人。[①]

(三)改革开放和社会主义现代化建设新时期党领导的工人运动:转型、开拓与创新

党在改革开放和社会主义现代化建设新时期的历史任务是坚持以经济建设为中心,坚持四项基本原则,坚持改革开放,推进中国特色社会主义建设,中国人民实现从"站起来"到"富起来"。此时期党领导工人运动的突出特点就是转型、开拓与创新,工人运动适应计划经济向市场经济的转变而转型,工会职能与工作对象不断拓展,工会理论与工会制度不断创新。

一是全面实现工运方针的拨乱反正。随着党的工作重心由阶级斗争为纲转到经济建设上来,工会也回归到党领导的工人阶级自愿结合的群众组织这一定位上来。邓小平在中国工会九大上明确提出,要"使广大工人都感到工会确实是工人自己的组织,是工人信得过的、能替工人说话和办事的组织"[②]。

二是积极探索工会的社会职能和基本职责。《中国工会章程》(1983)明确工会要"为职工说话、办事,维护职工的合法权益";《工会法》于1992年明

①　参见《中华人民共和国国家统计局关于一九七八年国民经济计划执行结果的公报》,国家统计局,http://www.stats.gov.cn/tjsj/tjgb/ndtjgb/qgndtjgb/200203/t20020331_29991.html。

②　中华全国总工会、中共中央文献研究室编:《毛泽东邓小平江泽民论工人阶级和工会工作》,中央文献出版社,2002年,第126页。

确了工会维护、建设、参与、教育四大社会职能,于 2001 年明确工会的基本
职责是维护职工合法权益;《中国工会章程》也分别于 1993 年、2003 年据此
作相应修改明确。

三是工会与劳动关系法治建设迈上新台阶。为适应市场化取向的改革
要求及应对劳动关系领域出现的新情况,国家出台了一系列工会与劳动关
系领域的法律法规,包括《工会法》(1992)、《劳动法》(1994)、《劳动合同法》
(2007)、《劳动争议仲裁法》(2007)、《就业促进法》(2007)等。

四是探索科学维权观。工会十一大明确"在维护全国人民总体利益的同
时,更好地表达和维护职工群众的具体利益",工会十五大明确"组织起来、
切实维权"的工作方针,提出"坚持以职工为本,主动依法科学维权",明确
"促进企事业发展、维护职工权益"的工作原则。

五是构建和谐劳动关系。适应建设社会主义和谐社会的要求,探索建立
政府、工会、企联协调劳动关系三方机制和工会与政府联席会议制度,全国
总工会开展创建劳动关系和谐企业活动。

六是发挥工人阶级主力军作用推进改革开放事业不断前进。中国工人
阶级在党的领导下,发扬工人阶级的伟大品格和劳模精神,积极推进经济社
会各项事业发展,人民生活水平实现小康,经济总量跃居世界第二。

七是积极探索中国特色社会主义工会发展道路。2005 年 3 月,王兆国在
全总机关保持共产党员先进性教育活动报告会上首次提出坚持走中国特色
社会主义工会发展道路的命题, 全总先后于 2005 年 7 月、2012 年 1 月通过
《关于坚持走中国特色社会主义工会发展道路的决议》《关于学习宣传实践
中国特色社会主义工会发展道路的决议》。

八是积极探索工会改革。1982 年全总精简机构,全总领导班子由 26 人
减少到 9 人,全国产业工会和全总工作部门由 37 个减少到 21 个。[①]1988 年
10 月,全总第十届六次执委会通过《工会改革的基本设想》,尽管此项改革后
续没有推进,但其中一些理念与思路对以后的改革提供了参考。

---

① 参见李玉赋:《新编中国工人运动史(下卷)》,中国工人出版社,2016 年,第 497 页。

（四）中国特色社会主义新时代党领导的工人运动：改革、融入与担当

党在中国特色社会主义进入新时代的历史任务是统筹中华民族伟大复兴战略全局和世界百年未有之大变局,统筹推进"五位一体"总体布局和协调推进"四个全面"战略布局,建设社会主义现代化强国,中国人民实现从"富起来"到"强起来"。新时代党领导工人运动的突出特点是改革、融入与担当,工会全面推进改革,工会工作作为党治国理政的一项经常性、基础性工作融入国家治理现代化整体布局,工人阶级在实现中华民族伟大复兴中担当作为。

一是推进群团改革。2015 年 7 月中共中央首次召开党的群团工作会议;同月,中央改革办下发通知,决定在全国总工会、上海和重庆开展群团组织改革试点;党的十九届三中全会将群团改革纳入党和国家机构改革,将构建群团工作体系作为党和国家机构职能体系的重要组成部分。

二是明确新时代工运时代主题。习近平指出,实现中华民族伟大复兴的中国梦是新时代中国工人运动的时代主题。广大工人阶级充分发挥主力军作用,一大批大国重器及前沿科技走在世界前列,脱贫攻坚、疫情防控、经济发展、社会稳定等取得了历史性成就。

三是大力弘扬劳模精神、劳动精神、工匠精神。2015 年 4 月,习近平在庆祝"五一"国际劳动节暨表彰全国劳动模范和先进工作者大会上的讲话中首次提出"劳动精神";2016 年 3 月,李克强在《政府工作报告》中首次提出"工匠精神";2020 年 11 月,习近平在全国劳动模范和先进工作者表彰大会上对劳模精神、劳动精神、工匠精神的内涵进行了深刻诠释。

四是推进产业工人队伍建设改革。2017 年 2 月,中央深改组审议通过《新时期产业工人队伍建设改革方案》,此后关于提高技术工人待遇、全面加强劳动教育、推行终身职业技能培训、深化产教融合等意见陆续出台,着力打造一支有理想守信念、懂技术会创新、敢担当讲奉献的宏大的产业工人队伍。

五是推进农民工关心关爱工作。农民工是一支新型劳动大军,已成为工

人阶级的新生力量和重要组成部分,2020年农民工已达2.85亿人。①针对农民工处于"半市民化"状态、"两栖"状态的问题,国家大力推进以人为本的新型城镇化建设,加大户籍改革力度,加快农民工市民化进程。

六是着力加强工会基层基础建设。全总推动企业普遍建立工会组织、普遍开展工资集体协商,推动实体实地型企业建立工会组织,积极吸收农民工加入工会组织,创新方式吸纳新就业形态人员加入工会,推进"八大群体"②加入工会,加强网上工会建设。

七是工会基本职责得到了丰富和发展。工会十七大明确,工会的基本职责是维护职工合法权益、竭诚服务职工群众,这是工会适应新时代职工群众对美好生活的需要,对自身职责定位的新的发展。

八是全面推进工会系统党的建设。全面加强党的建设是新时代的鲜明特征,工会系统按照党中央部署全面加强党的建设,抓好四责协同,落实意识形态责任制,增强"四个意识",坚定"四个自信",做到"两个维护",确保劳动关系领域政治安全。

二、中国共产党领导中国工人运动的成功经验

百年来,中国共产党将领导工人运动作为自身的重要任务,探索出一系列行之有效的做法、路径和机制,积累了宝贵的经验。

(一)注重加强工人阶级的理论武装

坚持思想建党、理论强党是党的一条成功经验,党高度重视对工人阶级的理论武装。

首先,加强对工人的理论灌输和教育。党的一大明确提出"党在工会里要灌输阶级斗争的精神","勿使工会中执行其他的政治路线"。③为启发工人

---

① 参见《国家统计局:2020年全国农民工总量28560万人》,中华网,https://news.china.com/domestic/945/20210430/39534185.html。

② "八大群体"指货车司机、快递员、护工护理员、家政服务员、商场信息员、网约送餐员、房产中介员、保安员。

③ 中央档案馆:《中共中央文件选集(一九二一——一九二五)》,中共中央党校出版社,1981年,第7~8页。

的阶级觉悟,各地党组织出版了一批工人刊物,如上海的《劳动界》,北京的《劳动者》《工人周刊》,济南的《济南劳动月刊》等;创办了各种形式的工人学校,如上海李启汉开办的工人半日学校、北京邓中夏在长辛店开办的劳动补习学校等。

其次,运用马克思主义理论为工人运动指明正确的方向。党成立之前的工人运动缺乏马克思主义的指导,因而缺乏正确的目标、纲领和策略,往往以自发的、日常的经济斗争为主,工人们没有觉察到只有进行政治斗争推翻旧的政治制度,才能根本改变受剥削奴役的状态。马克思曾指出,日常的经济斗争"只是在反对结果,而不是反对产生这种结果的原因;只是在阻挠这种下降的趋势,而不是改变这一趋势的方向;只是在用止痛剂,而不是在除病根"①。中国共产党成立后,以马克思主义为指导,提出中国工人运动必须坚持政治斗争与经济斗争相结合,为工人运动指明了方向。

最后,党注重将马克思主义中国化并用其最新成果指导工人运动实践。党坚持将马克思列宁主义基本原理与中国实践相结合,形成了马克思主义中国化的系列理论成果,而关于工人阶级和工会工作的重要论述是马克思主义中国化理论成果的重要组成部分,为中国工运事业提供了理论指导和行动指南。

(二)注重加强工会组织建设

工人阶级的力量在于组织,加强工会组织建设,是工会发挥职责作用的前提基础。

首先,党将组织工会作为自身的重要任务。建党前夕,中国共产党发起组在谋划建党的同时就在谋划建立工会组织,指派革命知识分子改名易服,深入企业争取工人、组织工会。1920 年 11 月,中国共产党发起组领导建立了第一个阶级工会——上海机器工会。党成立后通过的《中国共产党第一个决

---

① 中国工运学院工会建设教研室:《马克思主义工会学说文选(上编)》,1984 年(内部资料),第116 页。

议》第一条就明确"本党的基本任务是成立产业工会"①。党注重将组建工会与组织罢工斗争相结合，罢工推动了工会的成立，工会成立促进了罢工。

其次，建立完善工会组织领导体系。党成立不到一个月就建立了领导工人运动的公开机构——中国劳动组合书记部，二次劳大成立中华全国总工会初步实现了全国工会在政治上和组织上的团结与统一；1923 年 6 月至1948 年 8 月，党先后成立中央"职工委员会"、中央工农部"工会运动委员会"、中央工农部"职工运动委员会"、中央职工部、"中央职工运动委员会"等机构，以加强对中国工人运动和工会工作的领导。六次劳大恢复中华全国总工会，此后地方工会从联合会发展为总工会，产业工会的领导体制也进行了调整，工会的组织领导体系日益健全完善。

再次，积极探索组织工会的正确方针和路径。革命战争年代由于经验不足，曾发生过反对黄色工会、发展秘密工会与赤色工会等"左倾"盲动主义以及"关门主义"问题，党及时发现这些错误并进行了纠正，形成了一系列正确的工运方针和政策。新中国成立后，全国总工会始终把工会组织建设作为基层基础工作来抓，力求做到"哪里有职工、哪里就有工会组织"，工会的组织覆盖和工作覆盖有效拓展。

最后，加强高素质专业化的工会干部队伍建设。工会组织要有战斗力，首先工会干部要有战斗力。习近平指出："群团干部要由知群众、懂群众、爱群众的人来当。"②党始终注重工人运动骨干力量的配备与培养，着力打造政治过硬、业务过硬、能力过硬的高素质专业化工会干部队伍。

（三）注重发挥工人阶级主力军作用

工人阶级发挥主力军作用的重要途径就是组织劳动竞赛，表彰劳动模范。劳动竞赛旨在激发劳动者的劳动热情和创造能力，也称为革命竞赛、生产竞赛、劳动和技能竞赛等。劳动竞赛起源于苏联，著名的"星期六义务劳

---

① 中央档案馆：《中共中央文件选集（一九二一——一九二五）》，中共中央党校出版社，1981 年，第 7 页。

② 习近平：《在中央党的群团工作会议上的讲话》，人民网，http://theory.people.com.cn/n1/2017/1123/c40531-29664023.html。

动""斯达汉诺夫运动"就是典型代表。党领导下的劳动竞赛始于中央苏区时期,1932 年 3 月中共中央组织局下发《关于革命竞赛与模范队的问题》的通知;抗日战争时期,边区开展了大生产运动和新劳动者运动,包括"赵占魁运动""甄荣典运动""张秋风运动"等;解放战争时期,解放区开展了生产支前运动与增产立功运动;新中国成立后,先后开展爱国增产节约运动、合理化建议活动、技术革新运动、先进生产者运动、"五好"企业和"五好"职工竞赛等活动。在组织劳动竞赛的同时,广泛开展劳模先进表彰。1933 年 5 月,瑞金武阳召开劳模表彰大会;1934 年春, 瑞金召开苏区妇女劳动模范代表大会,颁发奖品(竹笠)上还印有"劳动模范妇女",这应是我国首次使用"劳动模范"这一称谓。①1939 年 4 月,陕甘宁边区政府颁布《陕甘宁边区人民生产奖励条例》。1942 年底至 1943 年初,中共中央西北局召开奖励生产英雄大会,毛泽东为每个人的奖状亲笔题词,如为王震题词"有创造精神",为习仲勋题词"党的利益在第一位"等。②此间,陕甘宁边区、晋冀鲁豫边区、晋绥边区、晋察冀边区各自先后召开两至四次群英大会。新中国成立后,中央人民政府于1950 年至 1960 年先后召开四次全国性的劳模表彰大会。1961 年至 1976年,全国性的劳模评选活动基本停止。1977 年至 1979 年,中共中央、国务院先后召开五次全国性的劳模大会。1980 年全国总工会发布《劳动模范工作暂行条例(试行)》。1982 年奖励劳模被写入《宪法》:"国家提倡社会主义劳动竞赛,奖励劳动模范和先进工作者。"③1989 年起,国务院规定基本每五年表彰一次全国劳动模范和先进工作者。2015 年, 全国劳模表彰大会再次以党中央、国务院的名义召开。可以看出,组织劳动竞赛,开展劳模先进表彰,是党领导工人阶级发挥主力军作用的重要载体, 也是社会主义条件下工人运动的重要形式。

(四)注重加强工会政策法规建设

党在领导工人运动中,首先是通过政策文件的方式,明确党的主张和工

---

① 姚启荣编著:《中国劳模史 1932—1979》,中国工人出版社,2020 年,第 8 页。

② 《西北局奖励廿位生产英雄》,《解放日报》(第 1 版),1943 年 2 月 3 日。

③ 曲伟、韩明安:《当代汉语新词词典》,中国大百科全书出版社,2004 年,第 489 页。

作意见。党的一大通过的《中国共产党第一个决议》，六条中有三条与工会有关。党的二大至六大，每次大会都有关于"工会运动""劳动运动""职工运动"等方面的决议案。据不完全统计，1921—1949年，中共中央发布关于工人运动的重要文件共计263份，标题中直接涉及工人、工厂、工会、劳动等关键词的达162份，文体中"决议（议决）案""决定"51份；其中1921—1929年101份，1930—1939年72份，1940—1949年90份。[①]1950—1988年，中共中央发布关于工人运动的重要文件计188篇，其中1950—1959年共92份，1960—1966年共46份，1978—1988年共50份。[②]可以看出，新民主主义革命时期及新中国成立初期的工人运动文件相对较为集中。此后，随着社会主义市场经济体制的逐步确立及劳动领域的法律法规逐步完善，党出台的相关政策有所减少，但也出台了若干重要文件，如《关于加强和改善党对工会、共青团、妇联工作领导的通知》（1989）、《关于加强和改进党的群团工作的意见》（2015）、《关于新时期产业工人队伍建设改革方案》（2017）等。

法治建设上，新中国成立前，先后颁布《劳动保护法》（1930）、《中华苏维埃共和国劳动法》（1931）、《晋冀鲁豫边区劳动保护暂行条例》（1941）等。新中国成立后，先后颁布《工会法》（1950）、《劳动保险条例》（1951）等。改革开放以来，加大了劳动领域立法力度，先后出台《关于颁发全民所有制工业企业三个条例的通知》（1986）[③]、《全民所有制工业企业法》（1988）、《公司法》（1993）、《劳动法》（1994）、《劳动合同法》（2007）、《劳动争议仲裁法》（2007）等。除了国家法律法规外，党还领导工会通过制定章程来规范工会的运行与发展。工会章程历经《中华全国总工会总章》（1925）、《中华全国总工会章程》（1948）、《中华人民共和国工会章程》（1953）、《中国工会章程》（1957）名称变更，并在每次全国工会代表大会上进行修改完善。党通过出台政策文件及领导制定法律法规来指导工人运动，既是党领导工人运动的宝贵经验，也是中

---

① 参见《中共中央关于工人运动文件选编（上中下）》，档案出版社，1984年。

② 参见《建国以来中共中央关于工人运动文件选编（上下）》，中国工人出版社，1988年。

③ "三个条例"指《全民所有制工业企业厂长工作条例》《中国共产党全民所有制工业企业基层组织工作条例》《全民所有制工业企业职工代表大会条例》。

国工会制度的一个特色和优势。

(五)注重推进职工民主参与企业管理

企业民主管理是现代企业治理的内在要求，是国家民主政治建设的基础。党长期以来高度重视职工民主参与企业管理，并经历了不同的发展阶段。

一是"三人团"阶段。中央苏区时期，苏维埃政府就颁发了《苏维埃国有工厂管理条例》(1934)，要求各企业设工厂管理委员会，由厂长、党支部代表和工会代表组成"三人团"，协同厂长处理厂内的日常问题。

二是工厂管理委员会和职工代表会议阶段。《关于工矿企业政策的指示(草案)》(1946)明确公营工矿企业的管理委员会或厂务会议，由厂长、副厂长、总工程师和其他生产负责人组成，并吸收相同数量的职工代表参加。六次劳大正式提出"工厂企业化、管理民主化"的重要原则，开始了"工厂管理委员会"和"职工代表会议"这两项制度的建设工作，华北人民政府发布《关于在国营工业企业中建立工厂管理委员会与职工代表会议的决定》(1949)。

三是党委领导下的厂长负责制和职工代表大会阶段。党的八大决定在企业中实行党委集体领导下的厂长分工负责制；《关于研究有关工人阶级的几个重要问题的通知》(1957)明确将职工代表会议改为职工代表大会；《国营工业企业工作条例(修正草案)》(1965)规定职工代表大会是职工群众参与管理、监督干部、行使三大民主的权力机关；《国营工业企业职工代表大会暂行条例》(1981)明确职工代表大会是企业实行民主管理制度的基本形式，是职工群众参加决策和管理、监督干部的权力机构；1982年职工代表大会制度写入《中华人民共和国宪法》。

四是厂长负责制及职工代表大会制度阶段。党的十二届三中全会《关于经济体制改革的决定》(1984)明确实行厂长负责制，"厂长全面负责，职工民主管理，党委保证监督"；《关于颁发全民所有制工业企业三个条例的通知》(1986)将职工代表大会性质从"权力机构"调整为"职工行使民主管理权力的机构"。《全民所有制工业企业法》(1988)明确规定企业实行厂长负责制的同时必须实行民主管理，建立健全职工代表大会制度。经过长期实践探索，我国已形成以职工代表大会为基本形式,以集体协商、厂务公开、职工董监事制度等为主要形式,以班组民主管理、合理化建议、劳资恳谈会、意见箱等为补充形式的中国特色企业民主管理制度。

(六)注重切实维护工人阶级利益

维护包括工人阶级在内的全体中国人民的利益,是党的宗旨所在。

首先,党为工会维护工人阶级权益指明路径。新民主主义革命时期,党领导广大工人成立工会,举行罢工开展政治斗争与经济斗争,组织工人纠察队开展武装斗争,在全国人民共同努力下,终于推翻反动统治,实现民族独立和人民解放。新中国成立后,党指导工会坚持促进企业发展、维护职工权益的工作原则,树立主动、依法、科学维权观,为工会维护职工权益提供了源头参与、集体协商、民主管理、争议调处等多种渠道,推动构建社会主义和谐劳动关系。

其次,党通过构建维权工作格局促进职工权益的维护。坚持构建党政主导、工会参与、部门协同、社会支持的维权工作格局,党政发挥主导作用,定期召开会议分析研究劳动关系和工会工作领域的重大问题。政府、工会、企联构建劳动关系三方协商机制,政府和工会建立联席会议制度,工会、人社、司法、法院等建立劳动关系矛盾化解合作机制,构建集体协商、民主管理、法律监督、法律援助四位一体的工会维权工作体系。

再次,党领导工会落实好维权职责。维护职工权益是工会组织的天职。党的二大明确指出:"工会是为什么成立的? 工会就是保护工人切身的利益和为工人的利益奋斗的机关。"①此后工会先后提出"在维护全国人民总体利益的同时,更好地表达和维护职工群众的具体利益","维护、建设、参与、教育"社会职能,"团结教育、维护权益、服务职工"工会功能,"维护职工权益、竭诚服务职工"基本职能等表述。可以看出,工会的职责功能有个逐步发展的过程,但维护职责始终是工会的天职,脱离了维护,工会就将脱离群众,也就失去了生存之本。党始终支持工会积极履行好维护职工权益的职责,促进

---

① 中央档案馆:《中共中央文件选集(第1卷)》,中共中央党校出版社,1981年,第48页。

劳动关系保持和谐稳定，打破了世界上经济迅速发展地区必然带来劳动关系矛盾集中爆发的"魔咒"。

（七）注重为工会履职及发挥工人阶级作用创设平台条件

党作为工人阶级的政党，积极为工人阶级及其群众组织发挥作用创造条件。

一是为广大职工群众参与各级人大、政协创造条件。在人大代表中，明确规定一定名额比例的工人代表、知识分子代表；政协组织中，设有工会界别，工会界别是中国人民政治协商会议的八大社会团体界别之一，广大工会界别的政协委员积极参政议政，开展界别协商。

二是为工会源头参与跟职工利益密切相关事项的决策创造条件。1985年11月，中共中央办公厅、国务院办公厅《转发全总党组〈关于工会参加党和政府有关会议和工作机构的请示〉的通知》明确："中央、国务院及有关部委在研究、制定有关国家的经济和社会发展计划以及重大方针政策时，凡涉及职工切身利益问题时，通知全国总工会参加必要的会议或工作"；"吸收工会参加涉及职工利益的各项重大改革的领导机构"。此文件为工会组织广泛参与相关涉及职工利益的会议及工作机构提供了依据。

三是建立工会参与维护职工权益的相关制度。比如，1950年的《工会法》就明确了工会缔结集体合同之权，此后《劳动法》《劳动合同法》都明确了工会参与集体协商、签订集体合同的权利；职工代表大会制度中，明确工会为职工代表大会的办事机构；劳资关系调处中，明确工会作为重要主体之一，参与劳动关系三方协商机制，参与工会和政府联席会议，等等。

四是积极整合各类资源为工会工作提供便利。新中国成立后，党和政府新建或划拨了一批固定资产给工会机关办公或工人文化宫、工会干部学校、工人疗养机构使用；通过党建带工建，推进工会建设；政府为工会服务职工、教育职工、劳模关爱等提供资金支持；等等。当下西方工会普遍存在入会率低、会费不足、影响式微的问题，而中国工会有党和政府的支持，工会组织覆盖、工作覆盖始终保持在较高水平，这也体现了中国特色社会主义的制度优势。

五是赋予工会参与对外交往的职责。工会对外交往是工会工作的重要组成部分,党始终领导并大力支持中国工会加强国际工人运动的交流合作,围绕和平、发展、合作、工人权益的国际工人运动主题,巩固和扩大中国工会在国际工运领域的话语权和影响力。

(八)注重领导工会进行自身改革

勇于自我革命是中国共产党最鲜明的品格,也是中国工会不断前进的不竭动力。1925年中华全国总工会成立后,党指导工会进行多次改革,加强自身建设。党的五大提出了"工人领袖官僚化"的问题,强调要切实执行"工会民主化"①的工作;党的六大指出了"委派制度的遗毒"②,强调自下而上的民主集中制。1952年,全总机关机构进行了调整,从原十部一厅调整为六部一厅(办公厅)一室(政策研究室),人员编制减少20.81%。③1982年,全总机关精简机构,减少领导层次,合并业务相近部门,提高办事效率,密切联系群众,实现干部革命化、年轻化、知识化、专业化,全总领导班子由26人减少到9人,全国产业工会和全总工作部门由37个减少到21个。④1988年,全总第十届六次执委会通过《工会改革的基本设想》,提出理顺工会与党的关系、理顺工会与政府的关系、增强基层工会活力、改革工会的组织制度与干部人事制度等,这些改革设想很多是建设性的,后来由于种种原因没有推进落实。2015年,中央深化改革领导小组第18次会议通过《全国总工会改革试点方案》《上海市群团改革试点方案》《重庆市群团改革试点方案》,聚焦增"三性"、去"四化"、促"三转",构建群众化、社会化、网络化的工会工作运行机制,着力夯实工会基层基础。全总将6个主要职能部门整合为3个,新成立网络工作部和社会联络部;5个生产经营类事业单位转制为企业,事业单位由18个减少到13个。2017年,启动推进产业工人队伍建设改革,着力打造知识型、技能型、创新型劳动者大军。可以看出,工会作为劳动关系的产物,

---

① 《中共中央关于工人运动文件选编(上)》,档案出版社,1984年,第178页。

② 同上,第262页。

③ 参见中华全国总工会办公厅编:《建国以来中共中央关于工人运动文件选编(上册)》,中国工人出版社,1989年,第16页。

④ 参见李玉赋:《新编中国工人运动史(下卷)》,中国工人出版社,2016年,第497页。

随着劳动关系及社会环境的变化不断调整自身的组织体系与政策策略,是工会适应时代发展变迁的必然选择,党领导工会不断推进改革是中国工会行稳致远的重要经验。

三、中国共产党领导中国工人运动百年历程的深刻启示

中国共产党领导中国工人运动百年历程,是马克思主义工运理论与中国工人运动实践相结合的历程,探索形成了一系列行之有效的经验做法和制度机制,为新时代工运事业发展提供了宝贵的启示。

(一)必须坚持中国共产党的领导

习近平指出:"党的群团工作做得好不好,关键在党的领导。"①坚持党的领导,是中国工会制度的最大特色和优势,是中国工运事业健康发展的根本保证。

其一,中国工人运动坚持党的领导是历史的选择。中国共产党成立以前就已有工人运动,但大多是自发的、以经济斗争为主的运动,未能认识到必须推翻剥削制度本身才能谋得自身的彻底解放;工人缺乏自己的组织,不少工人加入了行会、帮会、招牌工会或者黄色工会。中国共产党成立后,加强对工人的教育,促进工人觉醒,组织产业工会,开展罢工运动,成立工农联盟,领导工人阶级参加革命斗争,最终取得新民主主义革命的胜利。新中国成立后,党领导包括工人阶级在内的全国人民,积极推进社会主义革命、建设和改革开放事业,实现了中国人民从站起来、富起来到强起来的伟大飞越。可以看出,没有党的领导,中国工人阶级和工人运动就不可能取得今天的胜利和成就。

其二,坚持党的领导是工运事业发展的内在要求。党是工人阶级的先锋队,党有马克思主义的理论指导,能够深刻洞察社会发展规律,制定正确的方针政策和策略,及时发现和纠正自身错误,工人阶级只有在自己先进政党的领导下,才能准确把握自身状况及面临的问题,从而找到自我解放与发展

---

① 习近平:《在中央党的群团工作会议上的讲话》,人民网,http://theory.people.com.cn/n1/2017/1123/c40531-29664023.html。

的正确道路。列宁指出:"各国历史证明,工人阶级靠自己的力量只能形成工联主义的意识。"①"工会应当紧紧地靠近党——这是唯一正确的原则。"②

其三,工会与工人阶级政党保持密切关系具有普遍性。国外工会与政党的关系也十分密切,有的工人阶级政党就是由工会组织发起成立的,如瑞典社会民主党由五十多个工会组织创建,英国工党前身劳工代表委员会由工会发起,澳大利亚工党成员以工会集体党员为主体,等等。国外工会依托政党在议会中的作用维护自身权利,政党依托工会的力量参加选举,可谓工会是政党的选举臂膀,政党是工会的政治臂膀。与西方的选举型政党不同,中国共产党是全面执政的全心全意为人民服务的使命型政党,党和工人阶级的根本利益是一致的,工人阶级、工人运动和工会组织在党的领导下开展工作,这是中国特色社会主义的制度优势所在。

(二)必须坚持马克思主义指导

理论来源于实践,理论又对实践具有能动的指导作用。

其一,坚持马克思主义指导之根本在于马克思主义的真理性。马克思指出:"理论一经掌握群众,也会变成物质的力量。理论只要能说服人,就能掌握群众;而理论只要彻底,就能说服人。所谓彻底,就是抓住事物的根本。"③马克思主义是关于全世界无产阶级和全人类彻底解放的学说,在批判继承和吸收人类思想成果的基础上创立,科学揭示了自然界、人类社会和思维发展的一般规律。习近平指出:"在人类思想史上,就科学性、真理性、影响力、传播面而言,没有一种思想理论能达到马克思主义的高度,也没有一种学说能像马克思主义那样对世界产生了如此巨大的影响。"④工人运动只有在马克思主义指导下,才能找到正确的方向和策略。

其二,马克思主义指导是中国工人运动取得成功的关键所在。中国共产党是靠理论起家的,没有马克思主义指导,就没有中国共产党。中国共产党

① 《列宁论工会》,工人出版社,1959 年,第 108 页。

② 同上,第 289 页。

③ 《马克思恩格斯选集》(第一卷),人民出版社,1994 年,第 9 页。

④ 《习近平谈治国理政》(第二卷),外文出版社,2017 年,第 65 页。

之所以能,归根到底是因为马克思主义行。中国工人运动自身发展历程也表明,没有正确理论指导的工人运动,往往是零散的、无组织的、自发的工人运动。而马克思主义指导下的工人运动,能够科学分析形势任务,制定正确的政策与策略,并采取有力的行动,实现从自发向自觉的转变,并及时纠正失误与错误。

其三,坚持马克思主义指导必须与中国工人运动实践相结合。恩格斯曾指出:"马克思的整个世界观不是教义,而是方法。它提供的不是现成的教条,而是进一步研究的出发点和供这种研究使用的方法。"[1]中国共产党将马克思主义基本原理与中国实际相结合,形成了一系列马克思主义中国化的理论成果,工农联盟思想,全心全意依靠工人阶级,正确处理工会与党、行政的关系,坚持工会的政治性、先进性、群众性等,都是马克思主义中国化理论成果指导工人运动的具体运用。

(三)必须坚持全心全意依靠工人阶级的方针

全心全意依靠工人阶级,是我国革命、建设和改革事业必须长期坚持的指导方针。

其一,工人阶级的先进性是全心全意依靠工人阶级的内在依据。中国工人阶级与最先进的经济形式相联系,是先进生产力的代表,具有革命性、组织性、纪律性,并在中国共产党的领导下成为最有觉悟的阶级,与广大农民有天然的联系而结成亲密的联盟。习近平指出:"那种无视我国工人阶级成长进步的观点…都是错误的、有害的。"[2]工人阶级的先进性决定了工人阶级的领导地位,也决定了其是全心全意依靠的对象。

其二,工人阶级的地位作用是全心全意依靠工人阶级的现实基础。工人运动的领导阶级是工人阶级,工人运动的主体力量是工人阶级,党的阶级基础是工人阶级,中国革命、建设和改革事业的主力军是工人阶级,正因如此,必须坚持全心全意依靠工人阶级的方针。

---

[1]　《马克思恩格斯文集》(第十卷),人民出版社,2009年版,第691页。

[2]　习近平:《在庆祝"五一"国际劳动节暨表彰全国劳动模范和先进工作者大会上的讲话》,中国共产党新闻网,http://cpc.people.com.cn/n/2015/0429/c64094-26921006.html。

其三,工人阶级的发展壮大是全心全意依靠工人阶级的重要支撑。中国工人阶级经历了从小到大、从弱到强、从落后到进步的发展历程,知识分子已是工人阶级的一部分,广大农民工已成为工人阶级的新生力量,工人阶级的知识文化结构持续改善,工人阶级的先进性不断发展。中国工运事业的发展历程,就是工人阶级队伍不断壮大、作用不断凸显的历程。

其四,加强产业工人队伍建设是全心全意依靠工人阶级的必由之路。产业工人队伍是工人阶级的主体力量,坚持全心全意依靠工人阶级就必须加强产业工人队伍建设,加强产业工人队伍思想引领,强化产业工人技能提升,促进产业工人全面发展,打造知识型、创新型、技能型的规模宏大的产业工人队伍。

其五,推进统一战线建设是坚持全心全意依靠工人阶级的重要法宝。全心全意依靠工人阶级,不能忽视工人阶级的同盟者,只有这样才能凝聚包括工人阶级在内的广大人民群众的智慧和力量。党在不同历史时期形成了不同内涵的统一战线,核心在于党的领导,基础在于工农联盟,关键在于根据不同历史阶段的不同任务而团结不同的对象。中国工人运动也离不开统一战线,比如早期工人运动还要利用黄色工会以及招牌工会的力量,革命时期城市的工人运动离不开农村革命的支持,国内的工人运动离不开国际工人运动的支持等。

(四)必须紧紧围绕党的中心大局

紧紧围绕党确定的中心任务而奋斗,是中国工人阶级和工人运动的前途所在。

其一,党确定的中心大局是工人阶级长远和整体利益所在。习近平指出:"中国共产党始终代表最广大人民根本利益,与人民休戚与共、生死相依,没有任何自己特殊的利益,从来不代表任何利益集团、任何权势团体、任何特权阶层的利益。"①党在不同历史阶段确定的中心任务,都是为了全国人民的长远利益和根本利益。工人运动紧紧围绕党确定的目标任务而奋斗,是

---

① 习近平:《在庆祝中国共产党成立 100 周年大会上的讲话》,中华网,https://news.china.com/zw/news/13000776/20210701/39716090_4.html。

实现工人阶级整体利益的需要。

其二，紧紧围绕党的中心大局而奋斗是中国工人运动的光荣传统。新民主主义革命时期，中国工人阶级为了民族独立和人民解放而奋斗；社会主义革命、建设和改革开放时期，为了国家富强和人民富裕而奋斗；中国特色社会主义新时代，为实现中华民族伟大复兴的中国梦而奋斗。在长期的革命、建设和改革中，中国工人阶级炼就了伟大品格，即信念坚定、立场鲜明，艰苦奋斗、勇于奉献，胸怀大局、纪律严明，开拓创新、自强不息，胸怀大局就是其中的鲜明特征之一。

其三，围绕中心大局与服务职工群众要紧密结合起来。习近平指出："服务党和国家工作大局是党的群团工作的主线，服务群众是群团组织的职责。群团组织既要围绕党和国家工作大局搞好'公转'，又要聚焦服务群众搞好'自转'，做到'顶天立地'。"①工会围绕中心大局开展工作，不是指工会离开自身的主业主责去开展工作，而是围绕中心大局做好工会自身工作。工会要成为职工群众的娘家人、贴心人，就必须在维护全国人民整体利益的同时，更好地表达和维护职工群众的具体利益，只有这样，职工群众才会真正感受到工会是自己的组织。

其四，围绕中心大局的重要体现就是发扬主人翁精神建功立业。围绕中心大局不是一句口号，而应根据党的决策部署，团结带领广大职工群众为党的中心任务而奋斗，聚焦重大工程、重点项目、重要工作，激发劳动热情与创造精神，凝聚为党和人民的事业而奋斗的磅礴力量。

（五）必须坚持职工为本的原则

坚持职工为本，以职工为中心、以职工为主体开展工作，是工人运动必须遵循的基本准则。

其一，坚持职工为本体现了马克思主义的唯物史观。人民是历史的创造者，人民是真正的英雄，江山就是人民，人民就是江山。坚持以职工为本，就是"以人民为中心"思想在工会领域的运用，就是尊重职工的主体地位，确认

---

① 习近平：《在中央党的群团工作会议上的讲话》，人民网，http://theory.people.com. cn/n1/2017/1123/c40531-29664023.html。

职工的主体价值而非工具价值,以职工为主角而不是配角,让职工当演员而不是观众。以工人为主体、为谋求工人利益开展的运动是"工人运动",把工人当工具、利用工人开展的运动就是"运动工人",必将被工人所抛弃。

其二,坚持职工为本必须履行好工会维护服务职责。习近平指出:"服务群众、维护群众权益的大旗要牢牢掌握在我们手中。"①工会的基本职责是维护职工合法权益、竭诚服务职工群众,只有真正解决好职工群众最关心最直接最现实的利益问题和最困难最操心最忧虑的实际问题,才能赢得职工群众的信任与支持。维护职工合法权益是工会的天职,必须站稳职工立场,否则工会将失去存在的价值。

其三,贯彻新时期的群众路线。群众路线是工会工作的生命线和根本工作路线,脱离群众是工会面临的最大危险。坚持从群众中来,到群众中去,是工运事业和工会工作的动力之源、活力之源。工会工作的宗旨是为了职工群众,工作的依靠在于职工群众,工作的思路源于职工群众,工作的评价交由职工群众。推进"互联网+工会"建设,走好网上群众路线,打造智慧工会、数字工会。

其四,高度关注社会分层及新兴就业群体的权益维护。职工因其天赋、家庭、受教育程度等不同而处于不同的职业阶层,这是客观现实,问题的关键在于防止阶层固化和阶层传递。社会分层中处于底层、弱势的群体在职场中议价能力低、岗位替代性强,权益也最容易受到侵害,应作为工会重点关心对象,兜好底线、促进发展。新技术新业态新模式背景下用工平台化、多元化、灵活化、分散化、原子化、去中心化是必然趋势,要直面传统劳动关系对新兴就业无法涵盖的困局,研究新就业形态下劳动者的劳动关系、组织化与权益维护问题。

(六)必须坚持工人阶级和工会组织的团结统一

团结统一是中国工人阶级和工会组织的特色优势与力量所在。

其一,坚持工人阶级和工会组织的团结统一是历史经验的总结。1840 年

---

① 习近平:《在中央党的群团工作会议上的讲话》,人民网,http://theory.people.com.cn/n1/2017/1123/c40531-29664023.html。

以来,随着帝国主义及外国资本的入侵,我国工人阶级开始逐步形成。但在中国共产党成立以前,工人阶级自身的力量没有真正动员和组织起来,工人运动往往处于分散、自发的状态而多以失败告终。中国共产党成立后,加强了对工人运动的领导,开展工人教育,提高工人觉悟,建立阶级工会,组织工人罢工,二次劳大成立中华全国总工会,初步实现了中国工人阶级和工会组织的团结统一。

其二,加强基层工会建设是实现工人阶级和工会组织团结统一的基础。基层工会联系职工最广泛、最直接,是工会全部战斗力的基础。在党正式成立前,中国共产党发起组就将谋划建党与建工会同步推进,如 1920 年 11 月指导成立了第一个阶级工会——上海机器工会。基层工会建设中,党指导重点推进产业工会,党的一大明确提出党的基本任务是成立产业工会,一次劳大也要求凡能采用产业组合的,都应一律采用产业组合法去组织工会,坚持产业原则比职业原则更有利于工人阶级的团结统一以形成强大力量。

其三,切实最大限度地把广大职工群众组织到工会中来。工人阶级的力量在于组织,工人阶级的重要组织形式是工会,必须尽最大努力提升职工群众的组织化水平,增强工会组织的影响力、吸引力和凝聚力。习近平指出:"工会、共青团、妇联要探索以多种方式构建纵横交织的网络化组织体系,做到哪里有群众、哪里就要有自己的组织,怎么有利于做好工作、就怎么建组织。"①要发扬党早期千方百计组织工人、动员工人的精神,推进新时代的工会组织建设,尽可能地将广大劳动者组织起来,这不仅涉及服务职工、维护权益问题,更涉及如何团结凝聚劳动者问题,如何巩固新时代党的执政基础问题。

(七)必须遵循群团组织属性特点开展工作

工会是工人阶级的群众组织,《工会法》《中国工会章程》对工会的性质、地位、作用、职责等都有明确规定,必须遵循群团组织特点,依法依章程独立自主开展工作。

---

① 习近平:《在中央党的群团工作会议上的讲话》,人民网,http://theory.people.com.cn/n1/2017/1123/c40531-29664023.html。

其一,保持工会组织相对的独立性。刘少奇指出:"我们在政治上要求群众团体接受我们的领导,但在组织上绝不妨害群众团体的独立。"①江泽民也指出:"强调工会在党的统一领导下活动,绝不意味着把工会变成党委的一个部门,等同于党委宣传部、组织部一样的机构。工会应该是党领导下的相对独立的工人阶级的群众性组织。这两个方面都要正确掌握,不可出现偏离。"②当下不少国企改革,将工会合并在党群工作部,这种做法是值得商榷的。

其二,采用职工群众接受的工作方法开展工作。工会应运用民主、沟通、协商的办法开展工作,而不能采取命令、强制的方法开展工作。赖若愚指出:"工会的工作方法,必须是说服、教育的方法,群众自我教育的方法,民主的方法,也就是批评与自我批评的方法。"③

其三,依法依章程独立自主开展工作。邓小平指出:"党对群众团体,应加强其政治领导,不应在组织上去包办。群众团体的工作,应由群众团体自己去讨论和执行。"④习近平也指出:"加强和改进党的群团工作,既要得力,又要得法。"⑤不能直接用管理党政机关的办法来管理群团组织,要给群团组织留出创造性开展工作的空间,比如工会开展劳动竞赛、选树五一劳动奖章(状)及工人先锋号等,都是具有工会特点的传统品牌,但已被不少地方纳入了评选表彰清理范围,这种做法也值得商榷。

(八)必须加强工会国际交流与合作

中国工人阶级是世界无产阶级的重要组成部分,加强工会与工人运动的国际交流,对于促进各国工人阶级和工会工作交往借鉴、促进世界无产阶级的解放具有重要意义。

① 《刘少奇论工人运动》,中央文献出版社,1988年,第201页。
② 中华全国总工会、中共中央文献研究室编:《毛泽东邓小平江泽民论工人阶级和工会工作》,中央文献出版社,2002年,第162页。
③ 《李立三赖若愚论工会》,档案出版社,1987年,第471页。
④ 中华全国总工会、中共中央文献研究室编:《毛泽东邓小平江泽民论工人阶级和工会工作》,中央文献出版社,2002年,第77页。
⑤ 习近平:《在中央党的群团工作会议上的讲话》,人民网,http://theory.people.com.cn/n1/2017/1123/c40531-29664023.html,2017-11-23。

其一，各国工会与工人运动具有一定的共同规律可循。工会与工人运动是经济社会发展到一定阶段的产物，尽管各国政治体制、历史文化、经济状况不一，工会制度与工人运动的发展状况会有所不同，但也有共通之处，比如工会都是劳动关系矛盾的产物，工会都通过集体谈判等维护职工会员的利益，工会与工人阶级政党都有着较为密切的联系，等等。

其二，无产阶级只有解放全人类才能最后解放自己。恩格斯在马克思去世后所写的《共产党宣言》1888 年英文版序言中指出："被剥削被压迫的阶级（无产阶级），如果不同时使整个社会一劳永逸地摆脱一切剥削、压迫以及阶级差别和阶级斗争，就不能使自己从进行剥削和统治的那个阶级（资产阶级）的奴役下解放出来。"[1]中国工人阶级和工人运动曾得到国外工人阶级的支持和帮助，中国工人阶级也在支持其他国家工人阶级解放事业中做出了积极贡献。

其三，讲好中国工人阶级和工会故事是中国对外交往的重要内容。加强工人运动和工会工作对外交流，有利于增进世界对中国的了解和理解。中国工会七大召开时，世界工会联合会代表团和来自世界二十多个国家的三十多个工会组织代表应邀列席了会议。1985 年 4 月，邓小平会见美国汽车工会代表时指出："把意识形态问题撇开，根本不去管它，就讲友谊，谈可以合作的东西。"[2]习近平也指出："要发挥民间外交优势，增进我国工人阶级同各国工人阶级的友谊，发展同各国工会组织、国际和区域工会组织的关系。"[3]新时代，中国工会将继续围绕国家总体外交战略和"一带一路"建设，加强对外交流交往，巩固和扩大我国工会在国际工运领域的话语权、影响力，为推动构建人类命运共同体做贡献。

（李友钟，上海工会管理职业学院党委副书记、院长）

①　《马克思恩格斯选集》（第一卷），人民出版社，1994 年，第 257 页。

②　中华全国总工会、中共中央文献研究室编：《毛泽东邓小平江泽民论工人阶级和工会工作》，中央文献出版社，2002 年，第 151 页。

③　习近平：《在庆祝"五一"国际劳动节暨表彰全国劳动模范和先进工作者大会上的讲话》，中国共产党新闻网，http://cpc.people.com.cn/n/2015/0429/c64094-26921006.html。

中共成立前后俄共(布)、共产国际对中国工会
问题的考察*

工会问题是深入讨论俄共(布)、共产国际对中共早期革命影响的关键切入点。本文的讨论挖掘出长期被学界忽略的一个重要侧面,即反映中共领导工运和工会发展的讯息,也是俄共(布)与共产国际派使者来华调查,力图发动城市革命所格外重视的内容。本文在梳理中共建立前后俄共(布)、共产国际获得中国革命讯息各条路径的基础上,将苏俄对中国工会情况接收与回应的动态发展过程予以清晰呈现,从中也反映出相较于以往更为丰富的、中共建党前后的工会发展实态。

讨论苏俄、共产国际对中国革命的影响,一直都是学界的研究热门。中共在早期组织建立时期就开始接受俄共(布)与共产国际的输出革命,这一认识也已在学界达成共识。国内外学者多注重从帮助与指导中共建立的角度,阐述俄共(布)、共产国际与中共的联系及交往,①因此研究焦点常常落在

---

* 本文原载于《工会理论研究》2021 年第 5 期。

① 代表性著作如杨奎松:《"中间地带"的革命——国际大背景下看中共成功之道》,广西师范大学出版社,2012 年,第 32~61 页;[苏联]K.B.舍维廖夫:《中国共产党成立史略》,载徐正明等译:《共产国际与中国革命(苏联学者论文选译)》,四川人民出版社,1987 年,第 30~44 页;[苏联]И.Н.索特尼科娃:《负责中国问题的共产国际组织机构(1920—1931 年)》,李颖译,《中共党史资料》,2004 年第 4 期;李颖:《共产国际、陈独秀与中国共产党的创建》,《安徽史学》,2005 年第 2 期;张玉菡:《从组织推动到亮相共产国际舞台——苏俄、共产国际远东工作与中国共产党的创建》,《上海师范大学学报》(哲学社会科学版)2021 年第 2 期。

考辨与梳理俄共（布）、共产国际的机构状况及中间渠道：来华苏俄使者的身份及其活动上。[①]然而值得注意的是，俄共（布）、共产国际对中共的影响并不局限于此，实际包括了党团组织建设、理论宣传与工运实践等方面。那么，我们该如何理解当时中共在其他方面所受到的苏俄影响，以及在党团建设之外，苏俄又是怎样具体指导中国共产党早期革命实践的？其过程与结果如何？这些问题都需要我们进行思考与解答。

探讨俄共（布）与共产国际对中共早期革命的影响，工会问题正是一个关键的切入点。[②]俄国革命和列宁主义的色彩在共产国际第一次代表大会上通过《共产国际行动纲领》等文件显露无遗，即不顾一切实行暴力革命和无产阶级专政的形式。[③]对尚未完成社会主义革命的地区而言，工会是为推翻资本主义社会，广泛联系工人的组织。[④]早在1919年，与中国马克思主义者接触的首位苏俄代表布尔特曼，就已向李大钊、邓中夏传播俄国布尔什维克组织工会的思想与工作方式。正是受其影响，1920年初在4名学生的努力下，天津码头工会初步建立起来。[⑤]由此可见，担负对外输出革命重任的苏俄使者，亦将组织工会与推动工人运动作为帮助东方落后国家实践马克思主义的主要路径。

① ［日］石川祯浩：《中国共产党成立史》，袁广泉译，中国社会科学出版社，2006年，第71~109页；李玉贞：《中国共产党成立前夜的苏俄密使》，《百年潮》，2001年第7期；李玉贞：《与中共建立有关的俄共（布）、共产国际机构和人员》，《党的文献》，2011年第4期；李丹阳等：《〈上海俄文生活报〉与布尔什维克早期在华活动》，《近代史研究》，2003年第2期。

② 本文讨论的工会问题是比较宽泛的概念，涵盖工会组织建设、罢工斗争、工会代表会议等多元性内容。俄共（布）语境下的工会具体内容参见《共产党的组织建设、工作方法和工作内容提纲》（1921年7月12日），《共产国际与中国革命资料选辑（1919—1924）》，人民出版社，1985年，第100~106页。

③ 参见杨奎松：《"中间地带"的革命——国际大背景下看中共成功之道》，山西人民出版社，2020年，第22页。

④ 参见《在全俄工会第二次代表大会上的报告》（1919年1月20日），载中共中央马克思恩格斯列宁斯大林著作编译局编译：《列宁全集》（第35卷），人民出版社，2017年，第434页。

⑤ 参见李玉贞：《中国共产党成立前夜的苏俄密使》，《百年潮》，2001年第7期；［苏联］И.Н.索特尼克娃：《共产国际与中国共产主义运动的开端》，载中共一大会址纪念馆编：《中国共产党创建史研究》，上海人民出版社，2012年，第157页。

虽然在俄共(布)、共产国际与中共往来的档案文献中,一直有反映中国工会相关的内容,但是常常被研究者有意无意地忽略。此前讨论俄共(布)、共产国际与中共关系的论著中有时也会稍微提及工会问题,但大都一带而过,很少有反映出俄共(布)与共产国际对工会的看法,及就此问题与中共人士之间的互通联系。如 А.И.卡尔图诺娃主要从赤色职工国际的档案出发,勾勒出从国际工会联合会远东局到赤色职工国际在中国支援中共深入工界相关活动及影响,但是其所指具体史实内容仍较简略,部分史实需进一步考订。①И.Н.索特尼克娃将俄国(布)与中国革命者接触的时间上溯到 1919 年 3月共产国际初成立,②然而对远东局来往信件中关于中国工会组织问题未曾涉及。实际上,我们仍可以继续追问:俄共(布)与共产国际所接收到中国工会讯息的渠道与内容究竟如何,这些讯息对俄共(布)与共产国际施加到中共成长的影响如何? 中共建立前后的工会组织讯息呈现出怎样的变化?

21 世纪以来一些新史料的涌现,及既往史料再深入地剖析,使得以上问题都有继续深入讨论的空间。笔者拟结合已公开的原始档案与文献资料,以俄共(布)、共产国际与中共早期党员发生联系的互动视角出发,着重梳理俄共(布)、共产国际对有关中国工会情况接收与反应的过程,在此基础上分析苏俄对中国革命的影响问题。③

一、维经斯基等来华使者关于工会的汇报

维经斯基是俄共(布)与共产国际派到中国的工作者中最具代表性的一

---

① 参见[苏联]А.И.卡尔图诺娃:《对中国工人阶级的国际援助(1920—1922 年)》,载徐正明等译:《共产国际与中国革命(苏联学者论文选译)》,四川人民出版社,1987 年,第 48~60 页。

② 参见[苏联]И.Н.索特尼克娃:《共产国际与中国共产主义运动的开端》,载中共一大会址纪念馆编:《中国共产党创建史研究》,上海人民出版社,2012 年,第 155~165 页。

③ 囿于篇幅,本文的讨论时间下限截止到 1922 年初的远东人民代表大会。本文围绕建党前后的讨论,应更加能够体现出苏俄与中共联系初期阶段的一些独有特征。

位。①1920 年 4 月,维经斯基受俄共(布)远东局符拉迪沃斯托克处下设的外交科派遣来华。②经李大钊介绍后,维经斯基到达上海访问《新青年》《星期评论》等杂志,与陈独秀、李汉俊、沈玄庐等进步人士交流。③当月初维经斯基的一封《致其上级的信》反映出,他赴华的主要目的是帮助当地革命者组织具有共产主义倾向的团体,在他看来,中国革命者的活动尚处于初步阶段。他指出,接触到的一些领导者在汉口、广州、南京等地尚未建立起办事机关,陈独秀正在给各地革命者写信,商议开会事宜。④

两个月后,维经斯基向东方民族处⑤汇报工作进度,指出已有的工作成果是在上海成立由 4 名中国革命者及他共同组成的革命局,下设出版部、宣传报道部和组织部。⑥出版与情报处的工作能够展现出具体内容,然而组织部"忙于在学生中间做宣传工作,并派遣他们去同工人和士兵建立联系",这方面暂时没有多少成绩。维经斯基将组织工会作为下一步的具体规划,预计在接下来的一周召开由地方工会和行会代表参与的会议,以成立工会中央局。他也专为会议草拟出决议,在上海革命局通过后译作中文,在工会中进

---

① 据 и.н.索特尼克娃考证,1919—1920 年间,共产国际、俄共(布)中央委员会远东局和西伯利亚局、外交人民委员部、全俄中央合作总社以及其他机构,都分别派出代表携带各自任务前往中国。尽管学者李玉贞指出国内关于维经斯基的译名不准确,建议遵从名从主人原则使用"吴廷康",但为便于阅读与讨论,本文仍使用学界惯用的"维经斯基"通译。

② 参见李玉贞:《中国共产党成立前夜的苏俄密使》,《百年潮》,2001 年第 7 期。

③ 参见李达:《中国共产党的发起和第一次、第二次代表大会经过的回忆》,载中国社会科学院现代史研究室等选编:《"一大"前后》(二),人民出版社,第 6~8 页;《包惠僧谈维经斯基》,载《维经斯基在中国的有关资料》,中国社会科学出版社,1982 年,第 437 页。

④ 参见《维经斯基致佚名者的信》(1920 年 6 月 9 日),载中共一大会址纪念馆编:《中共首次亮相国际政治舞台档案资料集》,上海人民出版社,2016 年,第 6~7 页。

⑤ 1920 年 7 月 27 日,俄共(布)西伯利亚州局东方民族处召开第一次内部会议,对其组织架构与工作计划进行讨论。《俄共(布)西伯利亚州局东方民族部会议记录第 1 号》(1920 年 7 月 27 日),载中共一大会址纪念馆编:《中共首次亮相国际政治舞台档案资料集》,上海人民出版社,2016 年,第 14~15 页。该机构成立后,所有东方事务均由其负责,维经斯基一行也归其领导,并按其指示行事。

⑥ 上海成立的革命局,也被译作革命委员会,宣传报道部亦被译成情报鼓动处、情报宣传部。笔者以 1997 年中共中央党史研究室第一研究部译作为准。该革命局与中共上海早期组织所做工作几乎完全相同。姚金果、李亮:《共产国际、俄共(布)代表在华寻找盟友的活动》,载中共中央党史研究室等编:《中共党史资料》(第 84 辑),中共党史出版社,2002 年,第 85 页。

行宣传。①

　　迄今为止,这段与工会相关的报告很少被学界注意。相关学者在翻译时甚至会无意识地删减出版部印刷的一些具体书目,其中就有一本《论工会》。А.И.卡尔图诺娃曾指出,维经斯基报告中的"工会中央局"就是工人委员会,即创办职工文化补习学校的部门。②虽然这一部门的具体名称还有待进一步考证,但是我们根据上述内容至少可以认识到,在上海组织工会并作宣传已是维经斯基与上海共产党早期组织所竭力推进的事务。客观来说,这项工作还存在着一些掣肘,不但很可能工界团体的统一工作未像报告中那样取得进展,③而且最大的问题在于当时组织部直接接触的人士以学生为主,尚未涉及工人。另一位同时期在上海搜集情报的俄共(布)代表刘江也反映出同样的问题。据他指出,上海是中国社会主义者的活动中心,该地有关社会主义出版、宣传工作进展得比较顺利。中国学生的中心组织和工人组织都支持社会主义者,他们是革命的主要支柱。此处的"中国学生中心组织"意指"中华民国"学生联合会,④但工人组织暂时未有明确的机构名称指向。事实上,学生联合会早在当年5月就由代表姚作宾出面赴符拉迪沃斯托克,与东方民族处的前身俄共(布)远东局外交科的代表,进行过革命问题的交流。⑤

　　维经斯基的这份报告也被东方民族处转发给莫斯科俄共(布)中央委员会及共产国际、外交人民委员会,电报内容中尤与维经斯基原报告重点不同

---

① 参见《维经斯基给俄共(布)中央西伯利亚东方民族处的信》(1920年8月17日),载中共中央党史研究室第一研究部译:《联共(布)、共产国际与中国国民革命运动(1920~1925)》,北京图书馆出版社,1997年,第31~32页。

② [苏联]А.И.卡尔图诺娃:《对中国工人阶级的国际援助(1920—1922年)》,载徐正明等译:《共产国际与中国革命(苏联学者论文选译)》,四川人民出版社,1978年,第51~52页。

③ 参见 [日] 石川祯浩:《中国共产党成立史》,袁广泉译,中国社会科学出版社,2006年,第103~104页。

④ 中华民国学生联合会成立于1919年6月16日,又名全国学生联合会,是五四运动后全国学生广泛群众性统一组织。

⑤ 参见《俄共(布)西伯利亚州局东方民族部就本部组织与活动向共产国际执行委员会的报告》(1920年12月21日),载中共一大会址纪念馆编:《中共首次亮相国际政治舞台档案资料集》,上海人民出版社,2016年,第81页。

之处,在于其特别强调中国各大工业中心都在组建工会。①东方民族处重视工会问题的表现不止于此。1920年9月以后,东方民族处因改组为"共产国际远东书记处"②而导致一段时间内与维经斯基联络受阻。③尽管如此,东方民族处在催促维经斯基汇报情况的电报中,仍然要求其着重汇报工会情况,"现有哪些工会,哪些城市为产业工人集中之地,工会组织数量的增长情况"④,并要求他准备一份关于中国工会运动发展和现状的详细报告。

维经斯基的回信中答复了关于中国工会基本情况的问题,由于具体报告档案的缺失,我们暂时仅能通过现存简短的电报了解维经斯基的概括与分析。据他汇报,中国的工会有三种类型:其一是欧洲中世纪行会和同业工会式组织,⑤已遍及中国,总人数约2000万人。该组织存在是为提高消费品价格。其二是辛亥革命后出现由各职业工人参与,部分政客、官员和学生共同组织的工人联合会。该类工会普遍存在于上海和广州,其宗旨是向政府施压以获得慈善资助。其三才是在革命知识分子帮助下组建的工会,这也是前一年刚刚组建起来的组织。该类工会又可细分为两种,包括纯粹职业工人工会,及机器工人工会(非手工业工人工会)。他指出,最大的机器工会在广州,上海工会有电力工会(5万会员)、印刷工会、制袜工会、店员工会、漆匠工会、汽车夫工会(几百会员)。⑥

维经斯基的报告有两方面值得注意之处:其一,反映工会成绩的数字有夸张的成分。如其所指上海的电力工会,很可能是上海电气工界联合会,会

---

① 参见《伊尔库茨克发来的密码电报》,载中共一大会址纪念馆编:《中共首次亮相国际政治舞台档案资料集》,上海人民出版社,2016年,第34页。

② 东方民族部改组为远东书记处的问题,直到1921年2月中旬才基本落实,相关机构人员安置最终完成。《共产国际驻远东全权代表第2号命令》,载中共一大会址纪念馆编:《中共首次亮相国际政治舞台档案资料集》,上海人民出版社,2016年,第94页。

③ 参见《俄共(布)西伯利亚州局东方民族部致维经斯基的电报》(1920年9月30日),载中共一大会址纪念馆编:《中共首次亮相国际政治舞台档案资料集》,上海人民出版社,2016年,第49页。

④ 《俄共(布)西伯利亚局东方民族部致维经斯基的电报》,载中共一大会址纪念馆编:《中共首次亮相国际政治舞台档案资料集》,上海人民出版社,2016年,第55页。

⑤ 此处同业工会应翻译为同业公会。

⑥ 参见《维经斯基致俄共(布)西伯利亚州局东方民族部的电报》(1920年10月23日),载中共一大会址纪念馆编:《中共首次亮相国际政治舞台档案资料集》,上海人民出版社,2016年,第56页。

员不过 300 多名。①广东机器工会的情况亦然。维经斯基对广东机器工会的叙述来自俄共(布)党员米诺尔与别斯林的报告。后两者在与无政府主义者黄凌霜、梁冰弦等人共同组织广东共产党期间,②也注意搜集工运情报,尤其留意到机器工会。两人都曾以夸张的口吻称赞该工会规模庞大:米诺尔认为该种领袖工会的规模即便在欧美也不多见;别斯林也指出该工会经过一年的发展竟达数万人,支会遍及珠江东西及南洋群岛。③然而即便是在 1922 年初,机器工会又历经一段时间的发展,当其代表黄凌霜向共产国际汇报时,也只归总广州会员数为 16900 人,④尚未达到维经斯基报告中的 20000 数目。

其二,即便是维经斯基汇报的第三类工会,也都谈不上是受布尔什维克

①　参见姜沛南、陈卫民:《上海招牌工会的兴亡》,载沈以行等主编:《中国工运史论》,辽宁人民出版社,1996 年,第 99 页。笔者作此判断依据在于,1920 年夏维经斯基不仅与中共上海早期组织有交往,同时也推动出版《劳动界》。《劳动界》不止一次刊登过上海电器工界联合会的相关活动讯息。参见《劳动界》第 1、4 期。

②　参见曾庆榴:《广州共产党早期组织论述》,载中共"一大"会址纪念馆等编:《上海革命史资料与研究》(第 12 辑),上海古籍出版社,2012 年,第 354 页。

③　参见海隅孤客著:《解放别录》,载载沈云龙主编:《近代中国史料丛刊》(第 19 辑),文海出版社,1973 年,第 30 页。

④　参见《广东机器工会代表黄凌霜的报告》(1922 年 1 月),载中共一大会址纪念馆编:《中共首次亮相国际政治舞台档案资料集》,上海人民出版社,2016 年,第 225 页。必须指出的是,笔者对 1921 年广州机器工会会员人数仍存疑惑,因据 1921 年 4 月统计,全广州市内的机器工人数才只有 3000~4000 人。《广东早期工人数目情况表(1845—1937)》,载卢权等编撰:《广东早期工人运动历史资料选编》,广东人民出版社,2015 年,第 12 页。

主义影响而成立起的工会。①米诺尔疑惑广东机器工会虽然有组织,却不教导工人斗争的症结正在于此。②不过很显然,维经斯基并未想要提醒东方书记处留心这一问题。结合其夸张数字的处理,维经斯基透过汇报反映中国具备无产阶级革命土壤的意图显露无遗。彼时他在中国宣传苏俄革命颇有积极性,他所汇报内容以正面反馈居多,这与后来马林的报告基调显得不太一样。

二、共产国际第二、三次会议期间关于中国工会的讨论

除通过在中国活动的苏俄使者报告这条渠道外,共产国际代表大会也是俄共(布)与共产国际获得关于中国讯息的有效途径,其中不乏关于工会问题的汇报与讨论。实事求是而言,由于自 1920 年 7 月共产国际第二次代表大会开始,俄共(布)才正式将注意力转向东方,③因此该次大会期间关于中国问题讨论得还不多,工会问题更涉及得很少。共产国际二大上尚无直接来自中国的代表,仍是由先期参与过共产国际一大的刘绍周加入民族和殖民地问题委员会,共同讨论东方人民革命问题。刘绍周在共产国际二大期间所作关于中国近况的发言,意在强调中国是进行革命宣传的广阔天地。他的

---

　①　结合帮助中共建党的维连斯基报告,我们也可观察到,即使对中国工会建设施加影响是他所率领的"第三共产国际东亚书记处"的工作之一,然而他在向共产国际执委会汇报时,也只是特别强调学生运动的实践进展比较顺利,以及上海出版部的成绩突出,未谈到组织工会和工人的情况。《维连斯基 – 西比里亚科夫就国外东亚人民工作给共产国际执委会的报告(摘录)》(1920 年 9 月 1 日),载中共中央党史研究室第一研究部译:《联共(布)、共产国际与中国国民革命运动(1920—1925)》,北京图书馆出版社,1997 年,第 39~41 页。维连斯基全名 В.Д.维连斯基 – 西比里亚科夫,亦译作威廉斯基。1919 年,他以苏俄外交人民委员会远东事务全权代表身份到达西伯利亚,1920 年 5 月,在上海建立"第三共产国际东亚书记处",以领导革命运动,其到中国时间早于维经斯基。姚金果、李亮:《共产国际、俄共(布)代表在华寻找盟友的活动》,载中共中央党史研究室等编:《中共党史资料》(第 84 辑),中共党史出版社,2002 年,第 81~82 页;李玉贞:《中国共产党成立前夜的苏俄密使》,《百年潮》,2001 年第 7 期。关于维连斯基与维经斯基的关系问题,即两者是否从属于东方民族处,及维经斯基是否受维连斯基派遣来中国等问题,目前学界尚存争议,因与本文主题讨论关系不大,暂不作过多涉及。
　②　参见海隅孤客:《解放别录》,载沈云龙主编:《近代中国史料丛刊》(第 19 辑),文海出版社,1973 年,第 31 页。
　③　参见向青:《中国共产党创建时期的共产国际和中国革命》,《近代史研究》,1980 年第 4 期。

发言中反映出中国已具有符合社会主义革命的有利条件，如五四运动中的学生联合工人；上海不仅汇集反对中国政府的主要代表者，同时也有学生联合会、工会与马克思主义的政党——社会主义党。1919年的上海还发生一系列纯经济的罢工，而使工人初步认识到自己的力量。①

　　共产国际二大上列宁与罗易针对中国的只言片语，反映出他们对中国总体层面的关注。6月初，列宁在为民族和殖民地问题提纲拟定初稿时，在报告末尾将中国与朝鲜、日本并列，②显然，他将中国视为被富有、文明国家压迫的殖民地，③但是对中国内在的性质理解得却很模糊，他将中国看成"封建关系"或"宗法农民关系"占优势的比较落后的国家。④尽管如此，如罗易在谈及埃及、荷属东印度近年来无产阶级人数倍增时，承认中国同样存在这一情况，⑤这种说法鲜明反映出此刻俄共(布)领导者更在意的是在这些落后国家开展援助进行革命解放运动。

　　值得注意的是，共产国际二大讨论期间特别强调产业工会的重要性，不但在共产国际执委会为二大拟定的提纲中，将产业工会视为与共产党、苏维埃一道的现代无产阶级三种基本组织形式，⑥而且拉狄克⑦也曾作专门解释，

---

　　①　《第五次会议：继续讨论民族和殖民地问题》(1920年7月28日)，载戴隆斌主编：《共产国际第二次代表大会文献》，中央编译出版社，2012年，第224~226页。

　　②　参见《民族和殖民地问题提纲初稿》(1920年6月5日)，载戴隆斌主编：《共产国际第二次代表大会文献》，中央编译出版社，2012年，第30~31页。

　　③　参见《列宁作〈关于国际形势和共产国际基本任务的报告〉》，载戴隆斌主编：《共产国际第二次代表大会文献》，中央编译出版社，2012年，第103页；《列宁作〈民族和殖民地问题的报告〉》，载戴隆斌主编：《共产国际第二次代表大会文献》，中央编译出版社，2012年，第198页。

　　④　参见杨奎松：《中间地带的革命——国际大背景下看中共成功之道》，山西人民出版社，2010年，第35页。

　　⑤　参见《罗易发言并提出补充提纲》，载戴隆斌主编：《共产国际第二次代表大会文献》，中央编译出版社，2012年，第206页。

　　⑥　参见《共产国际执行委员会为共产国际第二次代表大会拟定的提纲》，载戴隆斌主编：《共产国际第二次代表大会文献》，中央编译出版社，2012年，第27页。

　　⑦　参见共产国际二大期间，来自俄国的拉狄克为共产国际执行委员会秘书，也是大会资格审查委员会委员。共产国际三大期间，拉狄克担任共产国际执委主席团委员，并负责主持资格审查委员会会议。

认为不能因过分强调产业工人的联合而忽略了其他稍显落后的工会。①这种对产业工会的重视在参会代表之后的论述中相应有所反映。如会后刘绍周在其发于德国《论坛报》的文章中，②明确强调工人联合的可能性，他指出在中国的革命宣传恰逢其时，除工厂工人外，店员、知识分子、农民等受政府压榨的人，都期望与产业工人联合。③

　　张太雷是继刘绍周之后，直接向共产国际汇报中国情况的另一位重要中方人士。1921 年 3 月，当他抵达伊尔库茨克时，已是北京共产党早期组织成员。张太雷之所以能做出此报告，与其曾为维经斯基担任翻译，及参与天津、北京等地的革命经历相关。④他向共产国际远东书记处的报告中，着重反映出中国共产党早期组织的工作发展，与维经斯基汇报内容有异。张太雷指出组织部关于工会方面的成绩显著：组织部不仅组织起不同产业部门的工会，还派遣上海冶金工会代表去往其他城市，继续从事该产业工会的组织工作。组织部还在努力做同业公会与行会的工作，分化其中的无产阶级，以期建立更纯粹的阶级工会。这方面最显著的成绩如印刷工会的成功诞生。张太雷报告中所提"冶金与印刷工会"，即 1920 年上海共产党早期组织领导成立的上海机器工会与印刷工会。⑤报告的末尾再次强调组织工会的重要性。张

---

　　①　参见《狄拉克作关于工会和工厂委员会问题的报告》，载戴隆斌主编：《共产国际第二次代表大会文献》，中央编译出版社，2012 年，第 468~469 页。

　　②　参见该篇文章被刻意翻译成俄文，后被保存在俄国档案之中。该篇文章翻译者的身份与报告对象还有待进一步考证，笔者据共产国际执委会对刘绍周的安排暂时判断此篇文章被翻译仍可能与共产国际相关。

　　③　参见《参加共产国际第一、二次代表大会的中国代表刘绍周论中国形势》（1921 年 1 月 14 日），载戴隆斌主编：《共产国际第二次代表大会文献》，中央编译出版社，2012 年，第 89~91 页。

　　④　参见《张太雷生平大事年表》，载张太雷：《张太雷文集》，人民出版社，2013 年，第 601~602 页。需要说明的是，关于张太雷是否陪同维经斯基赴上海与陈独秀会晤讨论，仍有待进一步查证确凿史料。

　　⑤　虽然冶金工会和机器工会的中文含义不同，但是笔者有理由怀疑俄文很可能存在两词通用的情况。相同的翻译问题在 А.И.卡尔图诺娃的另一篇文章中也有体现，文中机器与冶金基本被译者通用。参见 А.И.卡尔图诺娃等：《关于科学社会主义同中国工人运动的结合问题（1917—1921）》，载中共中央党史研究室科研局编译处编：《国外中共党史中国革命史研究译文集（第一集）》，中共党史出版社，1991 年，第 127、136 页。

太雷指出,工会将被作为中国共产党发展和建设的基础。①由于现有史料的缺失,要观察当时共产国际远东书记处对中国革命与工会问题的态度,我们还需要结合张太雷的另一份报告。

1921年6月22日召开的共产国际第三次代表大会上,作为中共早期组织代表的张太雷,受共产国际远东书记处要求,与远东代表舒米亚茨基②一起将中国工作的情况进行总结。报告第七部分专门针对工人运动进行叙述,其中在述及中国既有的工会组织:同业公会、行会、同乡会等之后,着重点明在共产国际远东处的领导下,上海机器、五金、印刷工会,香港机器、五金工会等这一批真正意义上的工人团体已得到组织。③这些工会是按产业原则组织,旨在争取较好的工作条件,及支援一般的职工运动。④结合舒米亚茨基在报告后的总结,他认为中国工会的发展受多种情况制约已久。在他看来在中国建立工会并非目的,而是聚集群众的手段,并已将此精神通过维经斯基传递给中国共产主义者。⑤然而尽可能地,舒米亚茨基仍在为并未取得多少成绩的中共工会工作进行粉饰。

张太雷的此份报告除参考此前3月部分内容外,也增加了一些新的内容,特别是中共早期组织在工会方面的成绩,如他指出上海法租界内发生了电车工人的罢工,罢工初期工人要求青年团给予帮助与指导;中国共产党的上海地方组织工作也有所进展,不但有了三个分部,其具体工作也不再像初

---

① 参见《张太雷向共产国际远东书记处的报告》(1921年春),载共青团中央青运史研究室等编:《青年共产国际与中国青年运动》,中国青年出版社,1985年,第43~44页。

② 舒米亚茨基在1921年任共产国际驻远东全权代表。

③ 此处的"五金工会"暂时指向不明。

④ 参见《致共产国际第三次代表大会的书面报告》(1921年6月10日),载中共中央党史研究室第一研究部编:《共产国际、联共(布)与中国革命文献资料选辑(1917—1925)》,北京图书馆出版社,1997年,第173~174页。

⑤ 参见《远东书记处主席团与中国支部及杨好德同志联席会会议记录第1号》(1921年7月20日),载中共一大会址纪念馆编:《中共首次亮相国际政治舞台档案资料集》,上海人民出版社,2016年,第155页。

期一般依赖青年学生，而是更依靠工会。①

在为共产国际三大撰写报告的同时，张太雷还与俞秀松、陈为人一同为青年共产国际第二次代表大会起草报告。其中内容同样为远东书记处主席团知晓与肯定。②由于俞秀松和陈为人参与过中共早期上海组织的活动，他们对上海党团情况更为熟悉，因此该份报告展现出更为丰富的上海工运环境与活动内容。首先，青年共产国际大会的报告所涉及的工会内容更加具体及准确，如新组织的工会包括上海机械工人职业工会、印刷工人工会、纺织工人工会、有轨电车工人工会等。报告指出，虽然这些工会存在时间尚不满一年，其成员数量却持续增长。③其次，报告反映出工会附带的活动内容有所增加，如上海的工会每周日都邀请青年团成员进行工运相关内容的演讲；工会成员已组织武装小组为罢工做准备。最后，该份报告中同样提及法租界电车工人罢工，并将其视为工人开始具备阶级觉悟的罢工。④值得肯定的是，相对于先前在华使者的报告，张太雷所汇报的内容无疑更加鲜明地展现出中国共产党领导工会运动的多层面向。

完全有理由相信，正是接收到在华使者与来自中国的人士关于中国讯息的汇报，在共产国际第三次代表大会期间，俄共（布）与共产国际对中国的认识普遍从原本强调被压迫地位转为承认中国业已具有革命的积极因素。⑤一些与会者的发言中反映出他们对中国情况的掌握已较之前深入，特别是

---

① 参见《致共产国际第三次代表大会的书面报告》（1921 年 6 月 10 日），载中共中央党史研究室第一研究部编：《共产国际、联共（布）与中国革命文献资料选辑（1917—1925）》，北京图书馆出版社，1997 年，第 174、177 页。

② 参见《远东书记处主席团与中国支部及杨好德同志联席会会议记录第 1 号》（1921 年 7 月 20 日），载中共一大会址纪念馆编：《中共首次亮相国际政治舞台档案资料集》，上海人民出版社，2016 年，第 154 页。

③ 上海机械工人职业工会即上海机器工会。文中尚有未翻译的"Chau-Shan 工人总工会"指向不明。

④ 参见《中国代表团在青年共产国际第二次代表大会上的报告》（1921 年 7 月），载张太雷著：《张太雷文集》，人民出版社，2013 年，第 51~53 页。

⑤ 参见《俄国共产党（布尔什维克）的策略（提纲）》，载戴隆斌主编：《共产国际第三次代表大会文献》（2），中央编译出版社，2011 年，第 438 页。

关于工会问题层面。如当确定各参会代表团分类与票数时,中国虽因开展工人运动的规模尚显弱小,自共产国际二大期间就重视工会运动的拉狄克仍指出,尽管中国共产党人尚未组织起来,但是工人运动也已兴起,工会也开展活动。①7月12日讨论东方问题的会议中,不仅张太雷做简短发言,强调中国工人已开始觉醒,各地经常出现罢工,中国正处于进行共产主义工作的极佳时机;日本共产党吉原太郎也在报告末尾指出在中国进行革命宣传的重要性及革命的前景。虽然中国仍处于无能为力状态,但是这个国家的有生力量将会有力促进阶级斗争。②

三、中国共产党成立前后的工会问题讨论

(一)马林的汇报

1921 年 6 月 3 日,被荷兰政府视为"荷兰危险的革命宣传鼓动者"③的共产国际代表马林抵达上海。在赴上海的前一年,马林出席了共产国际第二次代表大会。这次会议上,他由一名荷属东印度的马克思主义代表者,一跃成为共产国际执行委员会委员、民族和殖民地问题委员会秘书。此后,马林受共产国际执行委员会小局委派前往中国,④他的任务是查明中国是否需要建立共产国际的办事机构,并与中国、日本、朝鲜等远东国家的共产党建立联系,报告这些国家的社会政治情况。⑤

共产国际之所以选中马林来华指导是看中他在荷属印度的实际工作经

---

① 参见《第四次会议:确定代表团的分类和票数》(1921 年 6 月 25 日),载戴隆斌主编:《共产国际第三次代表大会文献》(1),中央编译出版社,2011 年,第 124 页。

② 参见《第二十三次会议》(1921 年 7 月 12 日),载戴隆斌主编:《共产国际第三次代表大会文献》(2),中央编译出版社,2011 年,第 307、313 页。

③ 《荷兰外交大臣致荷兰驻华公使的信》(1921 年 5 月 18 日),载李玉贞等主编:《马林与第一次国共合作》,光明日报出版社,1989 年,第 6 页。

④ 参见李玉贞:《马林传》,中央编译出版社,2002 年,第 88 页。

⑤ 参见[苏联]道夫·宾:《斯内夫利特和初期的中国共产党》,载《马林在中国的有关资料(增订本)》,人民出版社,1984 年,第 34 页;《致舒米亚茨基的信》(1921 年 6 月 7 日),转引自《共产国际代表马林关于中国共产主义运动及中共创建的五份文献》(1921 年 6 月—1923 年 6 月),载《党的文献》,2011 年第 4 期。

验,相信他对共产国际在东方落后国家的策略有着全面的了解。[①]但是正是有原荷属印度的对比,在抵达上海不久,他的脑海里逐渐形成中国工人运动形势不容乐观的判断。对照马林在共产国际二大上关于爪哇状况的汇报,马林眼中积极的革命形势至少需要满足以下条件,如无产阶级数量丰富,爪哇仅大糖厂就有 200 家,工人众多。当然更重要的是,工人要有意识为改善待遇而抗争。他曾谈到在城市和制糖业地区同无产者说起低微工资、死亡数字和苛捐杂税问题时,很容易获得工人的信任;1918 年爪哇城镇和产糖工业区历次的群众集会参与者能多达三四千人。[②]可兹对比的是,就马林看来,即便中国的共产主义者在全国各地都有一些组织,但是几乎没有任何一个工人组织。他也将这一情况向共产国际驻远东全权代表舒米亚茨基进行汇报。[③]

与该份报告几乎同时撰写的,还有一份向共产国际执行委员会小局汇报、长达 10 页的书信,[④]马林用更加翔实的证据表达出对中国革命前景不甚明朗的看法。据他观察,中国的工人运动方兴未艾:一为无产阶级占人口总数比例极小,仅仅存在于大工厂中。二为工人收入低微,也没有建立现代意义上的工人组织。三为中国工人阶级时常忍气吞声挨打受骂,他们的革命精神远未培养起来。虽然马林也指出中共早期组织在工界已取得的一些成绩,如唐山开办起有三十余名工人参加的夜校,随后在此基础上建立起铁路工会,会员数量已达 350 名。他还特别提到京奉路上也建立有影响的工会,交会费会员达 2 千人。[⑤]但是在他很看重的上海、北京这些大城市,工会组织得都不够理想。上海既有的三个工会都是按业界建立,影响很小。在北京警察

①　参见杨奎松:《中间地带的革命——国际大背景下看中共成功之道》,山西人民出版社,2010年,第 37 页。

②　参见《第五次会议:继续讨论民族和殖民地问题》(1920 年 7 月 28 日),载戴隆斌主编:《共产国际第二次代表大会文献》,中央编译出版社,2012 年,第 237~240 页。

③　参见《致舒米亚茨基的信》(1921 年 7 月 9 日),《党的文献》,2011 年第 4 期。

④　这封信虽在封面注明致共产国际远东书记处,但实际是专门寄送给共产国际执行委员会小局。《马林致 B.M.科别茨基的信》(1921 年 7 月 9 日),载中共一大会址纪念馆编:《中共首次亮相国际政治舞台档案资料集》,上海人民出版社,2016 年,第 149 页。

⑤　此工会即可能是指唐山铁路工会。

的镇压下,印刷工会无法建立。①

　　7 月下旬召开的中国共产党第一次全国代表大会上,马林也向参会党员介绍他在爪哇的活动经历,并特别建议中共党员关注工会组织。②虽然现有的一份关于中共一大会议内容的材料寄往俄共(布)的时间不明,也暂时没有其他文献进行佐证,但是笔者认为仍可以进行推断的是,依据当时通畅的上海与共产国际通讯线,中共一大会议的讨论内容与决议被马林及尼克尔斯基汇报到苏俄的可能性极大。③

　　即便是亲自参与中国共产党的创建,在 1921 年 8 月马林对中共领导工人运动的观察仍显得非常消极。他认为工人运动在中国并不存在,共产党也没有在工人中做任何直接的宣传,他用极其刺耳的言论批评了中共只在知识分子里做宣传。④这种极端的态度并未随中国劳动组合书记部的创建而有所变化。在他 9 月初撰写的一篇稿件中,马林仍然对中国工人未得到正确的组织方式耿耿于怀。他不但谴责按照同乡关系,以及与老板组织的旧式行会组织,还声讨了青帮、红帮等秘密社团于唤醒工人觉悟的恶劣影响。⑤对这篇稿件的深入分析,我们不但可以观察到马林已很坚定地认为中国共产党对工人施加的影响远不如孙中山所能控制的广州地带,而且马林对中国工会问题的看法,也影响到中国共产党第一次代表大会期间关于工会问题决议案的具体内容。

　　(二)《中国共产党第一个决议》中关于工会的内容

　　杨奎松曾指出,马林来华后并未马上向陈独秀等人转达共产国际二大

---

　　①　参见《马林致共产国际远东书记处的信》(1921 年 7 月 7-9 日),载中共一大会址纪念馆编:《中共首次亮相国际政治舞台档案资料集》,上海人民出版社,2016 年,第 145~146 页。马林所指"上海的三个工会",至少包含上海共产党早期组织在上海成立的机器、印刷工会。

　　②　参见《中国的共产党代表大会》,载中共一大会址纪念馆编:《中共首次亮相国际政治舞台档案资料集》,上海人民出版社,2016 年,第 169 页。

　　③　该份报告中就已指出,尼克尔斯基建议与会共产党员将会议情况通过电报告知共产国际。

　　④　参见[新]道夫·宾:《20 世纪初期的中国共产党以及劳动组合书记部的建立》,载中共一大会址纪念馆编:《中国共产党创建史研究》,上海人民出版社,2012 年,第 556 页。

　　⑤　参见《中国工人——备受剥削的人》(1921 年 9 月 4 日),载李玉贞等主编:《马林与第一次国共合作》,光明日报出版社,1989 年,第 351~352 页。

所通过的民族和殖民地问题决议精神，因而导致了中共一大通过的所有决议及其他文件丝毫没有反映共产国际二大的新政策精神。这种观点是由于更强调远东书记处与列宁、共产国际所持具体革命策略有差异所致，[①]此种认识不但反映论者未完全明晰马林来沪的真实身份，同时也忽略了共产国际二大对马林革命思想的影响。事实上，杨奎松业已对其曾经的观点进行修正，如他着重指出中共一大的《纲领》制定与问题讨论，受共产国际二大影响很大。[②]当我们再去深入追究中国共产党第一次代表大会期间关于工会问题的思路逻辑时，依然需要着重考虑苏俄的影响。

中共一大的召开确定了党接下来工作的全部精力在于组织工厂工人。[③]一大通过的第一个决议中，开篇章节就对工会组织及斗争问题进行明确指示。除此以外，"工人学校"与"工会组织的研究机构"的工作安排也都与工会有紧密关系，它们都是被中共视为促成组织产业工会的有效路径。

我们尤其需要对决议第一章节中的工会路线进行仔细辨析。这段不长的文字里出现了两类性质不同、工作任务有异的工会。[④]其一是产业工会。一大参会者通过讨论，放弃了职业工会的组织形式，决定今后以产业工会作为工会的基本构成而开展工运，并在工会中灌输阶级斗争精神。[⑤]强调共产党要重视产业工人间的联合，并且引导其向资产阶级争斗，一方面这种思路折

---

①　参见杨奎松：《中间地带的革命——国际大背景下看中共成功之道》，山西人民出版社，2010年，第37~38页。杨奎松的言下之意是马林代表着共产国际远东书记处对远东落后国家的认识，此种判断或许有失偏颇。

②　参见杨奎松：《关于早期共产党人"马克思主义中国化"问题——兼谈中共"一大"纲领为何没能联系中国实际》，《史林》，2021年第1期。

③　参见《中国的共产党代表大会》，载中共一大会址纪念馆编：《中共首次亮相国际政治舞台档案资料集》，上海人民出版社，2016年，第170页。

④　笔者注意到《中共首次亮相国际政治舞台档案资料集》中，决议第一部分最后一段所翻译的与以往不同，具体为"会员人数达到两百人以上者，可成立同业工会"，此处同业工会一般都直接翻译为"工会"，此处是否存在第三类不同性质的工会，还是翻译有误，笔者认为还有待进一步考证。

⑤　笔包惠僧曾回忆一大会议中一度出现产业组合（即产业工会）与职业组合的争议。职业工会，如码头工人、黄包车夫所组成的工会。《共产党第一次全国代表会议前后的回忆》（二），载《包惠僧回忆录》，人民出版社，1983年，第23~24页。前述维经斯基的报告中也曾出现职业工会。

射出 1920 年 11 月起草《中国共产党宣言》的影子,[1]另一方面很难说没有得到马林的授意。正如前文所述,不但共产国际二大讨论中尤为强调产业工会,马林也在反复批评中共工运尚未有效实现的产业联合,因此在中共一大上再正式提出这种认识,显得理所当然。其二是手工业工会。尽管决议中未再详述手工业工会存在的问题, 只明确指出要派党员对现存的工会进行改组,[2]笔者认为仍有必要解释缘何此时会提出手工业工会的改组问题。对手工业工会的理解需同维经斯基、张太雷及马林报告联系起来,手工业工会都是为这些报告者所认可,时常以旧式"行会""同业公会"名称出现的中国旧式工会组织。直到 1921 年 9 月,马林也依然坚持认为,在手工业占主导地位的工厂中,反对行会的斗争仍可以成功地展开。[3]手工业工会存在的问题在 1922 年张国焘递交给远东人民大会的书面报告中也有专门的说明。张国焘解释手工业工会就是既有的行会。他着重指出需要格外注意的是私人手工业者组建的行会。这种行会的问题既因师徒、帮工制度沿袭已久所致,故而等级制度森严,学徒利益长期受到损害;同时当面对外国资本竞争时,行会会无招架之力,而直接受剥削。[4]

(三)远东人民代表大会期间关于工会的认识

1922 年初在莫斯科召开的远东人民代表大会是共产国际主持召开的,联合中、朝、日等国共同对抗华盛顿会议的一次会议。与此同时,这也是中国共产党正式成立后首次派代表出席国际会议。仅从会议期间多位中国代表

① 参见《中国共产党宣言》(1920 年 11 月),载中央档案馆编:《中共中央文件选集(1921–1925)》(第一册),中共中央党校出版社,1989 年,第 549 页。

② 参见《中国共产党第一个决议》,载中央档案馆编:《中共中央文件选集(1921—1925)》(第一册),中共中央党校出版社,1989 年,第 6 页。

③ 参见《中国工人——备受剥削的人》(1921 年 9 月 4 日),载李玉贞等主编:《马林与第一次国共合作》,光明日报出版社,1989 年,第 351 页。

④ 参见《中国共产党代表张国焘向远东人民代表大会提交的报告》,载中共一大会址纪念馆编:《中共首次亮相国际政治舞台档案资料集》,上海人民出版社,2016 年,第 208~210 页。除正文所述外,陈公博关于一大决议的记述中也曾出现过唯一一处体现"改组"的内容,他所指的也是同业公会与技术协会。《1921 年中国共产党的第一次代表大会》,载中共一大会址纪念馆编:《中共首次亮相国际政治舞台档案资料集》,上海人民出版社,2016 年,第 165 页。

关于广东机器工会黄凌霜代表资格的争议,我们即可体会到,该次会议期间中共代表亦带有为争取在共产国际话语权的考虑,因而中共人士在发言或报告中对中共形象与利益有所维护也属于顺理成章。当然,与以往不同,该次大会期间共产国际接受新建立不久的中国劳动组合书记部相关干事的汇报,这也成为俄共(布)与共产国际知晓中国工会情况更为直接的途径。

现在可见最早的一条报告来自书记部干事李震瀛,11月中旬他写出一份报告后,交由张国焘带至莫斯科呈交共产国际召开的远东人民代表大会。李震瀛将书记部近期的工作内容进行汇总:在工会组织方面,他分别说明烟草工会与印刷工会的工作动向,前者已从罢工转向为工会内部组织行事,后者还在筹备阶段,预计次年召开成立会。在报告结尾,李震瀛还指出未来的工作重点,其中四项中的三项都仍与工会组织相关:具体为进行工会的改造、组织、联络事宜,并约请更多的工会加入上海各业工会代表团。①李震瀛的报告言简意赅地反映出在书记部干事人手不多的条件下,已做出的一些工作成绩。当然对于一些未有显著工作成果之处,如在公共租界西区重建联络纺织工人的上海第一工人补习学校,以及随之而来的筹组工会事宜就暂未提及。②

另一份反映书记部的工作内容,以及中共领导的工运形势的报告,则是作为中共代表的张国焘出席远东人民代表大会所提交报告。据张国焘回忆,这份报告由于写作时间充分,因而写得很长,写作时并无参考资料,③这也提示我们在解读这份报告时需持审慎的态度。总体而言,在专门汇报中共领导工人运动的章节,张国焘尽力展现出全国性的工运成绩,上海、唐山、长辛店、广州、湖南各地都建有工会及进行共产主义的宣传。事实上,张国焘报告中关于工运活动的分析还是持较为公允的态度,如他承认自1920年起中共

①　参见《中国劳动组合书记部李震瀛的报告》(1921年11月14日),载中共一大会址纪念馆编:《中共首次亮相国际政治舞台档案资料集》,上海人民出版社,2016年,第193~194页。

②　关于书记部干事筹建上海第一工人补习学校论述,可参见拙作:《小沙渡的"教导革命":工人学校创办的再讨论(1920—1921年)》,载《上海党史与党建》,2021年第2期。

③　参见张国焘:《我的回忆》(上),东方出版社,2004年,第163页。

上海早期组织参与组建的机器、纺织、印刷工会进展并不顺利,在书记部成立后,上海总部也在进行这些工会的改组,使之效能更加强化。他也着重强调工会发展所遇困难:广州以外的工会受到政府当局的迫害往往不能公开活动;工人受到青、红帮工会成员及工头等的迫害。①结合张国焘在另次会议上的报告,亦可发现他也着重突出中国工人的罢工动向,如特意举例上海烟草厂工人、陇海铁路工人、京汉铁路工人罢工,以此反映中国工人已如共产国际所要求的,开始具有反对帝国主义的革命意识。②总的来说,张国焘向共产国际汇报了与马林认识截然不同的中国工运的新进展,即在中国劳动组合书记部的领导下,中国工人已经开始走向觉醒,工人运动已然多方面起步。

共同参加远东大会的湖南劳工会代表王光辉也专门做一份关于中国工人状况的报告,其中对各地工运活动中的工会予以列举。如果对照前述张国焘报告,我们发现王光辉所列仍是经过筛选而作,反映出他所认为的中国较新、有实力的工会,但如上海纺织工会、印刷工会及湖南纺织工会、广东木匠工会等团体并未被提及。据其报告,我们可初步对当时中国的重要工会略做统计。表 1 中不多的工会数也说明全国接受布尔什维克理论影响的工会仍很有限。这些工会会员数参差不一,其背后所属党派也不都是中国共产党,工会的性质也并不完全是中共一大决议主导建立的产业工会,仍有较大规模的职业工会遗存。当然必须承认,在中共建立初期,铁路工人、建筑工人、机器工人都是其着重联合的对象。

---

① 参见《中国共产党代表张国焘向远东人民代表大会提交的报告》,载中共一大会址纪念馆编:《中共首次亮相国际政治舞台档案资料集》,上海人民出版社,2016 年,第 215~217 页。

② 参见《中国共产党代表李肯在第三次会议上的报告——中国贫苦群众被压迫的状况与怎样做反对帝国主义的奋斗》(1922 年 1 月 23 日),载中共一大会址纪念馆编:《中共首次亮相国际政治舞台档案资料集》,上海人民出版社,2016 年,第 245 页。

表 1　中国重要工会汇总（1922 年）

工会名称	工会性质	会员数（人）
唐山京奉路铁道制造厂劳工会	产业工会（铁路工人为主）	50 余
湖南劳工会	职业工会	8000 余
长辛店铁道工会	产业工会（铁路工人为主）	/
广东建筑工会	职业工会（泥水匠与木匠）	17800 余
广东机器工会	职业工会（炼钢、铸造、钳工等）	10 余万
上海机器工会	职业工会	1800 余
山东劳工会	/	/

注：1.工会性质一栏，部分为笔者根据报告内容总结，广东机器工会工人构成参考《广东机器工会代表黄凌霜的报告》，山东劳工会暂缺。

2.工会会员数一栏，长辛店铁道工会与山东劳工会暂缺。

3.与其他工会的党派性质有差异，广东机器工会属于国民党领导，属于王光辉所言不"合法"的工会。

表格来源：《中国工人王光辉的报告》，载《中共首次亮相国际政治舞台档案资料集》，第 248~249 页。

就远东人民代表大会期间共产国际对中国革命状态及工会的认识，我们发现，与先前的共产国际二、三大相比，共产国际领导者的态度发生了显著变化。促使变化的原因，一方面来自共产国际执委会主席团为筹备此次会议，吸收了维连斯基、维经斯基等熟悉远东情况的工作人员共同讨论，[1]另一方面也正是由于聆听、阅读参会代表就中国问题所作发言和报告。如大会中代表共产国际发言的萨发洛夫在 1 月 23 日第二次会议时，依然直言对中国的情况所知甚少，中国的革命运动仍非共产主义运动，还是最原始、简单的"民意表达"[2]。而在 1 月 26 日萨发洛夫在大会发表演说时，尽管仍然将中国视为远东工业后进国，是受资本主义压迫颇深的典型。但是他在统计农具、纺织、食物、纸及印刷、金属这五类企业的数量与工人数后，充分肯定中国天

---

① 参见《共产国际执委会主席团讨论远东会议问题会议记录》（1921 年 12 月 26 日），载中共中央党史研究室第一研究部译：《联共（布）、共产国际与中国国民革命运动（1920—1925）》，北京图书馆出版社，1997 年，第 71 页。

② 《萨发诺夫在第二次会议上的报告中关于中国职任的论述》（1922 年 1 月 23 日），载中共一大会址纪念馆编：《中共首次亮相国际政治舞台档案资料集》，上海人民出版社，2016 年，第 235~236 页。

然的工业资源,指明中国共产党的首要任务就是解放资本主义的羁轭,创建民主主义共和国。在此基础上,他更进一步指明中国工运的起步方向:要对同业、行业公会进行重新改造,使其成为纯正的无产阶级团体。①很显然,这点既与中共一大决议中的内容不谋而合,同时也是张国焘重点向大会汇报的问题之一。值得我们注意的是,萨发洛夫所着重突出的中国五类企业与张国焘、王光辉等中国代表汇报并不一致,由此其实透露了共产国际对中国情况的认识仍有部分还停留在书本或想象层面,与实际情况存在一定差距。

四、结语

组织工会、从事工人运动,这是中国共产党建立初期工作的重心之一。1922 年夏季,陈独秀在上海与朱德进行交谈时,也指出他要参加共产党,必须以工人事业为自己的事业。②本文在梳理中共建立前后俄共(布)与共产国际获得中国革命讯息各条路径的基础上,将俄共(布)、共产国际对中国工会情况接收与回应的动态发展过程予以清晰呈现,从中也反映出相较于以往更为丰富的、建党前后的工会发展实态。本文的讨论反映出,至少到 1922 年初,中共与俄(共)布、共产国际的联系依然需要依赖中间人士:来华使者与赴苏俄报告者。他们对中国形势的观察与总结,及对工会问题的探查与认识,都在一定程度上影响到俄共(布)、共产国际对中国革命形势及中国共产党的态度。当然如果细致推敲俄共(布)与共产国际对所收情报的反映,很多场合都证明,苏俄更倾向于采纳来华使者的情报。

实际而言,本文的讨论挖掘出长期被学界忽略的一个重要侧面,既往研究者由于过于重视中共建党问题,而选择性地将反映党领导工运和工会发展的一些问题视而不见,这些讯息却也是俄共(布)与共产国际派使者来华调查,力图发动城市革命所格外重视的内容。更进一步可追问的是,马林对中国工运的认识和评价被反馈到共产国际之后,产生的后续影响如何? 从目

---

① 参见《第三国际与远东民族问题》(1922 年 1 月 26 日),载中共一大会址纪念馆编:《中共首次亮相国际政治舞台档案资料集》,上海人民出版社,2016 年,第 268~271 页。

② 唐宝林等:《陈独秀年谱》,上海人民出版社,1988 年,第 172 页。

前所见的资料来看,似乎其影响并不局限于工运领域,而很可能间接造成了1922 年 8 月之后,以马林为代表的共产国际做出支持国共合作的决定。其中逻辑或许也与前期的共产国际很少能够获得关于中共领导工人运动的正面反馈有关。①

伴随着对远东殖民地国家革命事业的重视度日益增强,苏俄派到中国使者更有在地性的考虑,相应的,中共派往苏俄汇报情况的人选也更有选择性地愈发接近中共革命的核心位置, 其所报告内容也更能贴近中共革命的内在。但是我们也必须承认,建党前后俄共(布)与共产国际所接收到的中国工会情况的讯息显得较为散乱,并不成体系,甚至时而前后矛盾。缘何会出现这种状况? 我们很有必要对影响俄共(布)、共产国际对中国工会情况认识的因素进行归纳。

其一,从工会讯息自身的特点而言。赴华使者所需了解的工会讯息既包括中国工界既有的组织情态,也涵盖在中共各地党组织领导下新建立工会的情况。无论是哪一方面,赴华使者均需要一段时间的搜集才能获得。工会组织也不像中共党团组织建设工作一般,容易以党团员人数来衡量工作成绩,其所获内容的真实度必然也会受情报搜罗渠道而有所限制。然而无论东方民族处还是远东书记处,都会要求在华使者按照规定的频次上报在华的工作情报,因此使者在一段时间内上报重复的内容,或者过分夸大工作成绩,出现这些问题在所难免。

其二,从赴华使者的层面来说,最关键的问题是他们普遍无法阅读中文文字及使用中文交流,他们既不能简单地透过阅读报纸的方式获取工界材料,更重要的是,他们无法直接深入一线工人之中,或与工运领袖直接接触了解工界情况。②因此,他们所汇报内容的真实与准确度不可避免地会打折扣。此外,赴华使者会因个人经历影响他们对中共领导工运的观感,很明显

---

① 关于这一问题笔者拟另作论文具体论证。

② 马林在 1921 年 7 月初致共产国际的信中,不止一次抱怨不懂中文而使得工作很困难,他指出只有懂中文的同志才适合被派往中国进行宣传和管控。《共产国际代表马林关于中国共产主义运动及中共创建的五份文献》(1921 年 6 月—1923 年 6 月),《党的文献》,2011 年第 4 期。

的如在中共建党阶段起到关键作用的马林,他对中共成立后工运实践容易抱有过高的期待。当这种期待与中共实际革命水平不相符时,也就容易出现工作进展不顺利的评估。直到中共三大召开时,上海区委依然坚持马林对上海工界情态的一些判断,如工人的团结易受籍贯、帮派等势力的影响,因而始终认为在该地开展工运受阻。①

其三,从中共层面分析,中共建立初期许多党员的工运理论还很不成熟。包惠僧曾坦言,很多党员都是先入党再学马克思主义理论。②因此中共领导者在向俄共(布)与共产国际撰写报告时,会存在很多明显的问题。典型如张太雷递交共产国际第三次代表大会的报告中,关于中国工人现状的分析与工会组织的概括存在明显与现实脱节的状态。奥斯特哈默就指出,不能简单将中国无产者视为一支由青壮年男子组成的整齐划一队伍,这种情况只可能出现在轮船、港口码头或煤矿之中。③然而在张太雷的叙述中,中国的工人被直接类比为19世纪初深受压迫的西欧工人,除提及苦力、人力车夫、女工外,工人直接成为一种不区别职业分类的统称。④这种问题对于已通过组织阶级工会,夺取社会主义革命胜利的俄国共产党领导者而言,则会使得他们接收到来自中国的讯息与他们基于自身经验对中国的分析,出现不能互作映照的情况。这种误差也容易影响到俄共(布)与共产国际对中共继续革命道路的判断。

除以上三方面因素外,俄共(布)的内部因素当然也不能被忽略,俄共(布)与共产国际的信息联动机制、共产国际内部关于革命路线的分歧,都会影响到他们对中国问题的认识。如利金就曾指责远东书记处与共产国际执

---

① 参见《各委员报告》,载中央档案馆编:《中共中央文件选集(1921—1925)》(第一册),中共中央党校出版社,1989年,第190~191页。

② 参见《共产党第一次全国代表会议前后的回忆(二)》,载《包惠僧回忆录》,人民出版社,1983年,第18页。

③ 参见[德]于尔根·奥斯特哈默:《中国革命:1925年5月30日上海》,强朝晖译,社会科学文献出版社,2017年,第92页。

④ 参见《致共产国际第三次代表大会的书面报告》(1921年6月10日),载中共中央党史研究室第一研究部编:《共产国际、联共(布)与中国革命文献资料选辑(1917—1925)》,北京图书馆出版社,1997年,第170~172页。

委会等中央机构联系不够;①马林与远东书记处也并无组织上的联系。据其向共产国际执委会汇报,虽名义上被要求参与远东书记处,但无文件往来,也未参与书记处的决策和全盘工作。②因而如果将来在俄共(布)与共产国际史料更为丰富的基础上,我们更应细致区分苏俄具体的机构与人事对中共革命形势的认识,唯有如此方能更清晰地阐释中共革命的外部因素影响。

总结而言,俄共(布)、共产国际对中共早期革命指导带有浓重的俄国色彩。中共的建立是在列宁及其拥护者推进其他国家进行世界无产阶级革命的思想下进行的。尽管指导中共建立党团组织的步骤确属必要,但是在随后的工运发展目标、实现方式方面,并不完全符合中共自身发展的实际状况,也很难达到不同地域环境下动员工人的实际需要。最典型之例即马林是携共产国际二大的会议精神来到中国,但他所学到的既有反映中国民意且适合当时国情的内容,也有不太适合、只能作为奋斗目标的内容。③事实上,后来就有优林向共产国际建议,要对在中国建党与组织工会的先后顺序重新考量,他认为不要着急建党,应先组织工人、农民等团体,以着重培养工人运动的先觉分子以此作为建党的基础。④

(徐迟,同济大学马克思主义学院博士后;朱虹,上海工会管理职业学院党政办主任、副教授)

---

① 参见《利金就在华工作情况给共产国际执委会远东部的报告(摘录)》(1922 年 5 月 20 日),载中共中央党史研究室第一研究部译:《联共(布)、共产国际与中国国民革命运动(1920—1925)》,北京图书馆出版社,1997 年。

② 参见《向共产国际执行委员会的报告》(1922 年 7 月 11 日),载李玉贞等主编:《马林与第一次国共合作》,光明日报出版社,1989 年,第 60~61 页。

③ 参见《斯内夫利特小传》,载李玉贞等主编:《马林与第一次国共合作》,光明日报出版社,1989 年,第 407~411 页。

④ 《关于过激派的远东宣传之件》(1920 年 10 月 7 日),载中共一大会址纪念馆编:《中共建党前后革命活动留日档案选编》,上海人民出版社,2018 年,第 126 页。优林的表面身份为远东共和国驻北京使团团长,然而他长期为维经斯基与远东书记处传递情报。

第三篇

就业、劳动关系和社会保障

灵活就业体面化及其劳动关系问题 *

作为对所有劳动的尊重,体面劳动需要有就业、权利、保护和对话方面的支持。伴随着"互联网+"新业态的日益活跃,灵活就业已成为一种趋势,并表现出一些新特征。灵活就业依托网络平台提供了许多新产品、新服务,创造了大量新的就业机会,但促进灵活就业的体面化也不得不面对传统标准劳动关系的一些"盲区",包括如何确定灵活就业劳动者的身份,其身份决定了劳动关系的主体地位及权利诉求;劳动关系的从属性问题,有关劳动的倾斜性保护如何适用于灵活就业劳动者;特别是灵活就业的安全性问题,劳动者获得劳动保护的安全感,不但要有理论上、立法上的证明,还必须在实践中不断探索改革,在调整劳动关系适用性的同时,更要把注意力放在促进灵活就业体面化必须落实体面劳动的四大支柱上。

近年来,"灵活就业"①成为一个相当热门的话题。伴随着企业用工方式的多样化和劳动者择业观念的变化,特别是"互联网+"新业态的快速发展,

---

* 　本文原载于《人民论坛·学术前沿》2022 年第 8 期。

① 　参见全国人大常委会法工委、国务院法制办组织编写的《中华人民共和国社会保险法释义》,"(灵活就业)主要是指在劳动时间、收入报酬、工作场所、保险福利、劳动关系等方面不同于建立在工业化和现代工厂制度基础上的传统主流就业方式的各种就业形式的总称",包括非正规部门就业、自雇型就业、自主就业和临时就业等形式。

大量兼职或专职的灵活就业形态应运而生,从业者规模不断扩大,据统计,目前已达 2 亿人,约占适龄劳动人口的四分之一。根据有关专题报告,2021年,我国有超过六成的企业使用灵活用工(比上年增加了 5%以上),稳定或扩大使用灵活用工的企业比例为 52%(比上年增加了 22%);超过四成的企业灵活用工人数占比超过 30%。①灵活就业创造了大量新的就业机会,但也带来了许多新问题,特别是对就业服务和社会保障提出了新的要求。促进灵活就业的体面化,完善支持灵活就业的用工安全和社会保障条件,既可以缓解兼顾疫情防控和生产生活的燃眉之急,又能激发产品创新、服务创新的市场活力与社会创造力。

一、灵活就业应成为体面劳动

改革开放以来,我国劳动关系的基本面已经发展为劳资关系或劳动者与用人单位的关系。其一,由国家作为全社会和全体劳动者代表协调劳动利益的劳动关系,已转变为劳动者与出资方(资本)或用人单位的雇佣劳动关系,劳动关系的市场化基本形成;其二,国家(政府)通过有关劳动法规建设,积极干预劳动关系,对劳动者与用人单位的权利与义务进行规范,劳动关系的法制化逐步加强;其三,劳动关系及其标准已不再仅是国家内部的事务,还要受到国际劳工标准、世界贸易规则和社会责任运动的关注制约,体面劳动也因此成为劳动关系全球化的一项重要内容。

"体面劳动"这个概念,"是基于这样一个共识,即劳动是获得个人尊严、实现家庭稳定、促进社区平安、向人民宣扬民主政治、推动经济增长从而提供更多富有成效的就业岗位和促进企业发展的根本源泉"②。为了实现这个目标,国际劳工组织还提出了支撑性的就业、权利、保护、对话这四大战

---

① 参见《中国灵活用工蓝皮书 2022:为什么越来越多企业扩大灵活用工使用规模》,中国经营网,http://www.cb.com.cn/index/show/gd/cv/cv1361537081498。

② 国际劳工组织:《关于体面劳动》,International Labour Organization,http://www.ilo.org/public/english/region/asro/beijing/download/factsheet/decentwork_cn.pdf。

略。①《国际劳工组织关于工作中的基本原则和权利宣言》(国际劳动大会，1998 年)将有关消除就业和职业中的歧视、消除强迫劳动、废除童工劳动、结社自由和集体谈判方面的公约列为"核心劳工标准"。国际劳工组织还与各国政府劳动机构合作制定了国别体面劳动计划，致力于解决失业和就业不充分、劳动收入缺乏保障、工作场所不安全、正当权利被剥夺等问题；这些问题在流动劳工群体中尤为突出，进而形成了就业缺口、权利缺口、社会保护缺口和社会对话缺口，成为必须要解决的体面劳动赤字问题。《中国体面劳动国别计划》(2007 年)提出，要为劳动者创造更多的、生产性的、体面的工作岗位。该计划还强调就业是民生之本，配合国际劳工组织工作的重点，是要努力消除贫困，促进就业，帮助失业者进入或重返劳动过程，并适应劳动力市场变化对劳动者的新要求；特别是加强和提高促进就业、完善社会保障体系的能力；应对全球化、技术进步和产业结构的变革趋势，努力提高劳动者的技能素质，为他们提供更多职业教育和培训机会。②"实现体面劳动，是以人为本的要求，是时代精神的体现，也是尊重和保障人权的重要内容。"③这就要求我们进一步保障劳动者权益，为促进社会和谐奠定坚实基础。"要切实发展和谐劳动关系，建立健全劳动关系协调机制，完善劳动保护机制，让广大劳动群众实现体面劳动。"④要把认真解决广大劳动群众反映的热点难点问题与实现体面劳动联系起来，完善有关促进就业、劳动保护和社会保障制度，"坚持社会公平正义，排除阻碍劳动者参与发展、分享发展成果的障碍，努力让劳动者实现体面劳动、全面发展"⑤。

---

　　①　促使体面劳动付诸实际的四个战略：(1)创造就业，经济体要为投资、创业、技能发展、创造工作岗位和维护可持续生计提供各种机会；(2)保障工作中的权利，承认和尊重工人的各项权利，有良好的法律来维护而不是违背他们的利益；(3)扩大社会保护，通过确保良好的工作条件促进社会融合和提高生产力，包括工作安全有保证、有充分的业余时间和休息、重视家庭和社会价值、在失去收入或收入减少时提供适当的补偿、享有适当的医疗保障，等等；(4)推进社会对话，化解矛盾，对话是和平解决问题的主要方式，是提高生产力、避免工作中的争议以及凝聚社会共识的核心。

　　②　参见杨京德：《中国提出实现体面劳动 3 项主张》，《人民日报》，2007 年 6 月 13 日。

　　③　徐松：《胡锦涛出席"2008'经济全球化与工会"国际论坛开幕式并致辞》，《人民日报》，2008 年 1 月 8 日。

　　④　《胡锦涛文选》(第三卷)，人民出版社，2016 年，第 370 页。

　　⑤　《习近平关于社会主义社会建设论述摘编》，中央文献出版社，2017 年，第 26 页。

20世纪八九十年代,一些国家为了应对经济增长乏力、人口老龄化加快、社会福利体系僵化、失业人员越来越多等情况,开始通过鼓励非正规就业,推行比较灵活的工作时间、工作场所和就业方式等措施来缓解就业压力。这些做法后来逐渐得到推广,并取得了比较积极的就业效果。一般认为,狭义的灵活就业包括传统零工、实习和网络平台用工,而广义的灵活就业还包括劳务派遣、业务外包、人力外包等;显然,狭义的灵活就业灵活程度更大、灵活性更强。近年来,传统零工与网络平台用工此消彼长,尽管建筑工、服务员、环卫工、保安、保洁、家政仍然是从业人员最集中的灵活就业岗位,但随着平台经济的迅速发展,依托平台就业的网约车驾驶员、网约配送员、货车司机、互联网营销师等劳动者数量大幅增加。相比依托于传统零工市场、人际交往的劳动力市场,"互联网+"新业态特别是网络平台的灵活就业活跃指数、规模效应和配置效率吸引了更多关注,灵活就业的占比与日俱增。即便在广义灵活就业的劳务派遣、业务和人力外包项目中,数字化应用也非常普遍,这些应用大大提高了劳动力市场的灵活性和从业人员的就业意愿,深化了灵活就业的内涵,也拓展了灵活就业的范围。

以互联网技术为基础的新业态灵活就业,是与"平台经济""共享经济"相伴随的就业方式,比传统零工、劳务派遣、业务外包具有更明显的"去组织化"特点,灵活就业劳动者更乐意接受按件式、接单式的工作。现在已有不少中高端职业人员加入进来,衍生出自由摄影师、程序员、设计师等就业形态,他们通过项目外包方式实现自己的特长、技能及自身价值的最大化。这种灵活就业不仅改变了劳动者就业方式,也在"互联网+"广泛应用的背景下转变了经济业态、生产方式和产业组织模式,还进一步激发劳动力市场的转型要求。

以往的劳动者受雇于雇主,在比较固定的时间、场所工作,现在许多企业为了适应"互联网+"新业态的发展,不再大面积招聘全职员工,而是选择与劳务派遣机构、自由职业者、独立承包人、技术顾问等合作,为满足日益多样化的市场需求创新产品和服务;劳动者进入劳动力市场的方式也不再一定是传统的全职工作,而是以越来越灵活的就业形态进入。相当一部分年轻人离开了制造业流水线,投身外卖、快递、网约车等行业,他们通过平台接单揽活,也通过平台提供产品和服务。大多数平台公司有意淡化其与劳动者的雇佣关系,而认为他们是某种"合作或伙伴关系";平台公司也因此无须承担雇佣劳动关系所要求的用人单位(雇主)对劳动者(雇员)的责任,灵活就业劳动者要么不以为意,要么无可奈何。资本控制下的网络平台配置资源并在线管理劳动者,不但节约了劳动成本,而且也不必为其缴纳社会保险;劳动者只需在平台注册账号就可以进行工作,至于平台公司对他们的行为负有什么责任,以及如何分配可能产生的风险,都被有意无意地忽视了。

事实上,"互联网+"新业态的灵活就业,在资本(用人单位)看来是弹性的灵活用工,对劳动者来说就是灵活就业,那么,工作时间、最低工资标准、失业和工伤救济资格、退休金领取乃至集体谈判能力,以及劳动立法、劳动争议司法裁决、三方协议所依据的"标准劳动关系"①适用性就成为需要面对的新问题。灵活就业的非标准劳动关系增强了劳动力市场的灵活性,但劳动关系的行为主体身份也变得模糊了,劳动者实际上往往处于劳动关系的保护之外,导致应该被就业和劳动政策法律保护的劳动权益并没有在灵活就业中得以体现。这就难怪近年大量有关灵活就业的劳动争议都聚焦在从业者究竟是"劳动者"还是"自由职业者"这个身份问题上。灵活就业特别是"互联网+"新业态灵活就业的体面劳动,或灵活就业劳动者的就业、权利、保护和对话等体面化问题值得重视。

二、灵活就业体面化的劳动关系问题

马克思认为,劳动者并不占有生产资料,他们只能依附资本出卖自己的劳动力来获取生活资料。然而资本之所以成为资本,就是以货币的形式从没有生产资料的劳动者那里雇佣劳动力,通过这种"雇佣劳动"生产创造劳动

---

① 我国劳动法规有关"标准劳动关系"的理解包括以下要素:(1)劳动者和"劳动法"规定范畴内的用人单位是建立劳动关系的主体;(2)劳动关系是劳动者与用人单位在劳动过程中以劳动力和相应的报酬作为对价建立的社会经济关系;(3)劳动关系存续期间,用人单位对劳动者具有用工管理权,双方形成人身隶属关系。还有更简洁的表述:全职工作、隶属单一雇主和工资形式的收入。

价值及其剩余价值……后来所谓劳动关系就是根据这个基本现实，即劳动者与资本（劳动力的雇主、资方或"用人单位"）所拥有的生产资料相结合，形成劳动关系，因此劳动关系就是劳动者与雇主（资本、用人单位）的雇佣关系，而且它还具有排他性，也就是劳动者从属于某个雇主即单一雇主。"'从属性'构成了劳动关系的独有特征，是劳动关系与其他领域的法律关系相区别的关键点……无论是人格从属性还是经济从属性，都外在地表现为劳动者对雇主构建的生产组织的依赖"[①]。这就是传统劳动关系的基本结构。

在灵活就业中，劳动关系发生了很大变化。从灵活就业劳动者情况看，喔趣科技联合美团研究院发布的《2020年灵活就业十大趋势》报告[②]表明，"互联网+"新业态的灵活就业具有以下特点：（1）灵活就业催生新职业，开辟就业新空间，如线上运营、骑手、直播、网课老师、健身教练等，主要集中在互联网、电商、新零售等新经济类的生活服务业；（2）超过四成的从事生活服务业的劳动者月收入高于5000元，略高于全国私营单位就业人员工资水平；（3）超过五成的灵活就业人员的收入方式主要为按次收费、按订单量收费，从业者面对众多劳动任务，具有一定的选择空间，多劳多得，不劳不得，可以灵活安排自己的工作时间；（4）超过四成的灵活就业人员从事两份以上的工作，当他们的自主时间更多之时，就可以同时拥有两三个任务，可以在不同的商家、店铺内完成；（5）灵活就业人员在就业渠道选择上更加多样化，接近六成从业者通过互联网中介平台获得工作，老乡、群友推荐约占四成，新型灵活用工平台占比约为四分之一；（6）灵活就业有利于拓宽从业者的成长边界，有近三分之一从业者选择灵活就业是为了锻炼能力、拓宽路子，约三成是通过自由职业最大化发挥才能；（7）超过一半的灵活就业人员打算持续灵活就业，其中二成左右从业者因灵活就业增长了见识，提升了能力；（8）随着消费回暖，有超四成的商户拟增加灵活就业岗位，平台助推灵活就业发展，促进了从业者与岗位的技能、时间、空间、价格的信息匹配，还推动了供需双

---

① 董保华：《论非标准劳动关系》，《学术研究》，2008年第7期。

② 参见《42.8%灵活就业从业者月收入高于5000元，2020灵活就业趋势报告》，澎湃新闻，https://www.thepaper.cn/newsDetail_forward_9506504。

方的数字化生态建设,创造了更多新就业形态和灵活就业岗位;(9)关于生活服务业商户选择灵活用工的原因,有超过一半的商户认为"灵活用工按需付费,能够应对疫情等不确定性因素",约四成的商户认为"灵活用工成本低",三成的商户认为"人员需求有季节性、周期性、时间段特征";(10)超过一半生活服务业商户有灵活用工需求,峰谷效应明显的交通出行服务行业、餐饮行业和文体娱乐行业商户对灵活用工的需求又明显高于生活服务业商户整体的需求。

"互联网+"新业态灵活就业,适应互联网平台派放产品和服务的订单需求,传统的固定人力成本变成了弹性的用工成本,现场监管、冗余工时及食宿安排等费用大大降低甚至消除;而且这种灵活用工方式也提升了劳动者的时间价值,使他们可以同时为几个平台打工,获得更多收入。虽然劳动者提供产品和服务来自平台公司派单,平台公司跟踪、了解并监视他们的工作过程,但劳动者的报酬却并非直接来自平台,而是源于需求方客户支付的分成。不过就其经济从属性而言,劳动者的收入来源还是平台公司及其资本,是资本表现为雇主业务——包括外包业务的组成部分。由于灵活就业的劳动者并非受雇于单一雇主,[①]他们的工作时间、场所多样且灵活,使得传统意义上的劳动者组织从属性明显弱化了。尽管如此,马克思所揭露的劳动者受雇佣的实质并没有发生改变,只不过这种雇佣劳动是在"互联网+"新业态中进行的,是资本利用新技术施行的新控制方式,包括对劳动者提供的产品和服务质量、交易信用、业绩管理的评价及其利益分配,资本对劳动的控制其实更加隐蔽、更加柔性,但也更加无可躲避了。这样的"非标准就业"[②]使得灵

---

① 现行《中华人民共和国劳动合同法》(2008年实施)规定,从事非全日制用工的劳动者可以与一个或一个以上用人单位订立劳动合同,这等于承认了多重(非单一雇主)劳动关系,以及有劳务派遣机构作为第三方的三方劳动关系(用人单位与派遣机构之间是民事关系,派遣机构与劳动者之间是劳动关系,用人单位与劳动者之间则是用工关系)。

② 王永洁:《国际视野中的非标准就业与中国背景下的解读——兼论中国非标准就业的规模与特征》,《劳动经济研究》,2018年第6期。作者认为,"非标准就业,包括非全日制用工、多方雇佣关系(典型的是劳务派遣)、临时性雇佣(以完成一定工作任务为期限的用工和季节性用工)和非雇佣关系用工(隐蔽性雇佣或依赖性自雇)等"。最后一种非雇佣关系用工主要出现在网络平台经济活动中。

活就业劳动者拥有了更多的机会,甚至可以拥有类似居家作坊、网约车这样的生产资料,但他还是在为资本劳动,所提供的也还是资本业务范围内的产品和服务,由此获得报酬并提供更大的"剩余价值"。

这就是马克思所说的,劳资关系的灵活性"以劳动的确定形式无关紧要为前提";"资本主义生产的特征是,资本和劳动的灵活性,生产方式的不断变革,从而,生产关系、交往关系和生活方式等方面的不断变革,与此同时,在国民的风俗习惯和思想方式等等方面也出现了很大的灵活性"。①事实上,无论劳动关系的形式多么灵活,它的实质还是资本使用劳动力,以及由此带来的越来越丰富、越来越灵活的技术利用、社会交往和生活方式……因为资本在与劳动的博弈中总是处于优势和强势地位,要维护劳资平衡,劳动关系就必须有所倾斜,应对劳动和劳动者进行保护。"劳动关系认定与否并不取决于业态或商业模式,即使在'互联网+'带来的新业态或新商业模式中,仍然有从属性劳动与独立劳动及中间类型之分,尽管由当事人双方选择签订劳动合同或其他协议,但劳动关系认定所看重的依然是劳动用工事实是否构成劳动关系,而不是双方签约时的'认识'。"②现在的问题是,如果"互联网+"新业态灵活就业的劳动关系认定沿用传统的标准劳动关系,那么应该如何进行调整和衔接? 如果没有适应"互联网+"条件的新型劳动关系认定,自然就不可能推动有关灵活就业的劳动法规改进,并将对灵活就业劳动者的劳动保护、社会保障和法律救济产生一系列不利影响。

根据我国原劳动和社会保障部发布的《关于确立劳动关系有关事项的通知》③,劳动关系的成立须同时具备以下条件:(1)用人单位和劳动者符合法律、法规规定的主体资格;(2)用人单位依法制定的各项劳动规章制度适用于劳动者,劳动者受用人单位的劳动管理,从事用人单位安排的有报酬的劳动;(3)劳动者提供的劳动是用人单位业务的组成部分。也就是说,如果劳动者的工作属于"用人单位业务的组成部分",就可以形成雇佣关系,但互联

---

① 《马克思恩格斯全集》(第26卷),人民出版社,1974年,第490页。

② 王全兴、王茜:《我国"网约工"的劳动关系认定及权益保护》,《法学》,2018年第4期。

③ 参见《关于确立劳动关系有关事项的通知》(劳社部发〔2005〕12号)。

网平台上的灵活就业人员提供的产品或服务是否也属于这种业务组成部分呢？譬如，网约工是否适用劳动关系就是一个争议焦点。我国现行劳动立法看重的是劳动者的身份认定及相关书面合同约束力，而并不强调劳动行为和过程的实质从属性及实际内涵，这就难以对平台用工的劳动关系做出有说服力的解释。为了适应不断变化发展的灵活就业情况，劳动力市场及劳动关系改革的重点是复杂多变的劳动关系的标准化，还是灵活就业的劳动体面化？应该形成明确的共识。

三、"灵活安全性"与灵活就业安全感

进入 21 世纪，我国政府在"十五计划"期间就提出引导劳动者转变就业观念，实行灵活的就业形式；"十三五规划"又明确要求加强对灵活就业的扶持力度；"十四五规划"进一步提出健全有利于更充分更高质量就业的促进机制，完善与就业容量挂钩的产业政策，支持吸纳就业能力强的服务业、中小微企业和劳动密集型企业发展；注重发展技能密集型产业，支持和规范发展新就业形态；建立促进创业带动就业、多渠道灵活就业机制，全面清理各类限制性政策，增强劳动力市场包容性。

以零工、外包业务和人员为主的灵活就业是劳动密集型的就业，资金投入要求低，就业门槛也比较低；而在"互联网+"新业态灵活就业中，劳动者与平台公司的合约或协议往往是通过注册（民事性质的协议）而不是劳动关系合同实现的，劳动者可以拥有生产资料，比较自主地安排工作时间、场所和内容，在某种程度上改变了劳动关系的博弈方式及其结果，但对劳动者与平台公司、与客户的权利和责任并没有明确界说，这就增加了这些权利和责任缺失带来的风险，以及劳动保护的难度。

在"互联网+"新业态的灵活就业中，一方面，平台公司利用互联网技术和信息提高了劳动资源配置效率，劳动者通过平台获得了更多就业机会；另一方面，作为资方的平台公司，不再为劳动者的收入、福利、保险、培训承担责任，实际上突破了基于标准劳动关系的法规约束，现行劳动关系法规对劳动和劳动者的倾斜性保护因为在灵活就业中缺乏可操作性而被搁置。传统

劳动关系所认定的"从属性"难以规范新型灵活就业的劳动关系,更谈不上规避和防范可能出现的各种风险了,进而出现了劳动保护的灰色乃至深灰色地带。国际劳工组织注意到,实现体面劳动,现在的非标准工作还缺乏某些基本保障:劳动力市场保障(宏观经济政策保障的充分就业机会);就业保障(有关雇佣和解雇的规定、应对经济形势变动的职业保障);工作保障(包括职业规划、通过提升能力来发展职业意识);劳动保障(工作时间限制、职业安全卫生条件等);技术再生产保障(获得技术与保持技术的机会、掌握技术更新手段、就业培训);收入保障(受法律保障的收入);代表保障(通过工会以及社会对话机制发出集体声音)。[①]上述保障缺乏的现象目前在我国灵活就业的劳动中也普遍存在。

针对劳务派遣和临时工的灵活就业情况,我国劳动法规已有所调整,但对于"互联网+"新业态灵活就业的保护条款,如工时规定、劳动安全、社会保险、集体谈判等内容均未涉及。近年来,灵活就业的劳动争议多发,越来越暴露了相应规制供给的短板,这既无法保护灵活就业劳动者、平衡劳资双方的利益,还将影响"互联网+"新业态及平台经济、平台公司的健康发展。同时,由于"互联网+"新业态灵活就业劳动者即便身处同一平台,彼此也缺乏经常性交集,很难形成集体身份认同,他们对于相关权利,包括维护自身权益的组织工会权、集体谈判权不明就里,更缺乏体现集体力量的表达渠道和维权机制,在发生纠纷时不免出现无序乃至可能失控的抗争行动。

灵活就业的劳动保护和社会保障,是一个世界性难题。早些时候,欧盟峰会提出"灵活安全性"(flexicurity)概念,以协调越来越突出的就业灵活性与安全性问题。劳动力市场改革的趋势是市场主体(经营实体、公司、平台)需要更具灵活性,但同时国家和社会又要为劳动者提供更可靠的劳动保护和社会保障。"通过一系列制度安排不仅保障劳动力雇佣与解雇、工作组织、薪酬安排等方面所涉劳动关系的适度灵活化,而且提高工作安全、就业安全

---

① 参见国际劳工大会第 90 届会议报告六:《体面劳动与非正规经济》,International Labour Organization,http://www.ilo.org/public/english/standards/relm/ilc/ilc90/pdf/rep-vi.pdf。

和社会保障水平,尤其是提高弱势群体在就业等社会保障方面的安全性。"①但是,灵活性与安全性又彼此矛盾,灵活性意味着劳动力市场适应经济形势变化,趋于减少规制、允许弹性,而安全性则表现为劳动者希望获得合理的收入待遇、良好的工作环境和保护性措施,以及失业后能重新找到工作等各种保障。灵活安全性既要体现劳动力市场的改革愿景以及企业组织和劳动关系的灵活性,又要增强劳动者的就业安全、劳动保护和社会保障,必须寻求这两方面的平衡点。重要的是,实现体面劳动的灵活安全性,不仅要有适应性的改革动力及相关制度设计,还需要有一系列过渡政策的支持,需要立法机构、政府部门、雇主团体和工会组织的配合努力,这是一个相当长期的社会目标。

国际劳工组织提出,无论劳动者以何种方式工作,实现体面劳动的政策干预都应支持并保护以下内容:一是填补政府规制的漏洞,保证劳动者自由结社和集体谈判的权利,明确多方参与相关保护工作的责任和义务;二是加强集体谈判机制,联合社会组织对非标准工作做出集体性回应,培养非标准工作者组织工会的能力;三是加强社会保护措施,降低乃至消除获得社会保障资格的门槛,利用补充项目为所有就业者提供最基本的保障,并提高保障项目的随身转移性;四是制定支持减少失业和创造就业机会的宏观经济政策、应对劳动力市场转型和社会风险的就业政策,重新设计促进技术与职业发展的失业保险政策。②对于新业态灵活就业来说,这些政策措施既能满足资方(用人单位)的灵活用工需求,又满足不仅仅是雇员的合法权益、实现其安全诉求。由此可见,灵活性与安全性保持平衡的重心,已经从调整标准劳动关系转移到如何落实体面劳动的就业、权利、保护和对话这四大支柱上。

我国目前许多灵活就业劳动者仍游离于劳动法规之外,未被纳入基于

---

① 转引自谭金可:《我国劳动力市场灵活性与安全性的法制平衡》,《中州学刊》,2013 年第 6 期。

② 参见国际劳工组织:《世界范围的非标准就业:了解挑战,塑造愿景》,International Labour Organization,http://www.ilo.org/wcmsp5/groups/public/dgreports/dcomm/publ/documents/publication/wcms_534326.pdf。

劳动关系的社会保障体系，这也正是灵活就业劳动者的参保比例明显低于实际就业比例的主要原因。由于我国劳动法还承载着社会保障的功能，为了适应灵活就业规模的扩大，劳动力市场改革、社会保障体系改革也要转向与个人直接对接的社会保障模式，而不是现在需要通过用人单位的社会保障模式；还应利用"互联网+"大数据，改进社会保险的缴费基数、比例、年限及缴费方式。当务之急是要加快推广灵活就业劳动者参保计划，为他们系上"安全带"；从较长远看，还要完善灵活就业劳动者参与失业、工伤、生育保险等社会保障项目，以及相关社会保障项目的衔接转续、异地结算等规制。

2021 年 7 月 16 日，人力资源和社会保障部、国家发展和改革委员会等八部委共同印发《关于维护新就业形态劳动者劳动保障权益的指导意见》（下文简称《意见》），针对在新就业形态中普遍存在的、不完全符合确立劳动关系情形但企业对劳动者进行劳动管理的情况，要求指导企业与劳动者订立书面协议，合理确定企业与劳动者的权利义务；个人依托平台自主开展经营活动、从事自由职业等，按照民事法律调整双方的权利义务。《意见》还对规范用工，明确劳动者权益保障责任；健全制度，补齐劳动者权益保障短板；提升效能，优化劳动者权益保障服务；齐抓共管，完善劳动者权益保障工作机制提出了明确要求。在制度改进方面，《意见》指出，要落实公平就业制度，消除就业歧视；健全最低工资和支付保障制度；完善休息制度；健全并落实劳动安全卫生责任制；完善基本养老保险、医疗保险相关政策；强化职业伤害保障；督促企业制定、修订直接涉及劳动者权益的制度规则和平台算法。2022 年《政府工作报告》专门就促进灵活就业发展做出部署，要求加强灵活就业服务，完善灵活就业社会保障政策，开展新就业形态职业伤害保障试点。2022 年初，上海市出台《关于维护新就业形态劳动者劳动保障权益的实施意见》，对不同劳动关系的社会保险、职业伤害保障等进行分类施策，明确禁止平台将最严算法作为考核要求，遏制"以罚代管"，形成包括就业制度、劳动报酬、休息休假制度、劳动安全、社会保险、职业伤害、规则算法等在内的政策体系。这些指导性意见和政策的落地值得期待。

此外，为灵活就业劳动者提供有组织的维权保护也要尽快提上日程，包括帮助他们在发生劳动争议时进行有效取证并维权；支持与各级工会合作的行业联合会,探索适合灵活就业劳动者的集体谈判和代表诉讼方式;建立线上线下贯通的利益表达渠道、维护机制和维权途径等,这些都是提高灵活就业劳动者组织化的重要内容。

（肖巍,复旦大学马克思主义学院教授、博士生导师）

退休年龄改革：社会观念的变革与
制度实践的创新 *

　　退休年龄改革是社会民生领域的重要议题，涉及社会成员的切身利益。目前世界主要经济体都相继施行了退休年龄改革，延迟退休已是大势所趋。本文认为，目前我国延迟退休政策推行的民意基础有待夯实，社会共识亦尚待凝聚。为此，应在养老金财务平衡、社会保障制度可持续运行等工具理性的讨论框架之外，从重新认识和定义老年人、保障老年群体社会经济参与权利和拓展老年人自我发展需求等更宽阔的人本主义视角，及对以智能化、数字化为时代特征的社会经济外部环境变迁趋向的科学研判为基本认识点，开展一场针对社会观念全面变革与制度实践创新的思想讨论。并在具体操作运行环节权衡多方利益主体的主要诉求，采取科学灵活的方案策略，使其总福利效应更符合社会多数成员的普遍预期，避免剧烈的社会动荡。

　　我国目前的退休年龄制度安排始于新中国成立初期，其后虽经部分修改仍一直沿用至今，反映了当时中国的社会经济发展水平、人口健康和寿命状况。时至今日，老年人口的年龄结构变动、全龄人群的健康状况改善、劳动力素质的提升和就业意愿的改变，国内经济结构和劳动力市场供求关系的变化，以及科技革命引发的就业结构与模式转变等现实情境均已发生了深

---

　　* 本文原载于《社会保障评论》2021 年第 3 期。

刻的变革,改革的现实土壤已趋成熟。加之,世界主要经济体都相继以延迟退休年龄作为主要改革方向, 而中国快速的老龄化进程也已引发了各界对现行以"现收现付"为基础的包括养老金在内的社会保障系统中长期平衡的担忧,对退休年龄改革的深入讨论恰逢其时。

尽管官方对于延迟退休的态度积极,但其民意基础一直较为薄弱。相对陈旧的社会观念和认知混沌成为实质性推进退休年龄改革的思想桎梏。一场全社会对于老年人价值与劳动权利再认识的思想革命迫在眉睫。当然,这必然会与当前的观念和利益格局发生冲突,也会与智能化、数字化的"不确定性"所交织。这就需要在具体运行时兼顾到社会各个阶层、各个行业、各个地区的群体特征, 在各利益群体相互交换与博弈中尽可能达成更多的政策共识,积极稳妥地推进改革。本文认为,应在满足社会安定团结、经过一定的窗口期之后,遵循小步慢提、渐进到位的基本原则,最终达到男女同龄的政策调整目标。但无论何种调整方案,在政策正式施行之前,全社会应就下述几项观念重塑与制度创新方面达成基本共识和广泛认识, 以营造良好的政策氛围和制度环境,保证政策改革的平稳、有序推进。

一、没有年龄歧视的社会经济参与是老年人的一项基本权利

在工业化时代, 确定退休年龄并给予老年人口养老金是一项重大的社会进步,也构成了劳动就业市场和劳动者工资决定的基础。老年人口在逐渐退出劳动就业市场以后能够公平地分享社会经济发展的成果, 是老年人口的一项基本权利,也是实现和体现社会公平的重要场域。老年人口有全面参与社会经济活动的权利。没有年龄歧视的参与是积极老龄化的重要支柱,也是老年人口维持良好健康状况的主要途径。我们在强调老年人权益保护的时候,通常会忽视老年人参与经济社会活动,包括继续工作和就业的权利。

一个普遍存在的社会偏见就是认为老年群体不再具有经济生产力,不再能为国家发展做出贡献,而只是一个消耗大量社会福利和服务的群体。但如果从身体功能来说,大量最新的研究表明,我们现在 60 岁时的能力和体能,相当于过去 50 岁的人口,70 岁相当于过去的 60 岁。由此引发众多的医学和社会科学研究开始论证为什么老年定义必须要改变。更新定义的另一项重要作用是改变人们的传统认识并形成新的社会共识。过去，退休常常是与衰老相联系，退休也经常被等同于一个人经济活力的衰退甚至是丧失。我们的很多劳动立法、社会政策和指标统计事实上都在假定一旦退休，人们的社会资本、人力资本都将不再存在，至少不再对社会经济发展发挥作用。这其实是建立在过去对老年人能力认知的基础之上，在很大程度上是用 20 世纪的认知来应对 21 世纪的挑战，难以真正发挥公共政策的治理空间和政策效能。

从世界范围的趋势来看，很多国家都在不遗余力地推迟甚至取消强制性的退休年龄制度。日本政府就提出了"取消退休年龄制度，创造终生活跃社会"的概念，更从 2021 年 4 月 1 日起，宣布正式施行《改正高年龄者雇佣安全法》，规定最高退休年龄为 70 岁。这可能是日本破解养老金危机的策略，但也是从观念和制度安排上实现"积极老龄化"的重要举措和形成长期趋势的努力。延迟退休政策应真正惠及广大老年劳动者群体，这当中也应包含其社会经济参与的权利保障，避免以年龄为唯一标准的歧视和排斥。这也是积极回应世界范围内对老年人从"慈善的对象和福利的享受者"到"劳动权利的拥有者和社会发展的参与者"的认知转变。对延迟退休政策的讨论应当更多地纳入老年人口基本权益的考量。

二、延迟退休是激发老龄社会人力资本红利的重要举措之一

健康促进增进了人力资本红利。世界上主要的发达经济体都相继推出了国民延迟领取国家养老金的最低法定年龄的改革措施。这些国家推动退休制度的改革动力主要是由于社会经济发展导致人口预期寿命延长，老年抚养比越来越大，原有的养老金制度无法适应新的人口结构和社会形态。但是我们也看到，随着社会经济的发展，人们的生活和劳动条件得到了极大的改善，在人口寿命延长的同时健康状况也得到了极大改善。这些国家的人口健康预期寿命也大幅提高。这意味着劳动者拥有了更高的健康资本，从而可以大幅度提高劳动生产率，并由此产生新的人力资本红利。这也为这些国家

推行延迟退休政策改革创造了条件和空间。

此外,延迟退休可以激发老年人口的健康红利从而创造新的人口红利。已有研究也表明,延迟退休适当延长劳动年限可以给劳动者带来"健康红利",提升老年人的总体福利水平。研究表明,在 60 岁以后继续从事一些工作能够对低龄老人的生理健康和精神健康产生积极的影响。从生理层面来讲,适度的劳动(包括体力劳动和脑力劳动)能够促进身体健康,相当于参加了一定程度的锻炼。从精神层面来讲,60 岁以后老人能够继续参与一些工作,一方面可以保证其获得一定的经济收入,从而获得更多的财务安全感和来自社会的价值认同;另一方面继续参与工作可以维持甚至拓展其社会网络,避免因与社会经济生活的脱节而造成社会隔离。工作是体现个人健康资本、智力资本和社会价值的途径之一。通过延迟退休政策,激发老年人口群体的生产性,使得规模庞大的老年人口转而构成规模巨大的老年人力资源。这些健康的老年人力资源积极参与经济生产和社会活动,将可以极大地冲抵由于低成本劳动力供给和年轻劳动适龄人口比重减少消失的"人口红利"。

2016 年 10 月发布的《"健康中国 2030"规划纲要》,明确将"推进健康中国建设"纳入国家战略,并提出"至 2030 年我国人均预期寿命将达到 79 岁,人均健康预期寿命显著提高"的远景目标。推行退休制度改革,适当延迟退休年龄,让低龄老人能够更好地参与劳动力市场,发挥并能有效促进老年人口的健康资本,亦是对"健康中国"国家战略的积极推动和重要实践。政府部门和社会组织应加强宣传教育,通过各种传播媒介在社会中形成鼓励低龄老年人社会经济参与的普遍认识与广泛共识,致力于最大限度地挖掘和发挥老年人的积极性,实现社会全体成员收获更多的健康资本,尽快实现"以质量换数量"的劳动力发展策略。

三、以逐步推行灵活的弹性退休制度拓展延迟退休政策的实施空间

在前述人们的健康状况不断改善、现代科学技术快速发展和广泛应用等条件下,劳动就业的形式在发生持续性的嬗变,对人类体能、智力和工作

能力的要求也在发生变化。人们所能从事的工作类型和能够工作的年龄也会不断变化并表现出明显的差异性。因而应将"退休"的概念与"衰老"的意象脱钩,逐步将"退出正式劳动力市场"的权利（或部分权利)交由个人选择,即个人可以自主决定退休年龄(退出目前的劳动力市场),或者是由个人和劳动力市场共同决定。但由于社会养老金是一种公共资源且是涉及几代人利益的公共资源,确定公平合理的领取养老金的年龄、相应的缴费义务和领取的权力就必须要符合社会的基本共识和公平要义。

从目前在推迟退休政策大思路已确定的背景下，政府可以首先尝试逐步推行灵活的弹性退休制度,即在保证退休年龄下限基本不变的前提下,适当提高部分劳动人口退休年龄的上限值,并尊重个人(被雇佣方)和企事业单位(雇佣方)对于退休时间的双向选择,逐步实现退休年龄弹性化,逐渐淡化由国家硬性规定退休年龄的制度安排。同时逐步把"退休年龄"的提法转变为"领取全额养老金的最低年龄",并遵循"早减晚增"(提取养老金的年龄每提前一年,按一定比例减发;每推迟一年,按一定比例增发)原则,用以规范不同退休年龄领取养老金的结构比例，以保障和激励更多老年人口在力所能及的前提下积极参与社会经济活动,尽可能推迟提取养老金,缓和养老金提取的短时冲击效应，使得低龄老年群体由生产性人口向纯消费性人口转化的时间窗口不断延后。国家应尽早出台退休制度改革的路线图,以使全体劳动者形成合理预期。弹性退休制度可以在就业压力较弱的某一年份、先从老龄化程度较高的地区、高学历高技能人群逐步开展实质性的推进。

四、延迟政策的推行应兼顾不同劳动力市场的特征并重视外部环境的变化

目前学者们在讨论延迟退休与劳动力市场的关系时都是将劳动力市场作为一个统一的整体来对待,并未加以严格区分。通常来讲,流动性较差、劳动力就业规模缺乏弹性的劳动力市场比较容易受到延迟退休政策的负面影响。延迟退休带来的低龄老年劳动力供给增加会导致有限就业空间的挤占,与青年群体的就业形成交集。流动性较好、劳动力就业规模弹性较大、更具灵活性的劳动力市场则受延迟退休政策的负面影响较小。更有一些特殊的劳动力市场,劳动就业有一定的年龄限制,受到延迟退休政策的影响较小。另外,某些劳动力市场,新增的低龄老年劳动力需要配给相应的辅助岗位,会由于延迟退休的影响带来新增就业岗位,对就业市场带来积极影响。此外,由于受到延迟退休政策影响而选择继续创业的低龄老人也会带来新增的就业岗位。因此,不同的劳动力市场对于延迟退休的政策敏感度不同,在政策实施中应从对延迟退休政策弹性较大的劳动力市场开始试点推行改革。

从短期效应来看,延迟退休政策带来的影响主要是在现有就业规模下可能对青年劳动力就业的挤占,提高新增就业岗位的难度。从中长期来讲,延迟退休会带来大量低龄老人劳动力供给,另一方面弥补了人口红利消退后的劳动力缺口,一方面拥有熟练劳动技能和较丰富劳动生产技术的低龄老人劳动力能帮助提高生产效率,促进经济增长,扩大市场规模,从而容纳更多的劳动力就业,实现良性发展。此外,还可以看到随着社会和技术的飞速发展,大量新型就业岗位被创造出来,代际之间的就业摩擦更多呈现的是结构性问题,并非存在绝对意义上的替代关系。中长期来看,延迟退休带来的挤占就业空间的负面影响将会被生产效率提高、市场规模扩大、经济发展水平提高等因素所抵消,并与之相互促进、良性发展。

此外, 还需要意识到劳动力市场的外部环境也在同步发生着深刻的变化,老龄化将与智能化、数字化并行发展。以 AI 为代表的人工智能技术将为延迟退休政策提供极大的技术支撑,为延迟退休改革创造更多的外部动能。一般认为,延迟退休政策释放了低龄老年群体的劳动潜力,有利于发挥该群体在经验、语言、判断等晶体智力方面的优势,缓解了老龄社会劳动市场的供给不足;但是老年群体在体力、记忆、反应等流体智力方面的客观劣势同样影响了政策实施效果。而人工智能等技术的进步则为这一问题提供了较好的解决方案。首先,现代科技发展已使主要劳动力需求逐渐从简单体力重复性劳动向复杂脑力认知性劳动转变,大多数劳动本身对体力的要求大大降低,而人工智能等技术则重塑了劳动的技能结构,再定义了优势技能与劣势技能。相对而言，人工智能等技术在体能、存储、推理等方面具有显著优势，人机交互技术的进步推动人机融合走向了发展的快车道。这就使得在妥善关照老年群体体力劣势的同时，充分发掘低龄老年群体经验判断方面的相对优势成为可能。其次，人工智能等技术改写了生产流程，打破了传统生产连接，重置了生产场景，AI、物联网等技术的广泛应用为劳动的人与工作地点分离的分布式工作布局提供了便利，办公地点多元化、工作内容碎片化、工作方式弹性化将成为未来就业的新趋势。越来越多的工作足不出户，线上协作即可完成。在重构生产流程的前提下，低龄老年人足不出户就能发挥其技能优势，能力辐射范围也将得到扩展，单个劳动供给不再局限于当地，而是真正实现老年群体智力资源在全国范围的优化配置。因此，在人工智能等技术的外部力量助推下，延迟退休或许可以更好地发挥其提高劳动力供给的政策效果。

五、延迟退休需要整体性的制度和政策的配套

延迟退休的改革不仅仅是退休年龄的制度安排，需要对一系列现存制度、政策和项目的整体性改革和完善。因此，需要在调整延迟退休政策的同时推进相关政策和机制的改革以及公共服务的改善，通过整体性治理的有效途径实现政策的最终优化目标。

首先，我国目前实施的《老年人权益保障法》明确"老年人是指六十周岁以上的公民"。虽然法律已经规定了老年人口可以提供咨询服务，依法参与科技开发和应用、从事经营和生产活动等，但在延长退休年龄的改革过程中，过渡期老年人口参与社会经济活动的权益保障需要更加明确和精准的规定，并且应当涵盖更广泛的法律内容，诸如期间对社会保障、工伤条例等的明确规范。

其次，退休年龄改革不仅会影响到临近退休一代人的劳动参与，还将对他们下一代（子代）的生育行为产生影响。老年人隔代照料是镌刻中国文化本源特征的最重要的社会参与之一。三孩政策已全面施行，延迟退休年龄也势在必行。然而在目前女性生育机会成本较高和缺乏社会托幼服务的社会环境下,延迟退休可能会冲抵生育政策的效果,造成不同社会政策之间的冲突和磨损。因此,在制定和实施延迟退休政策时,就应同时考虑大力发展社会化托育服务、适时出台如"男性产假"、家庭税收减免计划及消除育龄女性就业市场隐形歧视等一揽子配套政策和公共服务,通过整体性的制度设计和政策安排,助力延迟退休政策的顺利推行。

　　最后,延迟退休还需要真正将终身教育体系构建起来。由于以 AI 为代表的现代科学技术的发展和运用极大地改变了我们的生产和生活方式,仅仅依靠传统的教育培训体系已经无法帮助劳动力在其职业生涯期间能够持续地跟上科技发展的步伐并始终保持被雇佣的能力,终身教育就成为在新的发展阶段保持经济发展活力的重要途径。因此,政府应发挥主导作用,推动终身学习型社会的建设,对现行主要以休闲娱乐为主的老年教育体系进行适应性改革,鼓励企业和社会组织广泛参与到终身教育特别是老年职业教育中。

　　(彭希哲,复旦大学人口与发展政策研究中心主任、教授;宋靓珺,复旦大学发展研究院助理研究员)

历史制度主义视角下我国企业民主管理制度变迁的研究 *

我国企业民主管理制度发展的历程也是民主管理制度变迁的历史。借鉴历史制度主义视角,从历史观和结构观两个维度,以我国民主管理制度在各个阶段的发展状况和"关键节点"为依据,通过回溯和梳理我国企业民主管理形成和发展过程中"五个阶段"的历史,探究我国企业民主管理制度的变迁与外部环境和内外动力机制之间的互动关系。研究表明,我国企业民主管理制度的变迁受到不同阶段经济和政治体制变革等深层结构因素的影响,是工会实现自身价值的需要、职工维护自身合法权益与实现自我提升的需要,是中国共产党在不同历史时期对民主管理提出的要求、完善中国特色社会主义制度的客观需求和民主管理法治化建设的客观需要。

一、前言

党的十九届四中全会通过的《中共中央关于坚持和完善中国特色社会主义制度、推进国家治理体系和治理能力现代化若干重大问题的决定》,强调要健全以职工代表大会为基本形式的企业民主管理制度,探索企业职工参与管理的有效方式,从而提出了如何在国家治理体系中发挥企业民主管理的重要作用的新课题。企业民主管理作为一种民主参与基层企业事务管

---

* 本文原载于《山东工会论坛》2021 年第 3 期。

理的一种形式,是我国的一项基本政治制度,是我国社会主义民主政治的重要组成部分,是推进国家治理体系进一步完善的重要环节,也是人民当家作主、建设和完善社会主义民主制度的重要保障。正因如此,民主管理制度的研究话题历久弥新。

但从现有的研究成果中可以发现,关于民主管理制度的研究主要可分为两大类:一是着重于从理论依据和法理渊源的角度分析企业民主管理的相关问题。所涉及的内容主要包括经济民主、人力资本、企业社会责任等理论与民主管理制度的关系以及民主管理制度在宪法、企业法、劳动合同法等相关法律中的规定等问题。如吴亚平教授的研究就认为,现有的企业民主管理制度存在着立法层次不高、法律规定不明确、内容相对滞后以及法律责任不明和刚性不足等问题。[①]二是偏重于对民主管理制度本身的研究。主要视角所涉及的范畴包括民主管理制度下的员工参与企业管理与维护职工合法权益、促进企业管理效率和生产效率之间的作用等问题。如周雪光学者认为,企业民主管理更多的是企业为应对外部的制度化要求而内化到企业内部治理结构中的结果。[②]

所有的这些关于民主管理制度的相关探讨,视角多样而且成果也不少,但从历史制度主义的视角对民主管理制度的变迁进行研究的还不多。历史制度主义作为一种以研究制度和政策为主要对象的分析范式,体现了它在历史观和结构观方面的独特洞察力。[③]而本文正是试图借鉴历史制度主义的分析范式,从历史观和结构观两个维度,通过回溯和梳理我国企业民主管理形成和发展的历史,对我国企业民主管理制度的发展变化进行研究,以深入地理解我国企业民主管理制度变迁的原因、民主管理内部的治理主体、依据与目的之间的各种结构性关系。

---

①　参见吴亚平:《完善企业民主管理立法的几个问题》,《中国劳动关系学院学报》,1994 年第 1 期。

②　参见周雪光:《组织社会学十讲》,社会科学文献出版社,2003 年,第 31 页。

③　参见何俊志:《结构、历史与行为:历史制度主义的分析范式》,《国外社会科学》,2002 年第 5 期。

二、我国企业民主管理制度演变的历史脉络

在我国,企业民主管理制度作为一种管理制度的存在有着悠久的历史。中国共产党是最早倡导在企业内开展民主管理工作的政党组织。如果从1922年建党初期中国共产党在《劳动立法原则》和《劳动法案大纲》中提出支持工人参加劳动管理的主张算起,至今已有将近100年的历史。①我国企业民主管理发展所走过的历史,也是我国企业民主管理制度变迁的历史。

历史制度主义认为,制度的变迁是一个有一定规律而且是渐进的过程。通过分析制度在某一历史阶段中的"量变"与"质变",可以更容易探寻导致某一制度演进的"关键节点"②。这种"关键节点"可以是历史发展中的转折时期、制度设计和重大决策的关键时刻,也可以是某个冲突事件的爆发点,③而正是这些"关键节点"可能为制度的变迁提供了重要的内生动力。④我国企业民主管理制度历经革命根据地、新中国成立之初、改革开放三大不同历史时期,其间的"三人团"和工人大会、工厂委员会和职工代表会议、职工代表大会、《全民所有制工业企业法》《关于国务院确定的百家现代企业制度试点中工会工作和职工民主管理的实施意见》是我国企业民主管理制度发展的五个关键点。本文以此为依据将我国企业民主管理制度变迁的过程划分为以下五个阶段。

(一)革命根据地工业企业中的"三人团"和工人大会阶段

我国民主管理制度的实践最早起源于土地革命战争时期。⑤1934年4月,中华苏维埃共和国政府颁发了《苏维埃国有工厂管理条例》,确定了职工民主参与的制度,要求各企业在厂长之下设工厂管理委员会,工厂管理委员

---

① 参见向德荣:《中国企业民主管理历史梗概(上)》,《工友》,2006年第6期。

② 潘懋元、朱乐平:《高等职业教育政策变迁逻辑:历史制度主义视角》,《教育研究》,2019年第3期。

③ 参见段宇波、赵怡:《制度变迁中的关键节点研究》,《国外理论动态》,2016年第7期。

④ 参见荣震、柏维春:《历史制度主义视角下我国腐败治理体制变迁研究》,《辽宁大学学报》(哲学社会科学版),2020年第48期。

⑤ 参见向德荣:《中国企业民主管理历史梗概(上)》,《工友》,2006年第6期。

会内组成"三人团",由厂长、党支部代表和工会代表组成,协同厂长处理厂内的日常问题。与"三人团"同时发展的是工人大会,工会通过召开工人大会讨论生产计划的方式发扬和巩固工人的劳动热情以保证生产计划的完成。这种"三人团"管理体制和工人大会的出现,正是我国职工和工会进行民主管理的具体体现。①这种民主管理制度一直沿用到抗日战争的初期。

(二)新中国成立前后的工厂管理委员会和职工代表会议阶段

到了抗日战争中后期,这种源于革命根据地时期的"三人团"民主管理体制弊端逐渐显现,出现了党、政、工三者不能协调工作、甚至出现"三足鼎立"的现象。因此,为纠正这种倾向,陕甘宁边区率先在工厂尝试实行以厂长为主的"一元化"领导制度,即厂长负责制。与此同时,工厂管理委员会和职工代表会议制度开始发展。抗日战争结束后的1948年9月,在哈尔滨召开了第六次全国劳动大会(简称为"六次劳大")。"六次劳大"正式提出了"工厂企业化、管理民主化"的重要原则,从此开始了"工厂管理委员会"和"职工代表会议"这两项制度的建设工作。②1949年5月,华北解放区首先召开了第一届职工代表会议。大会通过了《关于在国营工厂企业中建立工厂管理委员会与职工代表会议的决定》和《关于在国营、公营工厂企业中建立工厂管理委员会与工厂职工会议的实施条例》两个重要文件,以全面推动"工厂管理委员会"和"职工代表会议"这两项制度的建设工作,从而使"工厂管理委员会"和"职工代表会议"成为公营企业管理的两项基本制度。③新中国成立前后一段时间内,我国国有企业继续实施"工厂管理委员会"与"职工代表会议"两种民主管理的制度。

(三)职工代表大会制度的建立阶段

1956年,以基本上完成"农业、手工业、资本主义工商业"三大社会主义

---

① 参见向德荣:《中国企业民主管理历史梗概(上)》,《工友》,2006年第6期。

② 参见王永玺、钟雪生、杨华锋:《六次劳大承上启下中国工运事业》,《工人日报》,2018年8月14日。

③ 参见全国总工会政策研究室:《中国企业领导制度的文献》,经济管理出版社,1986年,第150页。

改造为标志,我国开始了全面建设社会主义时期。在这一时期,如何进一步完善企业民主管理制度,再一次受到党中央的高度关注。在 1956 年 9 月召开的中共第八次全国代表大会上,第一次做出了"建立党委领导下的职工代表大会制度"的决定。1957 年 4 月 7 日,中共中央在《关于研究有关工人阶级的几个重要问题的通知》中进一步明确了把企业中的"职工代表会议"制度改为"职工代表大会"制度,并且在"职工代表会议"制度原有权利的基础上扩大了职工代表大会的权利。[①]1965 年 7 月, 中共中央在对 1961 年制定的《国营工业企业条例(草案)》即"工业七十条"进行修改和完善的基础上,形成了《国营工业企业工作条例(修正草案)》,在此条例中更加明确地规定了职工代表大会的性质和权力。但遗憾的是我国企业民主管理制度在 1966 年至 1976 年期间几乎完全中断。1976 年以后,我国企业民主管理制度才逐渐恢复。

(四)企业民主管理制度的全面恢复阶段

1976 年以后, 中国共产党深刻地认识到了民主管理在完善企业管理制度中的重要性。为此,1978 年 4 月,中共中央决定在工业企业中恢复党委领导下的职工代表大会或职工大会制度,并以 1960 年前后形成的"鞍钢宪法"为基础,在工业企业中广泛推行"工人参加管理、干部参加劳动和领导干部、工人、技术人员三结合"的民主管理制度。1978 年 10 月,中国工会第九次全国代表大会召开。此次大会要求所有企业必须实行民主管理、各级工会要教育全体会员积极参加企业的管理,把集中领导和民主管理结合起来。1981 年7 月,中共中央、国务院转发了由中华全国总工会、国家经济委员会、中央组织部拟订的《国营工业企业职工代表大会暂行条例》,这是新中国成立以来,第一部有关职工代表大会制度建设的全国性法规。

1982 年通过的《宪法》第一次在国家的根本大法中明确提出在国有企业和集体经济组织中依照法律规定实行民主管理,[②]至此确立了企业民主管理

① 参见原朝阳:《职工民主参与法律内涵与制度保障》,《人民论坛》,2014 年第 7 期。

② 《中华人民共和国宪法》第十六条规定,"国营企业依照法律规定,通过职工代表大会和其他形式,实行民主管理",第十七条规定,"集体经济组织依照法律规定实行民主管理,由它的全体劳动者选举和罢免管理人员,决定经营管理的重大问题"。

在我国国有企业和集体经济组织中的法律地位。在 1988 年第七届全国人大一次会议通过的《全民所有制工业企业法》第十条规定:"企业通过职工代表大会和其他形式,实行民主管理。"其中在"职工和职工代表大会"这一章节中,对以职工代表大会为基本形式的企业民主管理制度在性质、职权、内容等方面通过法律的方式得以确定。这是我国企业民主管理制度发展史上的一件划时代的大事,也结束了在全民所有制工业企业内开展民主管理工作法律地位不明确的状况。

(五)企业民主管理制度的创新发展阶段

随着我国市场经济的不断推进,涉及企业民主管理的相关法律、法规和政策相继出台,我国的企业民主管理制度逐渐走向成熟和完善,其范围逐渐涵盖了企事业所有单位,其管理形式也更加多样化,其功能也更加完善。1993 年 11 月,在《关于建立社会主义市场经济体制若干问题的决定》中决定对国有企业进行现代企业制度改造。1993 年 12 月,因应国企改革的要求,《中华人民共和国公司法》颁布,该法明确规定了两个原则:一是坚持职工代表大会制度;二是实行董事会和监事会中的职工代表制。这部法律的颁布实施,第一次以法律的形式明确了职工董事、职工监事在企业民主管理中的定位。

为解决公司制企业职工民主参与问题,1996 年 4 月,中华全国总工会与国家经济贸易委员会、国家经济体制改革委员会联合下发了《关于国务院确定的百家现代企业制度试点中工会工作和职工民主管理的实施意见》。《实施意见》构成了近 10 年来企业尤其是改制企业确定职代会职权的基本法律依据。

在这一阶段,企业民主管理得到蓬勃发展,事业单位的民主管理也有所突破。1993 年《教师法》颁布,该法第七条第五款规定,教师有权通过教职工代表大会或者其他形式参与学校的民主管理。在此基础上,1998 年《高等教育法》颁布,该法的第四十三条规定,高等学校通过以教师为主体的教职工代表大会等组织形式,依法保障教职工参与民主管理和监督,维护教职工合法权益。

2002 年 6 月 3 日,中共中央办公厅、国务院办公厅联合下发了《关于在国有企业、集体企业及其控股企业深入实行厂务公开制度的通知》(俗称"两办通知"),"两办通知"构成了目前我国企业实行厂务"公开"的最基本的法规性政策依据。

2009 年,我国对 1950 年制定的《工会法》进行了修正,在修正后的第三十七条中规定,"本法第三十五条、第三十六条规定以外的其他企业、事业单位的工会委员会,依照法律规定组织职工采取与企业、事业单位相适应的形式,参与企业、事业单位民主管理"。这是我国法律有关企业民主管理立法的一个重大突破,为非公企业民主管理奠定了法律基础。

为了适应新时期企业民主管理发展的需要,2012 年 4 月,国资委、全总等六部委联合发布了《企业民主管理规定》,对企业民主管理的指导思想、基本原则、组织制度等作了明确规定,并设专章对职代会制度、厂务公开制度以及职工董事职工监事制度做出了规定,进一步促进了我国企业民主管理工作。

2014 年 4 月国务院颁发了《事业单位人事管理条例》,该条例第四条规定:"事业单位制定工作人员年度考核方案和绩效工资分配办法,应当通过职工代表大会或者其他形式听取工作人员意见。"这进一步在国家政策层面上完善了企事业单位以职代会为基本形式的民主管理制度。

三、我国企业民主管理制度变迁的原因分析

历史制度主义在分析制度变迁的相关问题时往往会从深层结构和内、外部动力两个角度来分析制度变迁的原因及结果。所以,本文也正是基于此观点对我国企业民主管理制度的变迁进行分析和探索。

(一)我国企业民主管理制度变迁的深层结构分析

历史制度主义认为,制度的变迁与政党、政府、企业、工会和职工等利益主体的利益诉求密切相关。而这些利益主体的博弈毫无疑问会对不同阶段的经济和政治体制的变革产生巨大的影响,也就是说,经济和政治体制的变革会深度影响到相关制度的变迁。因此,我国企业民主管理制度的变迁同样

也会受到不同阶段经济和政治体制变革等深层结构因素的影响。

1.经济体制变革与民主管理制度变迁

不同经济体制下企业要能实现自身的组织目标，这不仅要求企业的行为要有规范，作为企业主体之一的职工行为也要有规范。如何协调好企业主体与职工主体之间的关系，从而充分发挥出职工主体在企业发展中的主观能动作用，是不同阶段民主管理制度变迁的重要促进因素。如在革命战争年代苏维埃政府提出的"三人团"和新中国成立后计划经济初期总结并推广的"鞍钢宪法"等，都与当时经济体制的要求相适应，在这一阶段的民主管理制度更多的是与调动职工的主动性积极性有关。但随着我国经济体制的不断深化，企业对以职工代表大会为基本形式的民主管理制度提出了更高的要求。职工民主意识的觉醒和维权意识的发展，是与我国市场经济的不断深入发展相伴相生的，这就意味着民主管理所面临的经济条件因我国市场经济体制的建立和完善而不断发生深刻的变化，并从根本上改变了民主管理的经济基础，这就使得过去计划经济时代民主管理制度的目标取向与转型后市场经济体制发展需求不相适应。在市场经济条件下赋予民主管理制度在维护职工合法权益、构建和谐劳动关系方面提出了更多更高的要求。虽然不断变迁的民主管理制度基本上能达到维护和促进当下经济体制有效运行的目的，但现在越来越多的人已经清晰地认识到，在市场经济不断完善和非公企业不断发展的条件下，企业民主管理制度更应该进一步加强。与此同时，在市场经济不断深入发展的大背景下，民主管理制度在市场经济体制运作过程中的地位和作用也在发生变化，在具体操作上也面临着一些新的体制障碍和操作难题，如国有企业集体协商难、非公企业职代会制度建设难与事业单位事务公开难等现象正是这一问题的具体体现。这就要求企业民主管理制度的建设与发展必须适应新的形势，以寻求与当下经济体制相适应的新途径、新形式和新内容。总而言之，经济体制的变革不断推动着我国企业民主管理制度的变迁。

2.行政体制改革与民主管理制度变迁

民主管理制度变迁不仅受到当时经济体制的制约，还与当时政府对经济活动管制的力度有关。不同时期行政体制的变革都会牵引着民主管理制度发生变化。一方面,从历史制度主义的角度看,主导行政体制改革发展的根源是政治发展理念的变迁。[①]对我国的民主管理制度来说,在革命战争年代,更加注重动员职工的功能;在国家建立初期,则更加关注促进经济发展。但随着经济的不断发展,执政精英对完善社会治理能力、提高社会公平感的欲望会愈加强烈;另一方面,随着民众对美好生活的向往,职工民主意识觉醒和维权意识的提高,对执政党保障其知情、参与、表达、监督等民主权利则会有更高的要求,这就决定了民主管理制度只有更加完善,才能更好地满足政治精英追求更优政府发展的需要和职工群众追求环境更加民主的诉求。这就充分反映了政治体制改革对民主管理制度变迁的积极影响。

(二)民主管理制度变迁的动力研究

"制度变迁的动力"是历史制度主义研究的核心内容之一,历史制度主义主张以动态的观点探讨制度变迁的原因及结果。[②]那么,自从在革命根据地工业企业开展民主管理活动以来,我国民主管理制度变迁的动因究竟是什么? 对这一问题的思考与探索,有利于推进企业民主管理在市场经济条件下的完善与发展。根据历史制度主义的观点,可以把制度变迁的动力分为外生动力和内生动力。[③]

1.民主管理制度变迁的内生动力

(1)工会实现自身价值的需要

民主管理作为一种民主参与基层企业事务管理的一种形式,而工会又是作为民主管理的运作主体,因此在民主管理的发展历程中,工会组织一直都在扮演着非常重要的作用。同时,从工会的性质来看,中国工会是工人阶级自愿结合的一种群众性组织,其最基本的职责就是代表和维护职工的合法权益以及竭诚服务职工群众。因此,从我国企业民主管理制度变迁的历史

---

①② 参见荣震、柏维春:《历史制度主义视角下我国腐败治理体制变迁研究》,《辽宁大学学报(哲学社会科学版)》,2020 年第 48 期。

③ 参见吴光芸、万洋:《中国农村土地流转政策变迁的制度逻辑——基于历史制度主义的分析》,《青海社会科学》,2019 年第 1 期。

进程中可以看到,为了更好地履行工会的职责、实现工会组织自身的价值,在不同的历史时期工会都会根据自身组织的需要对民主管理制度提出不同的要求,从而推动着民主管理制度不断地发展与完善。

由于工会的性质所决定,工会在企业民主管理工作中发挥重要的促进作用就有着天然的优势,这也必然会督促工会自觉、自主的推动民主管理制度的发展。工会可以在代表和维护职工利益的过程中更好地动员职工参与企业民主管理工作,从而推动企业的民主管理。如早在革命根据地时期,随着较大企业和大企业的不断增加,工会组织不断完善,工会组织得以职工代表者的身份参加了作为企业最高领导权力机构的"三人团"组织,工会作为职工群众的代表直接加入企业的决策层,使得工会在企业民主管理中能够发挥更大的作用,工会组织也充分利用作为职工利益代表的自身优势,大力推进工人大会以及职工会议、工厂委员会等形式的企业民主管理,调动职工的主动积极性,参与企业生产计划的讨论和完成任务的方案制定等。所以,这个阶段的企业民主管理工作得到了长足的发展。反之,如果工会不重视民主管理工作,或者工会缺乏开展民主管理工作的制度环境,则会影响到企业民主管理工作的开展。以1944年前后陕甘宁边区的企业民主管理状态为例,由于工厂实行以厂长为主的一元化领导方针,因此当时的工会组织由于缺乏开展民主管理工作的制度环境,自然也就导致那个阶段的企业民主管理受到了较大的影响。同样,在"文革"时期也是如此。从改革开放以后的这几十年企业民主管理工作的发展过程中同样也可以看到,只要哪个阶段工会组织重视了在企业事业单位中开展民主管理的工作,那么这一阶段企业的民主管理就能得到较好的发展。所以,从这一角度看,工会为实现自身组织价值对民主管理提出的要求也就成为企业民主管理制度变迁的内生动力。

(2)职工维护自身合法权益与实现自我提升的需要

参与企业民主管理是工人阶级自我解放、自我成长发展的伟大实践,是职工学习管理提高管理水平的重要方法,[①]同时也是维护自身合法权益满足

①　参见中华全国总工会:《职工代表培训教材》,中国工人出版社,2015年,第7页。

自身经济型需求的重要方式。马克思主义认为,工人阶级是与现代化大生产紧紧联系在一起的,是先进生产力和生产关系的集中代表。在市场中企业内部各利益主体非常明晰,作为企业劳动关系一方的职工,在日常工作中逐渐感悟到,其利益诉求只有通过一定的民主程序和相应的制度与载体才能得到充分表达和有效维护。因此,职工为维护自身合法权益与提升自身能力,就成为企业民主管理制度变迁的内在动力。

首先,从职工参与企业管理的本质来看,职工的参与权事实上是对管理权的一种分享,它与传统的"劳动三权"(结社权、谈判权和罢工权)不一样,它是一种不以形成劳资冲突为目的的更高层次的权利。如果说"劳动三权"注重的是通过劳资博弈以解决劳资双方之间的利益差别与劳资矛盾的话,那么参与权注重的则是劳资双方的共同利益和劳资合作。所以,职工为实现自身权益诉求而参与企业管理的行为不同于劳资对抗和冲突的行为,尽管职工谋求参与权的出发点是实现自身利益的最大化,但实际上员工关心自己的利益与关心企业的利益两者之间并不矛盾,员工关心企业并通过参与活动提高企业管理水平和经营效益的同时,他们的经济利益也会有所增加。所以这种参与行为由于不以劳资冲突为目的,因此在一定程度上能够实现"劳资双赢"甚至是"劳资多赢"的效果,这为职工推动企业民主管理制度的变迁提供了可能性。

其次,员工试图通过民主管理制度所赋予的参与企业管理的权利来解决包括工资及其支付方式、工作时间及休息休假、劳动条件及劳工福利等涉及职工自身利益的问题。从其性质上来看,这些问题的改善,基本上都是属于经济性改善的范畴。但值得注意的是,作为生产要素重要组成部分的员工,试图通过参与企业管理的方式来获得改善其自身权益之目的,是需要一个"前提条件"来保障的,这个"前提条件"就是企业的接受性和接受度。也就是说,员工通过参与企业管理究竟能获得多少经济收入,这不仅与职工选择的参与方式有关,也与职工参与的程度和参与的内容等相关,但更与企业管理者的集体意愿有密切的关系,也就是说企业管理者究竟愿意拿出多少利润分享给员工,这在某种程度上就成为影响员工参与的经济收益的决定性因素。另外,员工虽然也可以通过如政府的法律规定、政策保障以及企业对员工权益的主动性保护行为等方式来保障权益的获得和经济收益的改善,但是长期的实践表明,通过参与的方式来获得这些利益的成本最低、效率最高。这也促使着职工会有强烈的意愿去推动制度构建以提高企业对职工参与的接受性和接受度,以降低职工通过参与的方式获得自身权益改善的风险。

最后,员工在参与过程中所获得的心理满足和能力提升等非经济性的收益,也推动着职工主动促进企业民主管理的完善,进而影响着民主管理制度的变迁。一方面,员工可以通过参与企业管理来获得属于自我实现类型的心理满足①;另一方面,员工还可以通过参与获得自身能力和素质上的提升。因为职工为提高参与管理的效率,将会主动去学习和掌握各类新知识和新技能,这些知识和技能的掌握也在一定程度上提高了员工的能力。根据马斯洛需求层次理论的观点认为,人有五种基本需求,即生理、安全、归属、尊重和自我实现,也就是说,人对这些需求的满足,是有一定的层次性而且具有逐渐递进的特征。因此,在生产力发展的不同阶段,员工对经济性收益和非经济性收益的关注度和需求度是不完全一样的。在劳动者收入普遍还是比较低的情况下,员工会更注重追求收入、福利、劳动条件等经济性的收益;但当人们的经济生活水平得到普遍提高之后,员工对在参与过程中获得精神上满足的关注程度可能就会逐渐超越其对获取直接经济利益的关注程度。这种在不同阶段而有不同需求的变化,也将推动着职工在民主管理制度的内容与形式上的需求有所变化,从而推动着民主管理制度的变迁以适应这种变化。因此,从这一角度来说,劳动者的参与意识和参与行为就成为催生企业民主管理制度变迁的内生动力源。

2.民主管理制度变迁的外生动力

(1)中国共产党在不同历史时期对民主管理提出的要求

根据历史制度主义的观点认为,在"重要关节点"时期所发生的历史事

---

① 马斯洛的需求层次理论认为人有五种基本的需要,即生理、安全、归属、尊重和自我实现。随着职工物质生活的逐渐丰富,在其低层次需要基本得到满足之后,将有动力追求更高层次的需要,而员工参与管理正是劳动者自我实现需要的一种重要方式。

件对制度的变迁会产生较大的影响。也就是说,在一项制度被创立之后,如果在"重要关节点"时期没有遇到新的历史事件的影响,那么在正常情况下该制度就会进入一个正常发展的路径依赖时期。但如果在"重要关节点"时期遇到新的历史事件的影响,那么制度发生改变的概率就会大幅度增加,尤其重要的是占优势的权力方将会主导制度演变的方向。[1]就民主管理制度本身而言,民主管理制度的演变同样会受到"重要关节点"时期某个历史事件的影响,并且占主导作用的"权力优势方"将成为民主管理相关制度变迁的最主要的外部推动力。

中国共产党作为执政党有其特殊的"权力优势",因此,我国的民主管理相关制度的变迁不可避免地将受到这一因素的制约。如我国企业民主管理制度的提出最早就是与我党在土地革命战争时期为发扬工人的劳动热情以保证完成生产计划有关。1934年苏维埃政府要求各企业工厂管理委员会由厂长、党支部代表和工会代表组成"三人团",协同厂长处理厂内的日常问题,目的就是为了调动职工的积极性以确保企业生产计划的完成。从我国企业民主管理的变更历史脉络中也可以发现,由于不同时期我党的中心工作有所变化,我国企业民主管理的方式和要求也随之有所调整。因此,中国共产党在不同历史时期对工会提出的要求就成为推动我国企业民主管理制度变迁的最重要的外生动力。从中也可以得出结论,坚持自觉接受党的领导是做好企业民主管理工作的根本政治原则和根本政治保证。历史制度主义还特别注重精英在重大事件的关键节点发挥的能动作用。[2]而中国共产党作为工人阶级的先锋队,其在重大事件的关键节点上对企业民主管理自然也就具有能动作用。中国共产党自建党以来一直都非常重视企业民主管理工作,在不同的阶段对企业民主管理都提出了建议、做出了部署和明确了要求。在建党初期的1922年8月,中国劳动组合书记部就大力倡导工人参加劳动管

---

[1] 李彦、曾润喜:《历史制度主义视角下的中国互联网治理制度变迁(1994—2019)》,《电子政务》,2019年第6期。

[2] 参见陈平:《中国国家治理体系现代化的时代意蕴及其操作合理性——一个历史制度主义的分析》,《理论导刊》,2015年第1期。

理的主张,为当时的企业开展民主管理工作指明了方向。新中国成立后,我国几代领导人都曾多次对企业民主管理做出过重要指示, 充分体现了党的全心全意依靠工人阶级方针,这不仅为健全完善职工代表大会制度、加强企业民主管理提供了执政资源, 也为新形势下推进企业民主管理工作提供了根本遵循和方向。特别是改革开放以来,各级工会组织在党的领导和大力支持下,企业民主管理工作不断创新,取得了巨大的发展。由此可知,推动我国企业民主管理发展始终是党的一项重要工作。可以这样说,我国企业民主管理制度的顺利发展是党中央高度重视和不断推进的结果。

(2)完善中国特色社会主义制度的客观需求

民主管理制度与国家制度是部分与整体的关系。从局部与整体的关系来看, 整体功能能否发挥作用以及能发挥多大作用与局部运转的情况有必然的关系。在全面推进中国特色社会主义制度的建设过程中,属于局部的中国特色企业民主管理制度将有助于中国特色社会主义制度的形成与发展,而且中国特色企业民主管理的实践可以在现实层面推动着中国特色社会主义制度的完善。因此,形成具有中国特色的企业民主管理制度的客观需求对企业民主管理制度就必然会提出新的要求, 这正是推动企业民主管理制度变迁与发展的外生动力之一。如企业民主管理与和谐劳动关系的构建、企业民主管理在社会治理中的作用, 以及企业民主管理通过加强权力制约与监督、构建公平公开的体制机制等方面、都可以为中国特色社会主义制度的完善积累丰富的经验;另外从效果上看,通过企业民主管理,可以扫清构建企业和谐劳动关系发展过程中存在的机制障碍, 为国家治理提供了良好的企业环境。由此,形成具有中国特色企业民主管理制度的客观需求必然会推动企业民主管理制度的发展与完善。

正是基于这一逻辑,通过几十年的发展,我国已经逐步形成了具有中国特色的企业民主管理制度。首先,从领导体制上看,一直坚持自觉接受中国共产党的领导,大力推进在共产党领导下的企业民主参与制度。其次,从工作重心上看,一直善于并乐于围绕着党的中心工作开展工作,大力开展降低生产成本、技术创新等生产竞赛活动,提高企业的生产效率,促进企业的发展。再次,从形式和内容上看,企业民主管理形式和内容丰富多彩。如改革开放以后各级工会组织大量开展的合理化建议、"金点子"等征集活动;丰富多彩的"创先争优""安全优秀""达标班组"等劳动竞赛活动;以及民主对话、合理化建议、厂情发布会、职工代表巡视、厂务公开、职工董监事、集体协商等职工参与企业的管理活动, 尤其是以职工代表大会为基本形式的企业民主管理制度更是体现了中国特色的民主管理制度。最后,从目的上看,我国的企业民主管理追求的是通过协商沟通的方式实现合作共赢的目的。如企业的集体协商制度、事业单位的恳谈会和街道小微企业集中地的小区议事会等,都是通过协商沟通的方式实现劳资双方合作共赢的目的。

所以我们可以这样认为, 我国企业民主管理制度之所以能取得这样的发展, 在一定程度上与形成具有中国特色企业民主管理制度的客观需求是分不开的。

(3)民主管理法治化建设的客观需要

由于加强民主管理制度的法治化建设有助于提高企业民主管理制度的效能,因此,民主管理制度法治化建设的需要也成为我国企业民主管理制度变迁的外生动力。回顾我国企业民主管理的发展历程可以发现,我党一直非常重视民主管理制度的法治化建设。由于不同阶段我国法治化建设状态不一样,因此对企业民主管理制度的建设也会提出不同的要求。如在早期,由于受到当时战争年代环境和政府机构动荡的制约, 没有稳定的法治建设环境,职工参与企业管理的制度环境也比较有限,因此为提高职工参与企业民主管理的有效性,我党和政府就及时的出台了相关的法律,为进一步确定并不断完善职工民主参与的制度、提高企业民主管理的效能发挥了重要作用。到了新中国成立后,尤其是改革开放以后,对社会治理和法治化建设的要求越来越高,因此,对企业民主管理的法治化建设也提出了新的要求。为此,我国不仅颁布了大量与企业民主管理相关的法律法规, 全国有 28 个省(区、市)也相继出台了三十多部有关企业民主管理的地方性法规,这对推动企业民主管理制度的不断发展发挥了重大的作用。与此同时,为加强企业民主管理的法治化建设,各级工会组织还不断整合各方力量,多措并举,认真抓好相关法律法规的落实与执行，全面提升工会干部依法履职、依法维权的能力，并与人大的执法检查、政协的巡视监察、政府的行政执法等方面有机结合起来，以逐步形成"党政重视、工会力推、部门联动、职工参与"的企业民主管理工作新格局。因此可知，民主管理制度法治化建设的需要也不断推动着企业民主管理制度的发展，成为我国企业民主管理制度变迁的外生动力。

　　总之，从历史制度主义视角看来，我国民主管理制度的变迁既受到宏观层面的制度结构和微观层面的内、外动力的影响，也受到制度变迁路径依赖的影响，[①]从其表现形式上看就呈现出一种螺旋式上升的因果关系。这与马克思主义认为事物的发展"呈螺旋式上升"以及毛泽东同志依据马克思主义关于事物辩证发展的观点和中国革命的实践经验提出的"波浪式前进"的思想具有一致性。但同时我们也要清晰地认识到，借鉴历史制度主义范式来研究我国企业民主管理制度的变迁，也存在两个明显的局限性：其一，由于历史制度主义更多的是以发达国家的制度变迁为研究对象并由此而发展起来的一种研究方法，这对于作为发展中国家的我国来说，很可能因为存在政权性质以及民族文化等方面的显著差异而影响到对我国企业民主管理制度变迁研究结论的科学性；其二，由于历史制度主义十分重视"关键节点事件"在制度变迁中的重要性，因此在对我国企业民主管理制度变迁进行研究时，能否准确判断出"关键节点事件"就对研究结论的科学性也会产生一定的影响。这些都是我们在借鉴历史制度主义范式研究我国企业民主管理制度的变迁时应特别重视的问题。

　　（王华生，上海工会管理职业学院职业发展教研室主任、讲师；金世育，上海工会管理职业学院工会建设教研室主任、讲师）

---

① 参见杨光斌、高卫民：《历史唯物主义与历史制度主义：范式比较》，《马克思主义与现实（双月刊）》，2011年第2期。

第四篇

技能提升和劳动竞赛

技能提升的收入拉动效应研究
——基于不同技能提升路径的分析 *

"用工荒"成为我国制造业发展的一个瓶颈,这一问题体现了企业与劳动者在劳动技能与收入报酬上的认识错位。随着产业结构的优化升级,企业的用工结构已经发生颠覆性变化,提升技能成为企业人才困局的破解之道。以人力资本理论构建实践路径下的计量分析模型,利用调查数据测算技能提升的收入拉动效应,基于实践路径系统解析技能提升的收入增长促进作用。研究结果显示:多数技能提升路径能够促进收入增长,专业能力的形成与提高是企业认可技能价值的主要标准。开展技能提升过程中,要发挥企业的主体作用,采取"因岗而异"的路径安排,利用国有企业开展通用技能培训,大力培养复合型人才。

一、问题的提出

近年来,我国制造业面临着日趋严重的"用工荒",劳动力市场上高级蓝领人才奇缺,技能型生产岗位人才难求。"用工荒"问题特别是"技工荒"问题已经被学术界关注十余年,最近几年随着平台经济的兴起,传统劳动密集型企业缺工情况更为严重。有研究认为,当下我国劳动要素市场存在的是中低端"就业难"与中高端"人才荒"。中低端"就业难"是受经济增长速度持续回落冲击所导致的,中高端"人才荒"是随着高质量发展的科技创新及技术研发力度加大而凸现出来的,这一现象符合"由高速增长向高质量发展转型中

---

* 本文原载于《中国劳动》2021 年第 6 期。

劳动要素配置转变的内在规律"①。然而来自新闻报道的消息显示事实并非如此,伴随着经济飞速发展,"用工荒"已经成为常态,其中制造业缺工尤甚。缺工的工作岗位不仅限于专业技术岗位,同时还有大量一线操作岗位。②

党的十九大报告提出,打造一支知识型、技能型、创新型劳动者大军。从当前劳动力市场总体情况来看,就业的结构性矛盾主要表现为高需求下的"就业难"与高供给下的"用工荒"并存。随着我国经济结构调整进程加快,产业革命在新技术的推动下迅速升级,就业结构中劳动者素质与岗位需求不匹配问题将进一步凸显。化解就业的结构性矛盾需要从促就业入手,通过政策引导实现劳动要素的供给需求平衡。现有研究普遍将劳动者的"技能提升"作为破解"用工荒"的有效途径,中央及地方各级政府纷纷出台政策文件将职业教育与职业培训作为发力点。然而政策执行的实际效果差强人意,各方的参与积极性不足。究其原因,还是在于政策的制定和实施过程中忽略了市场化因素,特别是"劳动报酬"这一影响劳动者择业的主要因素。

从企业的招工需求来看,"用工荒"直接表现为企业无法在现有工资水平下招到符合其要求的劳动者,主要原因是企业的工资给付能力与劳动者的收入预期之间的矛盾。企业基于惯性思维,始终希望在现有工资水平下招到和以前一样的劳动者,劳动者对于收入的预期则随着经济发展越来越高,势必导致在工资水平不变的情况下愿意从事同样工作的工人越来越少。此外,企业和劳动者在"技能"的价值认可上也存在较大分歧。对于企业而言,其所认可的是对生产经营有益的那些技能,随着生产工艺不断进步,劳动者的现有技能随时可能被机器替代,保持现有工资水平足以消弭劳动者的技能折旧。对于劳动者而言,提升技能的目的在于提高收入,如果某种技能提升方式的收入回报激励不足,就会导致劳动者缺乏动力。当劳动者认为企业提供的劳动报酬无法达到预期时,会选择离职甚至离开所在行业。

① 文宗瑜:《化解"就业难"与"人才荒"结构性矛盾——以产业产品附加值提升为视角》,《人民论坛》,2021 年第 1 期。
② 参见罗菁:《上海最大规模劳务市场也招不到人,为何"返费"也失效了？》,《劳动报》,http://epaper.routeryun.com/Page/index/pageid/993069.html#993069。

长期以来,"提高技能人才收入水平"都是政策制定的重点和政策实施的痛点,政府无法越俎代庖代替企业构建薪酬制度,只能通过政策来鼓励企业提高一线职工收入,如出台《关于提高技术工人待遇的意见》引导企业增强生产服务一线岗位对劳动者的吸引力。针对这一问题,本文认为,破解"用工荒"问题需要将市场化因素引入政策考量,特别是劳动报酬对于技能提升的激励作用。唯有明了不同技能提升路径对于收入增长的拉动情况,才能知晓企业对劳动者技能的需求导向以及劳动者在技能提升路径上的选择偏好,引导劳资双方就技能的价值认可达成合意。

为了更好地了解技能提升对收入增长促进作用,本文参考人力资本理论构建理论分析模型,从实践出发形成分析框架,测算技能提升对收入增长的拉动效应。尽管"用工荒"主要出现在制造业企业,但为了更全面地了解技能提升对收入增长的影响,本文以产业工人聚集行业[①]的劳动者为调查对象采集数据,于 2020 年 12 月至 2021 年 1 月在上海制造业、建筑业、交通运输业、技术服务业的 14 家行业内领军企业进行问卷调查,通过量化研究分析现有技能提升路径的实际效果,为劳动者技能提升的政策制定与实践探索提供参考依据。

二、文献综述

(一)技能匹配问题

劳动的价值体现取决于劳动者是否能够从事适合自身的工作。若劳动者所从事的工作与其掌握的职业技能不匹配,则会影响其劳动的价值认可,需要劳动者通过改变以获得更适宜的工作岗位或获取更合适的职业技能。[②]

---

① 根据中华全国总工会的定义,"产业工人"主要聚集于第一产业的农场、林场,第二产业的采矿业、制造业、建筑业和电力、热气、燃气及水生产和供应业,以及第三产业的交通运输、仓储及邮政业和信息传输、软件和信息技术服务业等行业。参见李玉赋:《新的使命和担当——〈新时期产业工人队伍建设改革方案〉解读》,工人出版社,2017 年。

② See Valentina Di Stasio, Who Is Ahead in the Labor Queue?Institutions' and Employers' Perspective on Overeducation, Undereducation, and Horizontal Mismatches, *Sociology of Education*, No.2, 2017, pp. 109-126.

"用工荒"所体现的就业市场结构性矛盾,主要表征就是劳动者与用人单位在技能供给和需求之间的失衡,进而导致招聘困难、失业增加、失业周期延长、技能过时、低质量就业等技能匹配异化现象。

劳动者与企业之间存在的技能匹配问题主要有技能不足、技能失配、技能过时三种情况。"技能不足"的表现是企业招聘困难,劳动者的技能难以达到企业的要求,这种情况主要出现在资历较少或初次就业的群体中。[1]"技能失配"一般体现为劳动者的技能与工作岗位要求之间存在错位,既可能是技能短缺也可能是技能过剩。[2]"技能过时"的发生源于技术的持续动态更新迭代,缺乏对原有技能的及时更新和补充,劳动者极有可能被不断变化的技能要求所淘汰。[3]

技能不足通常发生在劳动者入职前,通过学校教育和职前培训培养劳动者的职业技能。技能失配与技能过时主要发生于在职劳动者之中,更受到企业与劳动者的关注。解决技能失配的方法主要是劳动者通过更换企业或岗位来寻找更为适宜发挥技能的工作机会。为了应对技术发展所带来的技能需求变化,劳动者则通过参加在职培训更新技能。劳动者的技能作为企业人力资源的重要内容,将会直接影响企业技术进步的实现程度,成为企业创新发展的关键因素。在现实生活中寻找适宜工作岗位和及时更新技能都被视为劳动者的责任,企业的任务只是在于寻找适合的劳动者。[4]

(二)技能的价值认可

"技能"的价值认可一直以来都是人力资本理论关注的研究热点。人力资本理论把"人的素质、技能和知识"当作生产要素来加以分析研究,劳动力

① Werner Eichhorst, Nuria Rodriguez-Planas, Ricarda Schimal&Klaus F. Zimmermann. A Road Map to Vocational Education and Training in Industrialized Countries, *ILR Review*, No.2, 2015, pp.314–337.

② See Harald Fadinger, Karin Mayr, Skill-biased Technological Change, Unemployment, and Brain Drain, *Journal of the European Economic Association*, No.2, 2014, pp.397–431.

③ 参见谢青松、许玲:《人工智能时代的职业技能失配:特征解析与应对策略》,《职业技术教育》,2019 年第 28 期。

④ See Zafar Nazarov, Alisher Akhmedjonov, Education, On-the-Job Training, and Innovation in Transition Economies, *Eastern European Economics*, No.6, 2012, pp. 28–56.

不仅是资源,更是一项最具潜力和用途最大的资源。①技能是劳动者长期学习、工作而形成的积累,既包括理论认知成分,也包括实践经验成分,是劳动者完成预期工作成果的能力。简历上的学历、工作经历、资格证书等信息展示了求职者的职业素养,也可以使用人单位利用这些信息判断出求职者能够从事哪些工作。②

"技能"可以看作劳动力市场中最小的计量单位,是定义工作组成部分的基本工作单位。技能就像劳动力市场的DNA,劳动者获得的技能以及由此产生的能力是构成工作角色和工作职责领域的基础,是劳资双方、企业、行业和地区如何运作和发展的基石。企业的目的就是识别每一位劳动者的"技能DNA",进而选择适合为企业经营发展服务的人才。③

人力资本理论认为,专用性技能带给企业的经济回报高于通用性技能,企业专用性技能给企业带来的收益相对更高。④通用性技能与行业专业性技能可通过学校教育和职业培训获得,企业专用性技能需要通过在职培训和工作实践获得。相对而言,通用性技能与行业专业性技能在就业市场中的认可度较高,企业因存在着较大的人才流失风险而不愿意投资这两类技能,企业专用性技能具有较强针对性,是企业独有的技能需求,企业更倾向于投资此类技能。⑤

(三)技能提升的主要路径

人力资本理论首先关注到的是教育对提升劳动者技能的影响。舒尔茨、

① See Theodore W. Schultz, *Investment in Human Beings*, University of Chicago Press, 1962, pp.1–8.

② See Brent Orrell, Mason M. Bishop, & John Hawkins. *A Road Map to Reemployment in the COVID-19 Economy: EMPOWERING WORKERS, EMPLOYERS, AND STATES*, American Enterprise Institute (2020).

③ See Cathy Yang Liu, Luísa Nazareno, The Changing Quality of Nonstandard Work Arrangements: Does Skill Matter? *The Russell Sage Foundation Journal of the Social Sciences*, No.5, 2019, pp. 104–128.

④ 参见[美]彼得·A. 霍尔、戴维·索斯凯斯:《资本主义的多样性:比较优势的制度基础》,王新荣译,中国人民大学出版社,2018年,第130–134页。

⑤ 参见杨子舟、荀关玉:《技能何以形成:类型探讨与模式分析》,《清华大学教育研究》,2019年第5期。

明瑟、贝克尔先后阐释过教育与工资之间的关系,测算教育的工资回报率。[①]
公共教育特别是通识教育有助于形成劳动者的通识知识和基础技能,职业
教育传授的则是企业重视并愿意支付更高工资的知识和技能。[②]对于企业来
说,通过教育形成的技能或许不一定适合生产经营,但学历证书可以作为评
估劳动者能力的主要标准。[③]近两年,我国将开展职业教育作为提升劳动者
技能的重要方式,陆续印发《国家职业教育改革实施方案》《关于在院校实施
"学历证书+若干职业技能等级证书"制度试点方案》《职业教育专业目录
(2021年)》等政策文件,打破职业教育的"天花板"。

　　在职培训被视为破解技能匹配问题的另一重要方法,但相关研究的结
论存在较大差异。部分研究认为,培训作为企业与劳动者共同投资人力资本
的手段,其收益对劳资双方均高于成本,应当予以鼓励;[④]另有部分研究认为
培训特别是在职培训影响工资增长的证据不充分,企业获取了大部分的培
训收益。[⑤]国内学者关注的则是培训对某一群体的收入回报,如农民工、不同

　　① See Gary S. Becker, Investment in Human Capital: A Theoretical Analysis, Journal of Political E-
conomy, No.7, 1962, pp.9–49; Theodore W. Schultz, *Investment in Education: Equity–Efficiency Quandary*,
University of Chicago Press, 1972; Jacob Mincer, *Schooling, Experience, and Earnings. New York National
Bureau of Economic Research*, Columbia University Press, 1974, pp.83–96.

　　② See Thomas Lemieux, Occupations, Fields of Study and Returns to Education, *The Canadian Jour-
nal of Economics*, No.4, 2014, pp. 1047–1077.

　　③ Michael P. Keane, Effects of Permanent and Transitory Tax Changes in a Life–cycle Labor Supply
Model with Human Capital, *International Economic Review*, No.56, 2015, pp. 485–503; Daniel F. Runde,
Charles Rice and Erol Yayboke, Education and Human Capital Development, Innovation–Led Economic
Growth, Center for Strategic and International Studies (CSIS), 2017.

　　④ See Peter H. Cappelli, Skill Gaps, Skill Shortages &Skill Mismatches: Evidence and Argument for
the United States, ILR Review, No.2, 2015, p.p. 251–290; Ameera Masoud, Tuuli Kurki and Kristiina Bruni-
la, '*Learn Skills and Get Employed*'—*Constituting the Employable Refugee Subjectivity through Integra-
tion Policies and Training Practices*, in Kristiina Brunila and Lisbeth Lundahl, *Youth on the Move*, Helsin-
ki University Press, 2019, pp.101–123.

　　⑤ See C. Jeffrey Waddoups, Did Employers in the United States back away from Skills Trainging dur-
ing the Ealy 2000s? , *ILR Review*, No.69, 2016, pp. 405–434.

单位体制的员工等。①近年来,我国各级政府极为重视职业培训问题,国家层面相继出台《关于推行终身职业技能培训制度的意见》《关于提升公共职业技能培训基础能力的指导意见》《百万青年技能培训行动方案》等文件,各地政府也推出一系列配套落实措施,以形成政策叠加的集成效应。

学术界对人力资本增值方式的研究主要集中于教育与培训这两个易于识别且影响显著的路径。除此之外,工作经验积累也是劳动者技能提升的重要途径之一。有研究显示,实践经验的积累可以使劳动者更好地融入企业,从而获得更高的收入报酬。②在大多数行业中,劳动者工作时间越长,获得的技能就越多,使得他们更有生产力,进而获得更多的收入。③但随着技术的不断进步,原有工作经验与新工作任务之间的相关性趋于减少,致使经验与收入之间的关系正在弱化,经验的工资回报随之降低。④

在研究我国劳动者技能提升问题时,需要关注"技术等级"与"技术职称"评定这一具有中国特色的专业能力评判制度。工人的技术等级评定与专业技术人员的职称评定是具有我国特色的人力资本价值认可方式。在学术研究中通常不会关注这两个因素,而在政策层面,改革技术等级与技术职称的评定制度、打通高技能人才与专业技术人才职业发展通道是人力资源社会保障部门的重点工作之一。近几年来,国家层面先后出台《关于进一步加强高技能人才与专业技术人才职业发展贯通的实施意见》《关于改革完善技能人才评价制度的意见》《关于支持企业大力开展技能人才评价工作的通知》等文件。

---

① 参见邓晰隆、叶子荣:《农民工主动性技能提升转型的决策逻辑分析与启示——来自上海、成都和兰州的数据实证》,《中国软科学》,2020年第3期;乌尼日其其格、陈伟、刘玉照:《单位体制与员工参加技能培训的收入回报差异——基于上海都市社区调查数据(SUNS)的实证研究》,《教育与经济》,2020年第1期。

② See Sarah Le Duigou, Endogenous Unemployment Benefits in an Equilibrium Job Search Model over the Life Cycle, *Annals of Economics and Statistics*, No.138, 2020, pp. 77–106.

③ See Eric A. Hanushek, Jens Ruhose7Ludger Woessmann, Knowledge Capital and Aggregate Income Differences, *American Economic Journal: Macroeconomics*, No.9(4), 2017, pp. 184–224.

④ See Richard W. Johnson, Older Workers and the Declining Rate of Return to Worker Experience, *Generations: Journal of the American Society on Aging*, No.43(3), 2019, pp. 63–70.

综上所述,理论、政策与实证研究都表明提升技能对企业和劳动者都有一定的经济回报,在不同群体中存在较大的异质性。对于劳动者而言,技能提升是一个工作能力素质综合提高的过程,通常需要知识学习、经验总结、实践探索等环节, 单一路径或部分路径的分析很难概括出劳动者技能提升的总体情况。现有研究成果主要关注学历、培训、"干中学"等易于量化的内容,政策文件非常重视职业教育、职业培训、技术等级/职称评定等工作,这与企业关心劳动者技能匹配度、劳动者依赖实践经验积累提高技能的实际情况有较大的脱节。有鉴于此,在分析技能提升的收入拉动效应时,需要将研究、政策的关注点与企业、劳动者的关切点相结合,构建一个全面反映劳动者技能提升情况的人力资本理论分析框架, 从劳动者的视角对现有技能提升路径在促进收入增长方面的实际效果做出评价。

三、实证分析框架

(一)理论分析模型

根据人力资本理论的假设,构建人力资本存量函数方程。

$$\Pi_{i,t}=f\left(\sum_{n=1}^{t}INV_{i,n}\right) \tag{1}$$

式中,$\Pi_{i,t}$ 为劳动者在期之前(包括本期)进行的投资所积累的人力资本存量,$INV_{i,n}$ 是劳动者在时间段内对人力资本的投资。在经验估计中,通常以劳动者个人的收入 $SAL_{i,t}$ 作为人力资本的代理变量,人力资本投资的代理变量需要根据劳动者个人发展的实际情况予以分类度量。借鉴 Mincer 收入方程(Mincer,1974)中的人力资本形成方式,得到以下人力资本投资收益方程:

$$\ln(SAL_{i,t}) = \alpha_0 + \alpha_1 X_i + \alpha_2 Enhance_{i,t} + \alpha_3 Other_{i,t} + \mu_i + \nu_{i,t} \tag{2}$$

其中,X_i 为 Miner 收入方程中的人力资本形成方式,表示劳动者已有的人力资本,可能包括性别、现有学历、工作岗位、已有的工作经验等不随时间变化的变量。方程(2)与 Miner 方程不同之处在于增加了时变因素,用以测量人力资本的增值,其中 $Enhance_{i,t}$ 表示劳动者在不同途径下因技能提升获得收益。由于 $Enhance_{i,t}$ 仅表示技能提升的影响, 因此需要加入其他因素,

$Other_{i,t}$ 表示技能提升途径外的其他因素带来的人力资本增值收益。值得注意的是,方程(2)中的误差项由个人特定的固定效应 μ_i 和随时间变化的特定效应 $\nu_{i,t}$ 组成。

虽然方程(2)反映了劳动者的人力资本增值情况,但由于会有一定的人为因素影响,某些变量数据可能与误差项相关。比如,能力更强或企业更为看中的劳动者会有更多的技能提升机会和激励,导致 $Enhance_{i,t}$ 和 $Other_{i,t}$ 的系数在一定程度上无法反映出人力资本增值的真实情况。因此,需要通过差分来避免人为因素导致对误差项的影响,①得到方程(3):

$$\ln(SAL_{i,t}) - \ln(SAL_{i,t-1}) = \alpha_1(X_i - X_i) + \alpha_2(Enhance_{i,t} - Enhance_{i,t-1}) + \alpha_3(Other_{i,t} - Other_{i,t-1}) + (\nu_{i,t} - \nu_{i,t-1}) \tag{3}$$

差分之后,公式中所有的时间不变,效应(既有观察到的,也有没观察到的)都从方程中消失,只留下时变变量。方程(3)消除了现有人力资本的影响,仅表示人力资本增值对劳动报酬的影响情况,因此,整理方程(3)可以得到:

$$\ln(SAL_{i,t}) - \ln(SAL_{i,t-1}) = \beta_0 + \beta_1 \Delta Enhance_{i,(t,t-1)} + \beta_2 \Delta Other_{i,(t,t-1)} + \eta_{i,t} \tag{4}$$

方程(4)的经济学解释为测算人力资本增长率增量的影响因素,即与技能提升的价值评价每增加1%对人力资本增长率的影响为 β_1%,其他因素的价值评价每增加1%对人力资本增长率的影响为 β_2%。

(二)计量分析模型

本文重点关注技能提升的收入拉动效应,聚焦于职工在一定时间内的收入变化情况。本文的被解释变量为职工 2020 年收入对数 $\ln(SAL_{i,2020})$ 与 2015 年收入对数 $\ln(SAL_{i,2015})$ 之间的差额。被解释变量的时间跨度选定为 5 年,其主要原因在于学历提升一般需要 2~4 年、评定技术等级/职称的从业年限通常为 4~5 年,时间跨度太短无法反映出这些硬性要求。

---

① See Ann P.Bartel,Training,Wage Growth,and Job Performance:Evidence from a Company Database,*Journal of Labor Economics*,No.13(3),1995,pp. 401–425.

本文的解释变量为技能提升途径,即 $\Delta Enhance_{i(t,t-1)}$。人力资本理论对于技能提升路径的阐释为赋予 $\Delta Enhance_{i(t,t-1)}$ 多元化内容。尽管人力资本理论为部分技能提升途径的收入回报进行了测算,但其与现实经济中实践存在着一定的差距,同时受到企业和劳动者两方面的质疑,因而需要以实践路径为视角来测算技能提升的收入增长促进作用。

一是"学历提升"($\ln Education_i$)是最基础的技能提升方式,也是破解技能匹配问题的主要方法。这方面的数据相对易于观察,也有利于进行长周期跟踪调查。在大多数研究中,学历被作为区分高技能人才与低技能人才的主要依据。

二是"在职培训"($\ln Training_i$)也是人力资本理论最为关注的技能提升路径。尽管有关培训的研究在结论上存在着争议,但政府部门更热衷于通过构建公共培训服务体系开展各类技能培训,企业也更请倾向于通过在职培训提高劳动者的专业技能。

三是"技术等级"($\ln Skill_i$)、"专业技术职称"($\ln Technical_i$)是原有计划经济时代对于劳动者专业技能或技术的评价方法。在国有企事业单位中,技术等级与专业技术职称直接与收入报酬挂钩,是劳动者提高收入的主要途径,外资企业和民营企业基本不关注技术等级和专业技术职称。

四是"经验积累"($\ln Experience_i$)是意涵丰富但不易观测的技能提升路径。积累工作经验是技能提升的主要途径,也是理论研究的重点,由于经验积累本身是个较难观察的变量,因而通常只能采取主观评判的方式。

本文的控制变量为技能提升以外影响收入增长的其他因素,即 $\Delta Other_{i(t,t-1)}$。在本文中,$\Delta Other_{i(t,t-1)}$ 主要是为应对技能失配问题的其他方法。

一是"职业流动"是化解技能失配问题而进行的人力资本再评估。职业流动没有提升劳动者的技能,而是提高了劳动者技能的价值认可度。一般来说,更换单位比更换岗位给予劳动者的劳动报酬更多。① $\ln Enterprise_i$ 表示工作单位变动,$\ln Position$ 表示工作岗位变动。

---

① See Nico Voigtländer, Skill Bias Magnified, Intersectoral Linkages and White-collar Labor Demand in U.S. Manufacturing, *The Review of Economics and Statistics*, No.96(3), 2014, pp.495—513.

二是"兴趣爱好"是基于业余生活的技能形成路径。兴趣爱好涉及劳动者的个人生活,看似与技能提升关联性不大。常言道,兴趣是最好的老师,很多看似无关的兴趣爱好反而会影响到劳动者择业,其对收入增长的影响值得关注。$\ln Hobby_i$ 表示培养兴趣爱好。

根据理论模型和变量选取情况,本文的计量分析模型确定为:

$$\ln(SAL_i, 2020) - \ln(SAL_{i,2015}) =$$

$$\beta_0 + \beta_1 \ln Enterprise_i + \beta_2 \ln Position_i + \beta_3 \ln Education_i + \beta_4 \ln Skill_i$$

$$+ \beta_5 \ln Technical_i + \beta_6 \ln Experience_i + \beta_7 \ln Hobby_i + \beta_8 \ln Training_i + \varepsilon_i \quad (5)$$

(三)数据来源

上海工会管理职业学院于 2020 年 12 月至 2021 年 1 月开展职工技能提升状况调查,调查主要针对产业工人聚集的六大行业。调查之所以没有局限于"用工荒"问题最为突出的制造业而是选择产业工人聚集行业,主要原因在于建筑业、交通运输业与制造业同样存在用工荒问题,技术服务业与制造业高度关联,为此调研时扩大了研究行业。由于问卷设计较为复杂,要求调查对象具有一定的认知理解能力,因此抽样企业为制造业、建筑业、交通运输业、技术服务业的 14 家行业内领军企业。调研样本由企业根据职工人数和工作岗位构成等实际情况选择职工填写问卷。调查共计回收有效问卷 778 份。为了解上海产业工人聚集行业的职工总体情况,调查涵盖工人、专业技术人员、管理人员和其他人员。

解释变量与控制变量均为调查对象确认自身在过去五年中曾发生上述八种变化后所填写收入变动的对数。相较于学习时长、培训天数、费用支出等难以量化的数据,这些变化对于劳动者收入的影响更易于估计与量化。由于收入数据填报时的单位为万元,绝对值取对数时的单位为元,不存在小于等于 1 的取值,因此解释变量的负号表示收入负增长。表 1 为变量的描述性统计。解释变量和控制变量的 VIF 均小于 10,不存在共线性问题。除了 2020 年收入不存在非零值,其他变量均有零值。其中,2015 年收入的零值为当时仍为在校学生尚未就业的年轻人,占比为 15.55%。解释变量与控制变量的非零值表示基于该路径而发生收入变动的样本数量,零值则为有该项变化但未影响收入、没有该项变化两种情况。

表1　变量的描述性统计分析(N=778)

变量	定义	均值	标准差	Centered VIF	非零值
$\ln(SAL_{i,2020})$	2020年收入的对数	11.6330	0.6368	–	778
$\ln(SAL_{i,2015})$	2015年收入的对数	9.5424	4.1443	–	657
$\ln Enterprise_i$	工作单位变化后收入变动的对数	1.6931	4.1759	1.0714	142
$\ln Position_i$	工作岗位变化后收入变动的对数	1.6073	4.2248	1.1080	147
$\ln Education_i$	学历变化后收入变动的对数	1.0162	3.1607	1.0250	84
$\ln Skill_i$	技术等级变化后收入变动的对数	0.7703	2.8836	1.0835	60
$\ln Technical_i$	专业技术职称变化后收入变动的对数	0.5437	2.3241	1.0977	45
$\ln Experience_i$	工作经验积累后收入变动的对数	4.5486	5.4488	1.1327	369
$\ln Hobby_i$	培养兴趣爱好后收入变动的对数	0.4776	2.3107	1.0988	47
$\ln Training_i$	参加职业培训后收入变动的对数	0.3326	1.8004	1.0424	26

四、技能提升的收入拉动效应

(一)经验性事实

调查中为了衡量各类技能提升途径的收入增长促进作用,专门询问技能提升后对劳动者收入的影响。依据统计学中对于贡献率的测算方法,计算过去五年(2015—2020年)中不同技能提升途径的收入增长贡献率,详见图1。由于每位劳动者的技能提升情况各不相同,图1标注出了每个技能提升路径的发生率。

为了更好地估计技能提升的收入增长贡献率,将收入增长贡献与发生率进行加权计算,获得了经验性事实。在技能提升途径中,工作经验积累(33.17%)、工作单位变化(12.10%)、学历变化(10.19%)对劳动者收入增长贡献较大。相对而言,工作岗位变化(5.79%)、技术等级变化(4.41%)、技术职称变化(2.17%)、职业培训(1.79%)、兴趣爱好(1.63%)的贡献较小。这一经验性事实与人力资本理论对技能价值的分析具有一定的相似性。

　　值得注意的是,经验性事实可能会掩盖自填数据存在的偏差问题。从表1的描述性统计分析来看,工作经验积累(ln $Experience_i$)、工作单位变化(ln $Enterprise_i$)、工作岗位变化(ln $Position_i$)的数据离散度较大,部分数据严重偏离平均值,采用加权方法计算技能提升的收入增长贡献率可能会存在偏差。此外,采用算数计算技能提升的收入增长贡献率时,需要考量劳动者收入的自然增长以及其他因素的影响,显然现有经验性事实的观察无法达到这一要求。有鉴于此,需要通过选择合适的回归分析模型,在剔除其他异常数据后考察技能提升的收入拉动效应。

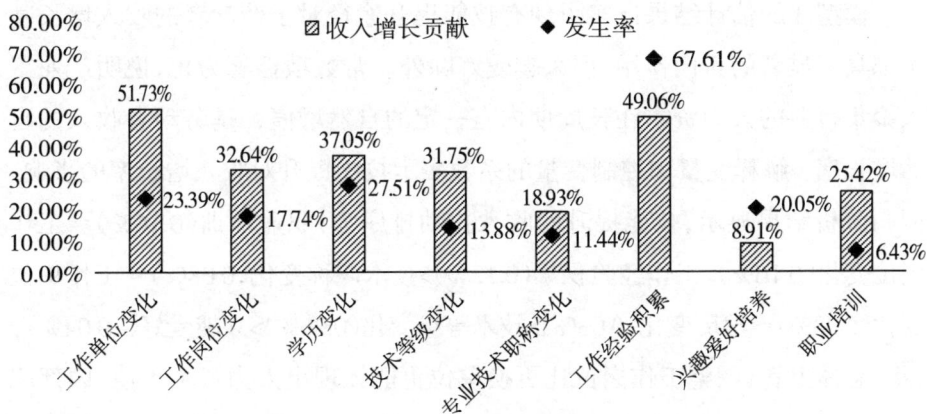

图1　技能提升的收入增长贡献

(二)基准回归分析

　　本文以方程(5)为回归分析基准模型,首先采用普通最小二乘法(Ordinary least squares,OLS)测算现有技能提升路径对收入增长的拉动效应。为了消除变量数据离散程度较大的问题,本文分别采用逐步回归(Stepwise Regression)、广义线性模型(Generalized Linear Model)两种分析方法。表3中的模型1为OLS回归分析结果,由于OLS、逐步回归、广义线性模型的回归结果高度一致,说明变量间不存在多变量共线性问题,放宽OLS对自变量的假设也不影响回归结果。从模型1的结果可以看出,OLS的拟合度较差,工作岗位、技术等级、专业技术职称、工作经验和兴趣爱好对于收入增长的影响均为负向,与数据反映的实际情况严重不符。

　　有鉴于此,本文进一步采用了分位数回归(Quantile Regression)、稳健最小二乘法(Robust Least Squares)两种方法以消除数据离散度较大对估计结果的影响。表 2 中的模型 2 为分位数回归结果(p 值向前/向后=0.5/0.5),模型 3 为稳健最小二乘法回归结果。从结果来看,两种方法都有效提升了系数的显著性,除兴趣爱好的影响为负向之外,其他技能提升途径的系数均为正,与实际情况较为符合。由于分位数回归的拟合度相对较低,稳健最小二乘法在排除数据样本中的异常点后,拟合度明显提高很多,因此本文认为模型 3 具有更强的解释力。

　　模型 3 的估计结果证实了现有技能提升途径对于劳动者的收入增长基本都具有显著的正向作用,但兴趣爱好除外。常数项显著为正,说明产业工人聚集行业的人力资本在长周期内有一定的自然增值,是劳动者收入的自然增长率。解释变量和控制变量的系数表示技能提升对收入增长率的影响。回归分析结果显示,技能提升的收入拉动排序为:职业培训(0.16%)≈工作岗位变化(0.16%)>工作经验积累(0.12%)>技术职称变化(0.08%)≈工作单位变化(0.08%)≈学历变化(0.08%)>技术等级变化(0.06%)>兴趣爱好(-0.04%)。

　　总体上看,调整工作岗位比更换单位更能体现出人力资本价值,内部职业流动略优于外部职业流动。参加职业培训、积累工作经验的收入回报高于学历提升、获得技能等级和专业技术职称,说明实践经验的传授与交流略优于理论知识的学习与考核。兴趣爱好对于收入的影响则有待于进一步分析与研究。

　　(三)稳健性检验

　　在运用稳健最小二乘法方法进行估计前,本文已经进行了模型的适用性检验,这说明回归结果总体是可靠的。但为进一步考察回归结果的稳健性,本文进行了替代性变量检验和增加控制变量的检验。一是以调查样本的2019 年收入替代 2020 年收入引入模型,表 2 中的模型 4 为因变量替代后的回归结果,自变量系数的估计值和符号与模型 3 基本一致,但降低了模型的拟合优度和部分系数的显著性。二是引入"性别"作为控制变量,重新估计模型回归结果。表 3 中的模型 5 为增加"性别"变量后的回归结果,控制变量引入后未对自变量系数的估计值和符号产生较大影响，但降低了部分系数的显著性。检验结果显示，变量替换与引入控制变量未给模型回归结果带来显著变化，并且降低了部分系数的显著性，进一步说明模型 3 的估计结果是稳健的。

表2 技能提升收入增长拉动效应

变量	模型 1	模型 2	模型 3	模型 4	模型 5
c	1.7890*** (0.1942)	0.2876*** (0.0268)	0.2648*** (0.0164)	0.2163*** (0.0140)	0.2922*** (0.0243)
$\ln Enterprise_i$	0.1425*** (0.0348)	0.1869*** (0.0498)	0.0807*** (0.0296)	0.0662*** (0.0252)	0.0793*** (0.0295)
$\ln Position_i$	−0.0150 (0.0350)	0.1424*** (0.0490)	0.1575*** (0.0297)	0.1344*** (0.0253)	0.1589*** (0.0296)
$\ln Education_i$	0.2496*** (0.0450)	0.2208** (0.0912)	0.0806** (0.0382)	0.0289 (0.0326)	0.0753** (0.0381)
$\ln Skill_i$	−0.0358 (0.0508)	0.0778 (0.0641)	0.0645* (0.0431)	0.0710** (0.0367)	0.0719* (0.0431)
$\ln Technical_i$	−0.0591 (0.0634)	0.0255 (0.0922)	0.0839* (0.0538)	0.0817* (0.0458)	0.0800 (0.0537)
$\ln Experience_i$	−0.0142 (0.0274)	0.1088*** (0.0345)	0.1231*** (0.0233)	0.1016*** (0.0198)	0.1214*** (0.0232)
$\ln Hobby_i$	−0.1040* (0.0638)	−0.0641 (0.0857)	−0.0417 (0.0541)	−0.0742 (0.0461)	−0.0383 (0.0540)
$\ln Training_i$	0.1186 (0.0798)	0.1739* (0.1029)	0.1609** (0.0677)	0.0839 (0.0577)	0.1543** (0.0675)
$Gender_i$	—	—	—	—	−0.3937 (0.2574)
R^2	0.1665	0.1111	0.1394	0.1372	0.1405
Adjusted R^2	0.1568	0.1009	0.1294	0.1272	0.1292
R_w^2	—	—	0.4717	0.4654	0.4756
Adjusted R_w^2	—	—	0.4717	0.04654	0.4756
Prob(F−statistic)	0.0000	—	—	—	—
Prob(Rn−squared stat)	—	—	0.000000	0.0000	0.0000
Prob(Quasi−LR stat)	—	0.0000	—	—	—
样本量	778	778	778	778	778

注：***、**、* 分别表示回归系数的显著水平为 1%、5%、10%。

五、技能提升收入拉动效应的异质性分析

(一)岗位异质性

由于真正意义上的工人趋于减少,企业特别是制造业、建筑业企业的用工结构已经发生颠覆性变化。为了说明这一变化,本文根据岗位划分分别对样本进行了回归分析,估计结果详见表3,其中模型6为一线工人、模型7为一线技术人员、模型8为一线管理人员、模型9为研发技术人员、模型10为普通行政人员。从样本量可以看出,技术人员(一线技术人员+研发技术人员)的数量已经多于工人(一线工人)。

表3的估计结果显示,技能提升的收入回报在不同岗位间存在明显的异质性。对于一线工人来说,参加培训、工作岗位调动、工作经验积累、技术等级变化对于收入增长的拉动较大,而专业技术职称变化、培养兴趣爱好对收入增长有负向影响。对于一线技术人员来说,学历提升、工作经验积累、专业技术职称变化促进了收入提高,技术等级变化的影响则为负向。对于一线管理人员来说,工作岗位调整、学历提升、技术等级变化、专业技术职称变化、兴趣爱好都会使收入增长产生一定的正向影响,不过参加培训则可能会有负向作用。对于研发技术人员来说,工作岗位调动、工作经验积累学历提升、工作单位变动对收入增长的拉动极为明显,技能等级变化则有明显的负向影响。对于普通行政人员来说,技能的收入激励主要来自技术等级变化、专业技术职称变化、更换工作单位、工作经验积累和参加培训,而工作岗位变动则有一定负向影响。

总体上看,一线工人的收入增长主要来自实践技能的认可和提升,技术人员的收入增长源于学历提升、专业技术提高和实践经验积累,管理人员的收入增长受到学历提升、实践技能与专业技术提高的影响。值得注意的是,专业技术对一线工人、实践技能对技术人员、参加培训对一线管理人员、工作岗位对普通行政人员有负向影响但检验不显著。

表 3　技能提升收入拉动效应的岗位异质性

变量	模型 6	模型 7	模型 8	模型 9	模型 10
c	0.2467***	0.2111***	0.2812***	0.3054***	0.2447***
	(0.0311)	(0.0530)	(0.0425)	(0.0679)	(0.0540)
$\ln Enterprise_i$	0.1035	0.0229	0.0469	0.1768	0.1526
	(0.0700)	(0.0107)	(0.0834)	(0.0972)	(0.1119)
$\ln Position_i$	0.2384***	0.0677	0.1584**	0.2745	−0.0396
	(0.0713)	(0.1023)	(0.0697)	(0.1415)	(0.1231)
$\ln Education_i$	0.0204	0.5305***	0.1430*	0.1903***	0.0889
	(0.0843)	(0.1405)	(0.0897)	(0.0238)	(0.1212)
$\ln Skill_i$	0.0353	−0.0360	0.2047*	−0.9043	0.3929***
	(0.0743)	(0.1791)	(0.1252)	(0.8711)	(0.1408)
$\ln Technical_i$	−0.0196	0.1465	0.1775	0.0572	0.1859
	(0.0124)	(0.1860)	(0.1383)	(0.1220)	(0.2020)
$\ln Experience_i$	0.1504***	0.2066**	0.0726	0.1938	0.1169*
	(0.0051)	(0.0815)	(0.0598)	(0.8482)	(0.0749)
$\ln Hobby_i$	−0.1014	0.0662	0.1261	−0.5636	−0.1322
	(0.0108)	(0.2534)	(0.1457)	(0.4738)	(0.1476)
$\ln Training_i$	0.2852**	0.0043	−0.0978	0.0263	0.1228
	(0.1326)	(0.0445)	(0.2170)	(0.1900)	(0.1793)
$Gender_i$	0.1771	0.1493	0.1415	0.2307	0.1210
Adjusted R^2	0.1414	0.1351	0.1169	0.1790	0.1051
R_w^2	0.3948	0.5719	0.5228	0.6567	0.3240
Adjust R_w^2	0.3948	0.5719	0.5228	0.6567	0.3240
Prob(R_n^2 stat)	0.0000	0.0002	0.0011	0.0000	0.0091
样本量	216	99	140	128	119

注:***、**、*分别表示回归系数的显著水平为 1%、5%、10%。

(二)企业异质性

从前述分析可以看出，不同所有制类型的企业中对于技能提升的重视程度是不同的,因此有必要按照所有制类型对样本进行分类估计。表 4 中的模型 11 至模型 13 为企业异质性分析的回归结果，其中模型 11 为国有企业、模型 12 为外资企业、模型 13 为民营企业。

模型 11 至模型 13 的估计结果显示，技能提升的收入回报在不同所有制企业之间存在明显的异质性,外资企业和民营企业的收入自然增长率略高于国有企业。在国有企业中,除技能等级变化对收入增长有轻微负向影响外,其他技能提升路径均有正向作用,其中技术职称变化的收入增长拉动最大,达 0.29%。在外资企业中,学历、技术等级、工作岗位、工作单位、职业培训对收入增长有正向作用,其中学历提升的影响最大,达 0.97%,而专业技术职称、工作经验、兴趣爱好呈现负向影响。在民营企业中,收入增长的驱动力主要来自学历、职业培训、工作经验、工作单位和工作岗位变动,其中学历提升的收入拉动效应达到 1%,技术等级、专业技术职称和兴趣爱好有一定的负向影响。值得注意的是,非公企业给予学历提升的收入回报特别显著,学历提升后收入增长率每增加 1%对收入拉动的影响近似于 1%。

总体上看,国有企业在收入回报上的比较优势在于其对于技能提升价值的广泛认可,外资企业和民营企业在更换单位、调动岗位、学历提升、参与培训后对于人力资本的价值认可较高,而对于技术等级、专业技术职称的认可度略低。这一情况对于当前进行的职业技能等级认定与专业技术职称评审制度改革有较强的提示作用。

(三)群体异质性

提升产业工人技能是产业工人队伍建设改革的核心任务,其最终目的在于建设一支知识型、技能型、创新型劳动者大军。高技能人才是指具有精湛操作技能、能够解决关键技术和工艺操作性难题的人员,通常认为具有高级工以上技术等级的人员是高技能人才。技术型人才是指掌握和应用技术手段为企业谋取直接利益的人才,通常认为具有中高专业技术职称的人员是技术型人才。除了前述两类对企业至关重要的人才之外,初入职场的新人也是企业较为关注的群体。本文对高技能人才、技术型人才、职场新人三类群体进行了分类估计,表 4 中的模型 14 至模型 16 为群体异质性分析的回归结果,其中模型 14 为高技能人才、模型 15 为技术型人才、模型 16 为职场新人。

模型 14 至模型 16 的估计结果显示,技能提升的收入回报存在一定的代际差异,技术型人才收入的自然增长率高于高技能人才。对高技能人才来说,收入增长的驱动力主要是岗位调动、技术等级变化、工作经验积累;对技术型人才来说,专业技术职称变化和参加培训对收入增长的拉动较大。总体上看,技能/技术人才提升专业能力的收入回报较高。对于职场新人来说,岗位调动、工作经验积累和技术等级变化的收入回报较高,专业技术职称、参加培训和兴趣爱好则对收入增长有负向影响。此时,新人初入职场需要寻找合适的工作岗位、快速积累工作经验,较多的学习培训会挤占其熟悉工作的时间和精力,可能反而不利于新人成长。

表 4　技能提升收入拉动效应的企业与群体异质性

变量	模型 11	模型 12	模型 13	模型 14	模型 15	模型 16
c	0.2231*** (0.0331)	0.3646*** (0.0886)	0.3591*** (0.0422)	0.1375*** (0.0299)	0.3038*** (0.0255)	11.3186*** (0.0887)
$\ln Enterprise_i$	0.1312 (0.1088)	0.2710** (0.1124)	0.0803 (0.0665)	0.0679 (0.1290)	0.0451 (0.0501)	0.0302 (0.1380)
$\ln Position_i$	0.1477* (0.0808)	0.3031*** (0.1104)	0.0691 (0.0799)	0.1789*** (0.0554)	0.0781* (0.0454)	0.1704 (0.2106)
$\ln Education_i$	0.1536 (0.1418)	0.9704*** (0.3992)	1.0028*** (0.0085)	0.0472 (0.0763)	−0.0053 (0.0066)	0.0811 (0.1499)
$\ln Skill_i$	−0.0062 (0.0882)	0.4820 (0.7319)	−0.0522 (0.1143)	0.1504 (0.1141)	0.0417 (0.0563)	0.2084 (0.2938)
$\ln Technical_i$	0.2898** (0.1344)	−0.5541 (0.4699)	−0.1072 (0.1335)	0.0127 (0.0563)	0.1541*** (0.0597)	−0.0437 (0.3476)
$\ln Experience_i$	0.0443 (0.0551)	−0.0284 (0.0984)	0.1257** (0.0589)	0.1321 (0.0447)	0.0408 (0.0361)	0.2609* (0.1466)
$\ln Hobby_i$	0.0752 (0.1706)	−0.5234 (0.3911)	−0.1266 (0.1338)	−0.1525 (0.1091)	−0.0051 (0.0934)	−0.1037 (0.3045)
$\ln Training_i$	0.0489 (0.2274)	0.1351 (0.2195)	0.3328** (0.1427)	0.0652 (0.2418)	0.2042* (0.1320)	−0.4094 (0.3966)
$Gender_i$	0.1160	0.1908	0.1103	0.2449	0.1724	0.1724
Adjusted R^2	0.1080	0.1340	0.0828	0.1809	0.1246	0.1061
R_w^2	0.2364	0.4964	0.7873	0.6010	0.3769	0.3051
Adjust R_w^2	0.2364	0.4964	0.7873	0.6010	0.3769	0.3051
Prob(R_n^2 stat)	0.0408	0.0000	0.0000	0.0000	0.0013	0.0317
样本量	335	123	192	116	164	121

注:***、**、* 分别表示回归系数的显著水平为 1%、5%、10%。

六、技能提升收入拉动效应的拓展性分析

(一)技能提升的实践路径

从实践的角度来看,基准模型中技能提升路径仍较抽象,其回归结果及后续的异质性分析对企业开展技能提升工作的指导意义并不明显,基于企业实际开展的评估才有政策制定与实践探索的参考价值。有鉴于此,调查问卷中对技能提升路径中的实践行为发生情况进行多项选择,并且要对实践路径的重要性予以打分。

一是将更换单位/工作岗位的原因作为"职业流动"的实践路径。更换单位的目的既包括专业、岗位的匹配度更好,也包括工作环境、工资自主性更佳,为劳动者技能提升提供了新空间。更换工作岗位的原因既有职务晋升、等级/职称提高等人力资本增值,也有更换部门、工作地变化等工作场所变化,更有服从组织安排这一外部影响。二是以与工作的相关度作为"学历提升""职业培训""兴趣爱好"的实践路径。通常认为,与工作的相关度越高,企业给予的劳动报酬越高。三是区分等级/职称提高与新获等级/职称作为"技术等级"与"专业技术职称"的实践路径。从实际情况来看,原有等级/职称的提高表明技能较为专精,获得新的等级/职称则表明技能趋于多元化。四是结合企业反馈的实际情况总结"经验积累"的实践路径。实践中有多种途径来积累工作经验,探索出了师徒带教、技能竞赛、学习交流、创新工作室、挂职锻炼、技术攻关、实践探索等提升技能的方法。

(二)实践路径的收入拉动效应

本文以基准模型为基础,将具体的实践行为替代技能提升路径,以重要性打分为依据确定实践路径的权重,进而获得实践路径的收入增长拉动影响,估计结果详见图2。需要说明的是,为保证估计结果的稳健性和解释力,本文采用的技能提升路径逐一替代的分析方法,而不是将所有实践路径一次性引入计量分析模型,图2的系数估计为各个模型估计结果的汇总。

一是"学历提升"与"职业培训"的收入回报与工作的关联性存在差异。学历提升对收入增长的拉动作用与工作有一定的关联性,当相关度高于

50%时,学历提升对收入增长有正向拉动,而低于50%时则有负向影响。参加培训的收入增长拉动作用则与工作相关度的关联性不大，当培训与工作无关时可能也会带来一定的收入增长拉动。

二是"技术等级"与"专业技术职称"的估计结果显示,学习新的专业能力比获得现有专业能力的收入回报更高。无论是获得新技术等级,还是获得新专业技术职称，对收入增长的拉动率都略高于提高原有技术等级/专业技术职称。这一现象说明现在企业的用工要求是"一专多能",专业人才要能够触类旁通而不是拘泥于单一工种或单一技术。

三是"经验积累"过程中,实践性交流学习的收入回报高于传统工作方式。工作经验积累的估计结果显示,具有实践价值的传帮带、学习交流、轮岗锻炼、技术攻关、自我探索对收入增长均有较强的拉动作用,而劳动技能竞赛、建立创新工作室对收入增长则有负向影响,需要对这些传统工作方式是否流于形式而失去实际效果重新进行评估。

四是"职业流动"过程中,专业能力的收入回报较高。在更换单位后,专业/岗位匹配、专业能力、职业发展、工作自主性对收入增长有正向拉动,而工作环境、资格证书和收入报酬则有轻微的负向影响。在调动岗位后,职务晋升、技能/技术提高、更换部门对收入增长有正向作用,工作地变化、组织安排则有一定的负向影响。这说明在企业对人力资本价值做再评估时,专业能力仍是最重要的衡量标准。

五是"兴趣爱好"的收入回报与工作相关度呈现出正向关联。培养兴趣爱好是基准估计结果中唯——个对收入增长有负向影响的技能提升途径,因此对于其实践路径的研究显得极为重要。回归结果显示,兴趣爱好与工作的相关性越高,对收入增长的负向影响越低,当兴趣爱好与工作高度相关时,其收入增长拉动率达到0.12%。

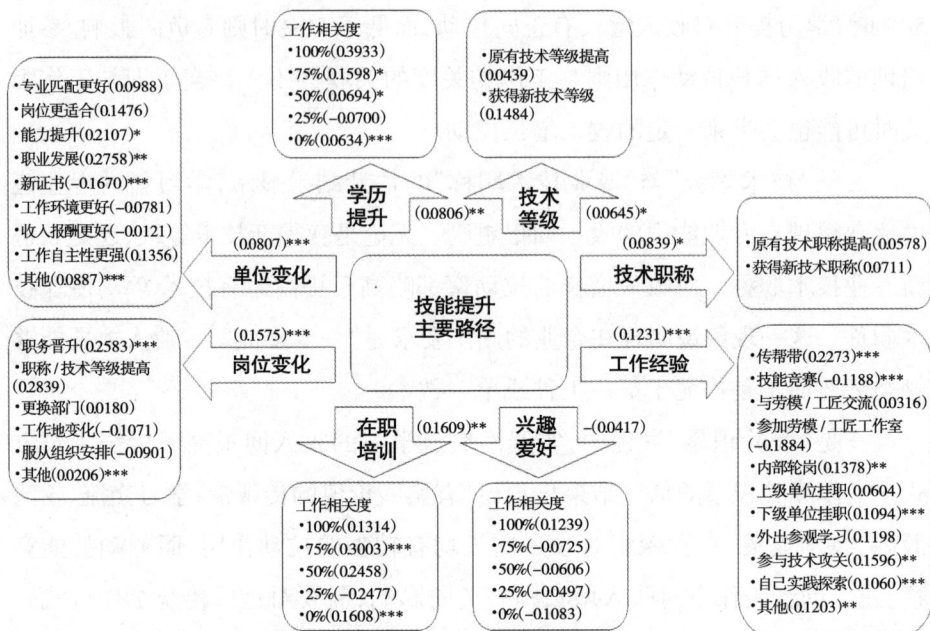

图2 技能提升实践路径的实效评估

注:***、**、* 分别表示回归系数的显著水平为1%、5%、10%。

七、结论

突飞猛进的科技进步推动生产技术加速发展和产业结构优化升级,技能提升是解决结构性就业矛盾、实现更高质量更充分就业的有效手段。提高职工收入、推进职称改革、深化职业培训、推动职业教育改革、落实终身教育已成为推进产业工人队伍建设改革的重要抓手。当前,要科学、全面地认识企业劳动用工中的新特点、新变化,真实、客观地评估现有技能提升路径的实效性。

研究结论显示:第一,人力资本在长周期内会有一定的自然增值,现有的技能提升路径中,除兴趣爱好之外,均对收入增长有正向拉动效应,企业对专业能力的价值认可更高, 积累实践经验带来的劳动报酬高于学习理论知识。第二,实践性技能的认可和提升对技能人才更为重要,理论性技术的学习和提高对技术人才更为重要, 工作岗位的限定性是制约普通行政人员收入增长的主要因素。第三,国有企业的比较优势在于对于技能提升价值的全面认可,进而构建多元化的技能提升体系,非公企业倾向基于职业流动、学历提升、参加培训来判断人力资本的价值。第四,专业能力的形成与提高是企业认可人力资本价值的主要衡量标准,"一专多能"已成为企业用工需求的发展方向,利用多种途径积累工作经验、参加培训能够获得更好的收入回报。

技能提升是一个综合性、多元化的实践过程,片面地分析单一路径的技能提升效果,而忽略其他路径的影响将不利于打造知识型、技能型、创新型劳动者大军。事实证明,随着产业结构优化升级,企业的用工结构已经发生颠覆性变化,有鉴于此,有必要对当前的政策制定与实施进行实践性反思。

首先,发挥企业在劳动者技能提升行动中的主体作用。企业是生产经营实体,也是雇用广大劳动者的用工主体,既了解工作岗位的能力要求,又了解劳动者的履职能力状况,能够清晰地知晓劳动者的履职能力差距。当前技能提升的政策框架中,主导者是政府部门,参与者是劳动者,企业则被作为职业教育和技能培训的载体。在这种制度安排下,教育培训的技能供给与企业技能需求仍存在着不匹配的情况。现实情况与研究结果都表明,企业认可的技能可以获得更高的劳动报酬,源于实践的技能提升能获得更高的收入。因此,应当推动企业成为劳动者技能提升的组织者、引导者、探索者。

其次,技能提升要变"因人而异"为"因岗而异"。长期以来,教育培训都是针对特定群体,如针对新员工的入职培训主要集中在基本的入职要求,介绍一些常规内容、行业知识和基本的工作流程等,针对老员工的培训则侧重于专业知识、技术、技能的更新,改善工作的能力。"因人而异"的制度设计能够基于群体差异给予补强,但忽视了工作岗位对技能的特殊要求。研究结果显示岗位异质性是技能提升收入拉动影响中的重要因素,岗位差异导致劳动者在技能提升的路径选择上有较大差别。因此,需要围绕工作岗位来设计技能提升的路径安排和制度体系。

再次,充分利用国有企业完善的技能提升体系,为非公企业提供通用性技能与行业专用性技能教育培训。我国国有企业曾经历过"企业办社会"的阶段,即使经过多轮国有企业改革,剥离了大量社会职能,多数大型国有企业依然保有完善的技能工人和技术人员培养体系。当前技能人才评价制度改革中，承担职业技能等级认定工作的单位仍是中央或各省市的大型国有企业。研究结果也显示，国有企业对劳动者技能提升的认可更为全面多元。由此，可利用国有企业现有资源，在保护商业秘密、保存核心竞争力的条件下，面向外资企业和民营企业开展社会培训，提升劳动者的通用性技能与行业专用性技能。

最后，专业人才的培养要注重知识、技术、技能的多元化，加大"一专多能"的复合型人才培养力度。随着科技革命和产业变革，企业对于技能的需求发生了根本性转变。对于劳动者提出了更高的要求，最为突出的一点就是具有一专多能、适应多种岗位、具有应变能力的复合型人才。尽管目前部分企业缺工的岗位是流水线上的简单操作工，但更多企业的用工短缺是在技术更新后的新岗位，原有职工无法胜任新岗位，而新岗位又难以在就业市场上招聘到合适的劳动者。研究结果也显示，学习新技能、新技术的收入回报要高于提高原有的技能、技术。因而，要加大复合型人才的培养力度，实现知识技能结构与工作岗位的动态匹配，解决经济发展中面临的就业结构性矛盾和劳动力能力转型升级的问题。

（孙岩，上海工会管理职业学院研究部讲师；施思，上海工会管理职业学院培训部教师；宓海征，上海工会管理职业学院教学部教师）

社会主义劳动竞赛的价值分析：理论、历史和现实逻辑 *

社会主义劳动竞赛是社会主义制度下发挥工人阶级主力军作用的重要载体，其价值体现在劳动竞赛的价值导向及价值作用上。从理论逻辑来看，马克思主义劳动价值观是劳动竞赛的理论渊源，广泛的群众性是劳动竞赛的价值基础，社会主义制度是劳动竞赛的价值保障；从历史逻辑来看，我国劳动竞赛发展历程中始终兼顾"服务大局"和"人民至上"两方面价值目标；从现实逻辑来看，劳动竞赛时代价值的实践路径包括加强顶层设计、坚持正确导向，聚焦重点难点、丰富竞赛内容，创新竞赛方式、提升竞赛效能，重视思想引领、扩大竞赛影响，强化人才培养、注重成果转化，完善竞赛机制、促进长效发展等方面。

社会主义劳动竞赛是社会主义国家激发劳动者积极性、主动性和首创精神，提高职工素质、推动企业进步、促进经济发展的重要途径，是中国工会的优良传统和品牌工作，在我国革命战争年代和社会主义建设时期都发挥了重要作用。社会主义劳动竞赛的价值包括价值导向和价值作用两方面。本文试图通过理论逻辑、历史逻辑和现实逻辑三重维度的构建，阐释社会主义劳动竞赛的价值导向，探讨新时代劳动竞赛价值作用发挥的实践路径。社会主义劳动竞赛在价值导向上体现为国家利益与人民利益一致性的社会主义特色，倡导实现国家进步和人民幸福的同步推进。新时代劳动竞赛依然要继

* 本文原载于《工会理论研究》2022 年第 2 期。

续坚持在团结引领广大职工建功新时代的过程中，实现职工对美好生活的向往。在实践中要以创新的形式和内容彰显劳动竞赛的时代特点，回应国家、社会、企业和个人的发展需求，使社会主义劳动竞赛真正成为国家和企业发展的助推器，成为劳动者实现自我价值和社会价值的有效平台。

一、理论逻辑：社会主义劳动竞赛的理论渊源、价值基础与价值保障

劳动竞赛是在社会主义制度下产生的一种劳动组织形式，社会主义是其根本属性。社会主义劳动竞赛以马克思主义关于劳动对于社会发展和人类自身发展具有双重价值的理论为指导，以广泛的群众性为价值基础，以社会主义制度为价值保障。这些因素共同决定了社会主义劳动竞赛以国家社会利益和人民利益为双重价值基石，在价值导向上坚持在推动国家社会发展过程中满足人民的需要。

（一）理论渊源：马克思主义劳动价值论

马克思主义劳动价值论明确了劳动对于社会发展和人类自身发展都有重要的价值：人类一切财富和历史都由劳动创造，人自身的生存发展也离不开劳动。也就是说，劳动能够同时满足人类社会发展和个人发展的双重需要，劳动是人和社会存在的根本条件，也是人自身发展和人类社会发展的必然途径。

劳动创造了人本身和人类社会。首先，劳动是人的类本质。劳动是人的本质力量对象化于客体的过程，是人类从自然界索取所需之物以满足自身需要的过程。因此，劳动是人类生存的最基本条件，人要通过自己的劳动才能创造出自身需要的一切物质生活资料。其次，劳动创造了人类社会。劳动是一切人类财富和人类历史的创造者，是人类社会存在和发展的基础。人的本质是一切社会关系的总和。劳动使个体之间产生相互联系，由此便形成了各种各样的社会关系，进而形成了人类社会。劳动为个体提供了走向公共领域的平台，从而衍生了个体存在的社会性。劳动使人在理性的劳动交往实践中，不断获得自我与他人良好社会关系的建立，"为了进行生产，人们相互之间便发生一定的联系和关系，只有在这些社会联系和社会关系范围内，才会有他们对自然界的影响,才会有生产"①。最后,劳动是实现人的全面发展的重要载体,也是实现人类社会解放的必由之路。马克思指出:"生产劳动同智育和体育相结合,它不仅是提高社会生产的一种方法,而且是造就全面发展的人的唯一方法。"②劳动是人类社会实现共产主义的唯一坦途,正如马克思在《哥达纲领批判》中指出的,在劳动本身成为生活的第一需要之后,"社会才能在自己的旗帜上写上:各尽所能,按需分配"③。

(二)价值基础:广泛的群众性

广泛的群众性是社会主义劳动竞赛的鲜明特点,也是劳动竞赛的价值基础。正如斯大林在《革命的竞赛和劳动热情的高涨》中指出的:"竞赛是千百万劳动群众最大积极性的基础上建设社会主义的共产主义方法。"④社会主义劳动竞赛能够激发劳动者对工作的渴求、热情和进取心,改变劳动态度,广泛动员职工群众投身社会主义劳动。因为劳动竞赛能够在一定程度上满足劳动者各层次的需要,达成个体价值与社会价值的统一。

劳动竞赛不仅关注人的生存需要和技能发展需要,更关注人的自我实现需要。首先,劳动者在竞赛中做出的超额贡献能够获得相应的物质利益,改善劳动者的物质生活水平。其次,劳动竞赛的形式决定了它不可避免的竞争性,但在社会主义劳动竞赛中国家集体利益与个人利益深度融合,保证了这种竞争性不同于资本主义制度下你死我活的竞争,而是具有鲜明社会主义特色的互帮互助、共同提高式的良性竞争。"竞赛的原则是:互相学习、互相帮助、取长补短、共同提高。"⑤劳动者通过竞赛实现"比、学、赶、帮、超",能够充分发挥自身主观能动性,在实现自身技能进步的同时也带动全社会技术水平的共同提升。最后,劳动者通过劳动竞赛取得的成绩能够获得社会认可,为国家和社会的发展做出贡献。这就为劳动者提供了自我实现的平台,

---

① 《马克思恩格斯文集》(第一卷),人民出版社,2009年,第724页。

② 《马克思恩格斯全集》(第23卷),人民出版社,1963年,第530页。

③ 《马克思恩格斯全集》(第19卷),人民出版社,1963年,第23页。

④ 《斯大林全集》(第12卷),人民出版社,1954年,第99页。

⑤ 晓亮:《劳动竞赛是社会主义的经济规律》,《学术月刊》,1959年第4期。

满足了自我实现的需要,使劳动者产生自豪感和荣誉感,激发和巩固劳动者的主人翁意识,推动实现将劳动变为劳动者自发自为的"生活第一需要"。

（三）价值保障:社会主义制度

社会主义制度下劳动者主人翁地位的确立，是社会主义劳动竞赛得以开展的根本原因。社会主义制度保证了人民是国家的主人,实现了人民利益与国家利益的一致性。在我国,正是人民当家做主地位的确立,使广大劳动群众在政治上、经济上和思想上获得了解放,改变了劳动的特征和劳动者的身份,使思想上"用新的态度来对待新的劳动"成为可能,才有了催生劳动竞赛的土壤和机遇。李立三曾指出:"因为工人群众一旦有了初步的主人翁思想,认识了在人民企业中不应当采取磨洋工的劳动态度来工作的时候,自然就会尽可能地用紧张的劳动强度努力工作。"[1]

新中国成立后,工人阶级成为国家的领导阶级,国家和劳动者的利益更加紧密地结合起来。国家把开展劳动竞赛作为法律固定下来,让社会主义劳动竞赛有了明确的法律规范和保障。早在1978年的《中华人民共和国宪法》中,就在总纲的第十条提出:"国家提倡社会主义劳动竞赛,在无产阶级政治挂帅的前提下,实行精神鼓励和物质鼓励相结合而以精神鼓励为主的方针,鼓励公民在劳动中的社会主义积极性和创造性。"这是我国首次将社会主义劳动竞赛写进《中华人民共和国宪法》。在现行的《中华人民共和国宪法》《中华人民共和国劳动法》《中华人民共和国工会法》《中华人民共和国企业法》等法律法规中,都对工会和企业开展劳动竞赛有明确的规定。[2]法律的保障不仅有力推动了社会主义劳动竞赛的开展，也为劳动竞赛价值的社会主义性质提供了保证。

---

① 《劳动竞赛手册》(上),中国铁道出版社,1988年,第98~99页。

② 《中华人民共和国宪法》第四十二条规定:"国家提倡社会主义劳动竞赛,奖励劳动模范和先进工作者。"《中华人民共和国劳动法》第六条规定,国家提倡劳动者参加社会义务劳动,开展劳动竞赛和合理化建议活动,鼓励和保护劳动者进行科学研究、技术革新和发明创造,表彰和奖励劳动模范和先进工作者。《中华人民共和国工会法》第八条规定:"工会组织职工开展社会主义劳动竞赛,开展群众性的合理化建议、技术革新和技术协作活动,提高劳动生产率和经济效益,发展社会生产力。"《中华人民共和国企业法》第四十三条规定:"企业应当支持和奖励职工进行科学研究、发明创造,开展技术革新、合理化建议和社会主义劳动竞赛活动。"

二、历史逻辑:社会主义劳动竞赛价值的历史呈现

社会主义劳动竞赛最早起源于苏联的"共产主义星期六义务劳动"。我国的劳动竞赛始于 20 世纪 30 年代党领导下的中央苏区，它伴随着我国新民主主义革命、社会主义革命、社会主义建设以及改革开放的脚步不断发展成熟,为夺取革命胜利和发展经济做出了重大贡献。回顾我国开展社会主义劳动竞赛的历史可以看到,在各个历史阶段,劳动竞赛始终服务于社会主义革命建设的中心工作,立足实现人的自身发展,在价值导向上坚持"服务大局"与"人民至上"两条价值主线的并行不悖,彰显了鲜明的社会主义特色。

(一)服务大局:服务国家需要

列宁曾明确指出:"组织竞赛在苏维埃政权的经济任务中应当占有显著的地位。"①在我国,社会主义劳动竞赛的缘起,是动员广大群众团结起来,为夺取革命胜利和加强根据地建设而奋斗。劳动竞赛"作为工会围绕中心、服务大局的重要载体,在新中国 60 年发展史上写下了并继续书写着浓重的一笔"②。

1.为夺取革命胜利而竞赛

在革命战争年代,组织开展革命(劳动)竞赛的首要目的是促进根据地和解放区生产发展,保证军事供给,为赢得革命战争胜利提供物质保证。

1932 年至 1934 年,在中央苏区开展的群众性劳动竞赛活动,是我国劳动人民在中国共产党领导下取得区域性政权后,第一次以主人翁姿态自觉开展的群众生产活动。当时,中央苏区新生政权面临国民党的一次次反革命围剿,为了保卫和巩固红色政权、发展苏区生产,中共中央组织局于 1932 年 3 月 23 日发布《关于革命竞赛与模范队的问题》,号召全党以最大努力"发动群众积极性,用组织模范队和革命竞赛的新方式","转变全部工作"。③

---

① 《列宁全集》(第 27 卷),人民出版社,2017 年,第 189 页。

② 《习近平在庆祝"五一"国际劳动节暨保增长促发展劳动竞赛推进大会上讲话》,《光明日报》, 2009 年 4 月 29 日。

③ 《建国以来中共中央关于工人运动文件选编》,工人出版社,1989 年,第 1218~1219 页。

抗日战争时期,延安和各抗日根据地广泛开展了大生产运动。1940 年 9 月 18 日,陕甘宁边区总工会在《为增加工时与响应边委、边府开秋荒二十万亩的号召告边区工友书》中提出:"我们工人阶级应该加紧生产,提高技术的实际行动,来表现我们在抗战中的伟大作用。"①陕甘宁边区总工会发动的"五一"生产大竞赛,是广大职工在人民政权下开展的一次大规模的生产竞赛。朱德对此给予高度评价:"我们过去的经验证明了革命的生产竞赛,的确是提高生产率的有效武器。"②之后,边区开展的一系列以赵占魁、甄荣典、张秋风为代表的"新劳动者运动",也是发展边区经济、打破日本帝国主义和国民党反动派对边区经济封锁的一项重要措施,解决了军需品和民用工业品的生产问题,克服了战时供给困难,有力地支援了抗日战争和解放战争。

解放战争开始后,各解放区工会组织动员职工开展了热火朝天的生产运动,巩固后方,支援前线。1947 年 2 月 7 日,《解放日报》发表社论《中国工人阶级今天的任务》,号召解放区工人开展"新英雄主义的竞赛",加紧生产,"为保证人民解放军的足食足衣,加强解放区各方面的力量而立功"。③从 1947 年 2 月起,根据党中央关于"准备迎接中国革命的新高潮"的指示精神,工会先后动员和组织各解放区工人群众开展了"增产立功运动",支援解放战争。这一运动的开展,为解放战争由战略防御向战略进攻的转变,直至赢取革命在全国范围内的胜利提供了物质支援。

新中国成立后,为了抗美援朝、保家卫国,全国工矿业率先发起马恒昌小组④竞赛,掀起了以增产节约为内容的爱国主义劳动竞赛热潮。1951 年 2 月,全国总工会作出在全国开展马恒昌小组竞赛运动的决议。之后,劳动竞赛逐步扩展到私营工厂企业,他们"以车间作战场,以机器当刀枪"支援了抗美援朝。

---

① 陈家墩、姚荣启:《抗日战争时期的延安大生产运动》(下),《工运信息》,2015 年第 23 期。

② 《建国以来工运历史教学参考资料》(第 1 册),中华全国总工会干部学校,1982 年,第 136~137 页。

③ 《建国以来中共中央关于工人运动文件选编》,工人出版社,1989 年,第 1220 页。

④ 马恒昌原是沈阳机器厂的工人,1950 年初,东北总工会总结了他保质保量超额完成生产计划的经验,并把他所在的小组命名为马恒昌小组,在东北地区推广。

2.为服务国家建设而竞赛

随着新中国的成立，党和国家的中心工作由革命战争逐步转变成以国家建设为中心。经济工作的重心从保障战需供给、实现自给自足，转变为建设新中国、实现国家工业化。劳动竞赛的价值导向也从"为革命促生产"转变为增产增效、服务国家经济建设。

新中国成立初期，为恢复国民经济、尽快改变一穷二白的经济状况，广大职工通过加班加点和提高劳动生产率超额完成生产任务，为国家克服财政困难做出重要贡献。这一阶段的劳动竞赛主要在国营工厂企业中开展，以迅速恢复国民经济为目的。全国总工会开展了清查仓库和献纳器材运动，缓解国家在恢复生产过程中原料、燃料紧缺的问题。1950 年，中共中央东北局、东北人民政府和东北总工会连续发出指示，号召全体职工学习沈阳车工赵国有①，开展创造新纪录运动。之后，创造新纪录运动在全国推广。

从 1953 年起，我国开始实施第一个国民经济五年计划。围绕国家对技术革新的需要，工会在全国职工中组织开展了以技术革新运动、先进生产者运动为主的劳动竞赛活动，掀起了"比、学、赶、帮、超"的热潮。这个阶段的劳动竞赛"着重于劳动与技术相结合，推广先进经验，发掘生产潜力，提高劳动生产率，提高产品数量和质量，并注重劳动保护和技术安全"②。在竞赛中，特别将开展合理化建议作为群众生产运动中的一项重要内容。劳动竞赛、合理化建议活动的开展，极大地激发了职工群众的创造热情和创造活力，推动了群众性技术革新运动的兴起与发展。赖若愚指出："当劳动竞赛开展起来之后，就必然要求提高，要求技术方面的革新，这是一个客观的趋势。"③工人阶级在劳动竞赛中不仅生产了国家需要的物资，还创造了一批先进的工作方法，为大幅度提高劳动生产率创造了条件。

---

① 沈阳机床三厂车工赵国有在 1950 年"红五月"竞赛中，把车一根车床主轴的时间从 56 个小时缩减到 21 个小时，创造了新纪录。同年 8 月 4 日，他又以 2 小时 20 分车完一个塔轮，创造了仅用定额一半时间的新纪录。

② 《当代中国工人阶级和工会运动》，当代中国出版社，2009 年，第 112 页。

③ 《劳动竞赛手册》（上），中国铁道出版社，1988 年，第 122 页。

3.为促进创新发展而竞赛

党的十一届三中全会作出把工作中心转移到经济建设轨道上来的重要决定。为适应这一新形势的需要,全国总工会及时调整了劳动竞赛部署,将劳动竞赛与经济责任制和推进现代化管理结合起来。各级工会紧紧围绕经济建设和改革发展各个时期的形势与目标任务,广泛开展"双增双节""节能减排""挖潜增效""为'四化'立功"和学赶先进活动等多种形式的社会主义劳动竞赛。创先、创新、创优、创汇、创最佳经济效益成为这个时期劳动竞赛的主旋律。

随着国家经济体制改革的逐步深入,劳动竞赛从生产领域扩展到管理领域和服务领域,并紧紧围绕推动技术进步展开,对技能技术和创新的要求进一步提高。进入21世纪以来,科技创新成为经济社会发展的主导力量,创新成为时代发展的新诉求。伴随我国创新驱动发展战略的提出,劳动竞赛与时俱进,进入与创新相结合的新阶段。全国总工会引导各级工会以推动科学发展、加快转变经济发展方式为主题主线,组织动员广大职工开展以技术创新竞赛、重大工程竞赛、促进区域发展竞赛、节能减排竞赛、班组竞赛等为重点的各类劳动竞赛,以及"劳模创新工作室建设""名师带高徒""小发明、小创造、小革新、小设计、小建议"等活动,推动劳动竞赛向新领域、新行业、新职业拓展,服务"中国制造"向"中国创造"转型的国家战略。

（二）人民至上:实现自身发展

在我国社会主义劳动竞赛的发展历程中,虽然始终坚持集体主义的导向,但从来不排斥个人发展的维度。在强调为国家和社会奉献的同时,劳动竞赛始终坚持以人民为中心,以改善人民生活水平、提高人民能力素质和思想觉悟为宗旨。

1.改善生活水平

劳动竞赛最直接的目的是集中力量发展生产,改善人民的物质生活水平。在陕甘宁边区,毛泽东鼓励劳动者通过自己的劳动改善自身生活,号召"一切公私军民男女老少"都要自己动手克服困难。"奖励一切个人（军队除外)从事小部分农业和手工业的个人业余生产,其收入归个人所有。"①1939年,中共中央在延安召开生产动员大会,针对根据地日益严重的经济困难,毛泽东提出"自己动手,丰衣足食"的口号。他指出:"陕甘宁边区有200万居民,还有4万脱离生产的工作人员,要解决这204万人的穿衣吃饭问题,就要进行生产运动……"②在延安大生产运动期间,陕甘宁边区政府以政府令的形式公布了《陕甘宁边区人民生产奖励条例》,这是中国共产党在建立地方政权后公布的第一个奖励劳动模范条例。条例将奖励分为四种:"甲、劳动英雄奖章或奖状。乙、农具或耕牛。丙、日常用品。丁、奖金。"③这些奖励制度突破了当时的战时共产主义分配制度,对于激励和带动更多人投身大生产运动起到了巨大的推动作用。

新中国成立后,面对生产萎缩、物资极度匮乏、大量工人失业的局面,劳动竞赛延续了物质奖励和精神鼓励相结合的激励机制,对于竞赛中取得优秀成绩的职工,鼓励企业按照其创造的效益给予一定的物质奖励。这种激励制度激发了广大劳动者的劳动热情,劳动竞赛不仅服务了国家建设,也可以提高劳动者的收入和生活水平。多年来的劳动竞赛实践证明,让发展生产和增加收入挂钩,让个人劳动贡献与劳动报酬紧密相连,让竞赛成绩与岗位晋升、工资晋级挂钩,是推动劳动竞赛广泛深入开展的必要条件。

2.提高技术素质和创新能力

在革命战争年代和新中国成立之初,劳动竞赛更多的是比赛加班加点增加劳动时间、提高劳动强度。通过高强度、长时间的反复训练,确实在一定程度上起到了提高劳动效率、提升技术技能、降低废品率的实际效果。随着科技进步和创新要求的不断提高,劳动竞赛的内涵也增加了关于技能的新内容。在广泛开展的劳动竞赛中,增添了技术革新和合理化建议、技术练兵和技术比赛、技术攻关和发明创造、老工人献绝招和青年工人拜师学艺等活动形式,这些都是开发职工群众智力和创造力、提高职工群众技术能力的有

---

① 《毛泽东选集》(第三卷),人民出版社,1991年,第559页。

② 刘益涛编:《毛泽东在延安纪事》,陕西人民教育出版社,1994年,第135页。

③ 《陕甘宁边区工运史料选编》,工人出版社,1988年,第377页。

效手段。在技术比赛中产生的优异成果和先进技术方法被广泛推广后,能够带动全行业从业人员技术水平的普遍提升。

改革开放以来,为了加快打造知识型、技能型、创新型劳动者大军,造就适应国家经济建设发展的一流产业工人队伍,劳动竞赛由最初的生产劳动竞赛,演变为广义的包括生产型竞赛、合理化建议、技术革新、技术攻关、技术协作、技术竞赛、技术培训、岗位练兵、发明创造、创新工作室、练功比武等在内的职工经济技术活动的统称,又称为"劳动与技能竞赛"。在社会主义市场经济条件下,更多地提倡开展技能型竞赛和智能型竞赛,更加强调与技术创新相结合。

3.提升道德水平和思想觉悟

1940 年,朱德提出希望中国工人中出现苏联的"斯达汉诺夫运动者"①。1943 年,延安广泛开展"赵占魁运动"②,号召学习他"始终如一、积极负责、老老实实、埋头苦干、大公无私、自我牺牲的精神"③。之后,太行区总工会决定将开展"新劳动者运动"和"赵占魁运动"相结合,广泛开展生产竞赛。在生产竞赛中,一大批先进模范人物脱颖而出。"甄荣典运动"是陕甘宁边区"赵占魁运动"在敌后根据地的具体化和群众化,它在内容上坚持"树立新的劳动态度、自觉增加生产"与广泛选拔劳动英雄、模范人物并重,是"新劳动者运动"的发展与深化。

新中国成立以来,劳动竞赛活动的组织与开展始终与创先争优相结合,与创建"工人先锋号"活动相结合,与争当劳动模范等活动相结合,激励和鼓

---

① 苏联采煤工人斯达汉诺夫在 1935 年创造了一班工作时间内超过普通采煤定额 13 倍的采煤纪录,这一事迹得到广泛传播,形成了斯达汉诺夫运动。

② 赵占魁是陕甘宁边区公营工厂的一名普通工人,他工作兢兢业业、毫不懈怠,始终"冲锋在前,退却在后",体现了主人翁地位的新劳动态度。1942 年 5 月,中共中央职工运动委员会和陕甘宁边区总工会派人到边区农具厂检查工作,发现了赵占魁这个先进人物,认为他是"用新的态度对待新的劳动",决定予以嘉奖。毛泽东说:"奖励赵占魁这件事做得很好,这不是奖励一个人的问题,你们把他的优点总结出来,树立标兵,推广到各工厂、各生产单位去。"朱德称赞他是用革命者态度对待工作的"新式劳动者"。同年 9 月 11 日,《解放日报》发表《向模范工人赵占魁学习》的社论;10 月 12 日,边区总工会发出《关于开展赵占魁运动的通知》。

③ 《向模范工人赵占魁学习》,《解放日报》,1949 年 9 月 11 日。

舞了职工参加劳动竞赛的热情。1954 年，全国总工会七届二次执委会通过的《中华全国总工会关于在国营厂矿企业中进一步开展劳动竞赛的指示》指出："劳动竞赛是共产主义劳动态度的一种具体表现，同时它本身是一种最好的共产主义教育。"①在社会主义劳动竞赛过程中凝结的劳模精神，如艰苦奋斗、爱厂如家的"孟泰精神"，发愤图强、艰苦创业的"铁人精神"等，不仅是社会主义精神文明建设的宝贵财富，也是鼓舞群众劳动积极性的重要力量。

三、现实逻辑：新时代社会主义劳动竞赛价值的实现路径

习近平总书记指出："劳动和技能竞赛是工会的传统优势和工作品牌，新时代要注入新内涵。"②新时代社会主义劳动竞赛依然要坚持国家发展与劳动者自身发展的同步推进，在实现高质量发展过程中满足人民对美好生活的向往。具体来说，其实践路径包括以下六个方面。

（一）加强顶层设计，坚持正确导向

社会主义劳动竞赛是新时代继续发挥工人阶级主力军作用的重要载体。新时代劳动竞赛依然要立足党和国家各项事业发展全局，紧扣当前高质量发展目标，服务于经济社会建设中心工作，以职工为中心，让劳动者当主角。

一是坚持劳动竞赛的正确定位。社会主义劳动竞赛是工会团结引领职工群众建功立业的重要组织形式，也是社会主义市场经济条件下新型举国体制的重要实践方式。新时代，要继续坚持以习近平新时代中国特色社会主义思想为指导，贯彻落实《中华人民共和国国民经济和社会发展第十四个五年规划和 2035 年远景目标纲要》《新时期产业工人队伍建设改革方案》《中国工运事业和工会工作"十四五"发展规划》要求，把劳动竞赛作为工会的重要工作常抓不懈。

---

① 中华全国总工会办公厅编：《建国以来中共中央关于工人运动文件选编》（上），中国工人出版社，1989 年，第 5 页。

② 全国总工会课题组编：《深入学习贯彻习近平总书记关于工人阶级和工会工作的重要论述》，中国工人出版社，2021 年，第 78 页。

二是坚持围绕中心大局开展劳动竞赛。"长盛不衰的社会主义劳动竞赛活动,主题始终紧扣时代脉搏、围绕党和国家中心工作展开。"①新时代劳动竞赛要贯彻新发展理念,围绕构建新发展格局,以制造强国、科教兴国、创新驱动发展等国家战略为指引。劳动竞赛的内容和目标要围绕供给侧结构性改革等重大战略,推进产业基础高级化、产业链现代化,促进创新发展;围绕发展循环经济和节能降耗等目标促进绿色发展,着眼碳达峰、碳中和;围绕京津冀协同发展、长江经济带发展、长三角一体化发展、粤港澳大湾区建设和"一带一路"建设等,促进区域协同发展;围绕促进特色产业和生态建设,推进兴边富民和乡村振兴,助力实现共同富裕。

三是坚持以职工为中心开展劳动竞赛。"美好生活靠劳动创造。"②新时代劳动竞赛要落实《中华人民共和国劳动法》《新时期产业工人队伍建设改革方案》要求,坚持职工自愿参与,坚持面向基层、面向一线、面向普通劳动者,贯彻尊重劳动、尊重知识、尊重人才、尊重创造的方针;尊重职工群众的主体地位和首创精神,立足"成果共享"的基本立场,鼓励勤劳致富、创新致富;以建设知识型、技能型、创新型职工队伍为重点,引导职工通过竞赛这一平台展现技术水平,加强技术交流,提升能力素养;以竞赛呼应职工终身学习的需求,打通职业发展通道,实现劳动者的全面发展。

（二）聚焦重点难点,丰富竞赛内容

新时代,要紧密围绕科技创新开展竞赛,助力创新能力的培养和创新成果的不断涌现,突出抓好关系国家安全、国民经济命脉和国计民生的重要行业领域和前瞻性战略性新兴产业领域的竞赛工作。在竞赛内容设计上,主动向民生相关领域倾斜,以服务民生、满足民需为宗旨广泛开展劳动竞赛。

一是围绕科技创新开展劳动竞赛。新时代劳动竞赛要聚焦集成电路、人工智能、生物医药、双创基地建设等高科技领域,探索开展电竞、电子信息、

---

① 《习近平在庆祝"五一"国际劳动节暨保增长促发展劳动竞赛推进大会上讲话》,央视网,http://news.cctv.com/china/20090428/111493.shtml,2021 年 11 月 28 日。

② 《习近平在知识分子、劳动模范、青年代表座谈会上的讲话》,《中国日报》,2016 年 4 月 26 日。

软件等行业的劳动竞赛;瞄准技术变革和产业优化升级的方向,紧扣生产技术难题和经营薄弱环节,集合精锐力量加大关键核心技术攻关,大力开展技术革新活动;将职工岗位创新作为企业创新体系的重要组成部分,突出"五小"①在群众性创新活动中的战略地位;推动核心基础零部件、关键基础材料、先进基础工艺、产业技术基础等方面的突破,推动生产组织创新、技术创新、市场创新,带动全产业链的优化升级。

二是围绕重大工程开展劳动竞赛。新时代劳动竞赛要围绕国家重大战略、重大工程、重大项目、重点产业,以推动振兴实体经济、重大基础设施建设、打造数字经济、绿色低碳发展、首台(套)重大技术装备研发制造,以及"卡脖子"技术难题等为重点;围绕"中国制造2035",推动重大项目建设、关键核心技术攻关,把解决生产难题、关键问题作为竞赛的主要内容;针对能源消耗和环境污染的突出问题开展劳动竞赛,推进电力、煤炭、钢铁等高耗能、高排放的重点行业和重要领域绿色化改造。

三是围绕民生所需开展劳动竞赛。新时代劳动竞赛要注重通过竞赛解决与人民生活息息相关的问题,解决职工群众急愁难盼的问题,助力提升人民生活质量。例如,紧盯"老小旧远"等民生难题,围绕"为民办实事项目"等民生工程开展劳动竞赛;开展优化营商环境、推进一网通办、道路积水改善工程、市政基础建设等提高服务保障水平的劳动竞赛;开展餐饮、养老护理、家政服务、美容美发、物业等涉及民生的行业的技能比武。

(三)创新竞赛方式,提升竞赛效能

新时代劳动竞赛要创新项目化管理的运作模式,采用科技手段让传统的竞赛项目和流程更加科学化、精细化、人性化。建立系统性的战略思维,创新区域协同竞赛模式,因地制宜地创新运用多种竞赛形式载体开展竞赛活动。

一是创新项目运作。新时代劳动竞赛要利用市场法则创新项目运作,注重竞赛项目规划并强化竞赛项目评估,严格竞赛项目的遴选标准,坚持从实

---

①　"五小"指小发明、小创造、小革新、小设计、小建议。

际出发,积极探索和创新适应形势要求的竞赛组织形式和载体,提升竞赛的针对性和有效性;在项目实施过程中,强化项目责任和过程管理,对于执行中遇到的困难及时解决,出现的偏差及时纠正;建立完善竞赛项目库,健全信息反馈、项目督导、调查研究、评估考核、总结表彰等工作机制,强化闭环管理。

二是创新区域协同。新时代劳动竞赛要注重搭建交流合作平台,健全竞赛区域联动机制,探求区域合作的新模式,推动区域发展向更高水平迈进。劳动竞赛的开展要以产业发展、项目合作为纽带,发挥企业集中、产业聚集、行业相近等优势,加强竞赛区域联动,开展多层次、宽领域合作,提升竞赛的聚合效应。各级工会要探索建立区域性和行业性职工技术创新联盟,共享职工实训基地、技能学院等资源,举办区域性行业性竞赛,开展技术帮扶,从而提升区域整体技术水平。

三是创新模式载体。在竞赛模式上,新时代劳动竞赛要从速度型转向精细型,从体力型转向智慧型,从单一型转向综合型,从个体型转向协同型。新时代劳动竞赛要充分开发平台式、项目式、团队式、行业式的劳动竞赛;广泛开展以创建"工人先锋号"为载体的班组(科室、团队)竞赛活动,重点组织开展灵活多样、针对性强、群众喜闻乐见的中小型竞赛活动,建立"小考场""小擂台""小课堂""小示范点""小课题组""小板报"等活动载体。竞赛的组织者应探索建立重大疫情和经济波动等条件下的竞赛工作预案,推动竞赛活动常态化、长效化,同时充分运用互联网、大数据等信息化手段,将有条件的竞赛活动或者竞赛的部分环节转移到网络平台,提升竞赛场内和场外的互动性。

(四)重视思想引领,扩大竞赛影响

新时代劳动竞赛要始终重视弘扬劳模精神、劳动精神、工匠精神,引领正确的劳动价值观;通过劳动竞赛发掘先进人物、展现先进思想,加强示范引领;扩大竞赛参与群体、提高宣传影响的覆盖面,从而扩大竞赛的影响力。

一是弘扬"三种精神"。新时代劳动竞赛要积极构建和倡导以劳模精神、劳动精神、工匠精神为核心,以创新创造、发挥作用为价值理念,以多劳多得、技高者多得为共同意识,以爱岗敬业、公平公正为基本内涵的竞赛文化。在动员和开展劳动竞赛的过程中,工会要以社会主义核心价值观引领职工树立正确的劳动态度,大力弘扬爱岗敬业的职业道德,始终把劳动创造幸福的理念贯穿于竞赛宣传和组织的全过程,让劳动光荣、创造伟大成为时代强音。

二是加强示范引领。"劳动竞赛也是一种群众性的批评与自我批评,通过它可以不断地以先进带动落后。"①选树劳动模范、宣传劳模精神是激励广大劳动者的有效形式,也是社会主义劳动竞赛的一大法宝。选树奖励劳模、工匠等先进典型,大力宣传劳动竞赛中的先进事迹,有利于发挥劳模先进的引领带动作用,从而在企业内部兴起"比、学、赶、帮、超"的热潮,在全社会产生强大的影响力和带动作用。

三是扩大竞赛覆盖。新时代劳动竞赛要以非公有制企业为重点,广泛动员"三新"组织职工、"八大群体"和农民工参与竞赛。针对当前企业规模越来越小,灵活就业职工人数日益增多的特点,劳动竞赛应充分利用网络技术扩大竞赛参与主体的范围和数量,借助主流媒体平台和微博、微信、应用程序等新媒体建设劳动竞赛宣传主阵地,加强宣传覆盖,营造人人争先的劳动竞赛氛围。

(五)强化人才培养,注重成果转化

新时代劳动竞赛要推动高技能、高素质专业人才队伍建设,搭建成果和经验交流平台,推广劳动竞赛的典型做法,同时畅通职工创新成果转化应用渠道,提高创新成果转化应用成效。

一是发挥竞赛育人作用。新时代劳动竞赛要深入开展优秀创新人才培育选树活动,推动高技能创新人才培养,提升人才创新创造能力。政府相关部门要将劳动竞赛作为产业工人技能评价的重要方式之一,发挥以赛促训、以赛促评作用。企业要建立技术工人培养、考核、使用、激励机制,通过岗位技术练兵、技术比武等活动提高职工的岗位技能;引导职工树立继续学习、

---

① 《李立三赖若愚论工会》,档案出版社,1987年,第102页。

终身学习的理念,提高职工学习知识的能力、运用技术的能力、改革创新的能力;支持高技能创新人才成立创新工作室,广泛开展师带徒活动。

二是加强竞赛经验交流。新时代劳动竞赛要加强竞赛经验的总结和交流:以专题报道、系列报道等形式及时总结推广可复制、可推广的网上练兵、网上技能竞赛等竞赛的新模式新手段;广泛开展成果评选、展示交流等活动,及时总结推广先进操作法和最佳竞赛实践案例;广泛开展以劳动模范、创新典型、高技能人才名字命名先进操作法或工装器具活动,及时总结推广职工创新成果;深化劳模创新工作室创建并探索创建跨区域、行业和企业的劳模创新工作室联盟,加强技术交流与合作。

三是促进竞赛成果转化。新时代劳动竞赛要以竞赛为平台,以项目合作为牵引,助力资金、技术等要素协同集聚,推动职工创新成果产业化、规模化应用。各级工会要广泛开展创新、创造、创优成果大比拼活动,开展好政策咨询、技术指导、创新支持、奖励申报等成果转化服务,做好全国创新争先奖、中国专利奖等推荐工作,促进创新链和产业链精准对接。同时,竞赛的后期服务还应包括加强职工知识产权保护方面的制度规定和政策落实,利用技术市场开展技术转让和技术服务,形成"成果—转化—效益—成果"的创新生态链。

(六)完善竞赛机制,促进长效发展

新时代劳动竞赛应充分吸纳各种社会资源,优化"开门办竞赛"的组织机制,探索建立科学的劳动竞赛评估指标体系,构建科学的绩效评估机制,通过精神和物质相结合的激励机制激发劳动竞赛参与者的积极性和热情,形成长效机制。

一是多方参与机制。新时代劳动竞赛应按照"多方配合、共同参与"的原则,实现党委领导、政府支持、工会组织、部门积极配合、职工踊跃参与的新格局。各级工会组织要主动争取党委、政府、人大,特别是产业链"链长"和企业负责人的重视支持,把组织开展劳动和技能竞赛作为工会与政府联席会议的重要议题,推动出台鼓励和支持广泛开展职工劳动竞赛活动的政策。竞赛的顶层设计要强化一线职工代表参与,工会在竞赛过程中与政府、协会组织的密切联系与合作,加强与科研院校、行业协会、工商联、商会等的沟通协调,全面发挥产业工会、街道楼宇工会的优势作用,坚持资源共享、合作共赢。

二是绩效评估机制。新时代劳动竞赛要把职工满意不满意、党政支持不支持、社会认可不认可作为竞赛评估的重要内容。在评价竞赛效果时,既要注重眼前直接效益,也要关注长期效益,既要看到推进企业发展的显性效益,也要看到提高职工素质和打造企业文化、建立创新平台等隐性效益。竞赛考核标准应当坚持以量化考核为主、综合考核为辅的原则,制定定量要求,用数据说话,力求实效,做到公平、公正、公开。在制定量化考核标准时,要避免评价标准的单一化和简单化,可以依靠政府(行政)主管部门的专业优势,或借助社会专业机构的力量增强考核评估的专业性和权威性,如利用质量协会的用户满意度指数测评等。

三是考核激励机制。新时代劳动竞赛应形成劳动成果、劳动贡献与物质利益、社会荣誉相统一的激励机制,完善竞赛荣誉体系,制定物质和精神奖励并重的考核激励办法。劳动竞赛的结果要同职称评定、技术等级认定、工资收入、人员聘用选拔相挂钩,让职工能够从劳动竞赛中得到物质回报;对于竞赛中表现突出的先进典型,一方面要通过媒体进行广泛宣传给予社会认可,另一方面要在培训进修、劳模评选等政策方面适当倾斜,为其成长搭建更多平台,提供更多资源,创造更多机会。

(郭秋萍,上海工会管理职业学院讲师)

第五篇

新经济形态和新型劳动者群体

人工智能会实现劳动解放吗?
——基于马克思主义理论的回答 *

　　人工智能因为改变了人类的劳动样态和组织方式，以及自身具有的全域性赋能的独特价值，使其成为劳动解放的技术准备。但是这在现代社会中仅是有限度的劳动解放。因为现代社会的异化劳动根源是私有制。在现代社会中，自由时间在生产、分配、消费的环节中都被资本全面占有和剥夺了，造成了人们自由时间的获得性悖论。所以不能单纯地从自由时间的获得来判断智能时代的劳动解放。而且人工智能并没有成为独立的剩余价值来源，更不存在机器取代人就可以实现劳动解放的简单形式。当代中国由于创造了中国式现代化新道路和人类文明新形态，是马克思主义中国化与现代化结合的历史进程，表现为驾驭资本的特色，是最有可能运用人工智能促进有限度的劳动解放。

　　人工智能会实现劳动解放吗? 这是当前各个领域都异常关注的问题。包括哲学、社会学、经济学、政治学、马克思主义理论学科在内的各个学科都对这一问题进行了全面又深刻的讨论，并取得了诸多学术成果。学界对这一问题大多持较为乐观的态度，认为智能化生产方式的变革，抑或是智能机器人的大规模应用，必然会让劳动者从劳动中解放出来，获得"自由"，然后可以去从事自己想从事的事情。"如果养活所有人的财富可以由人工智能机器人

---

　　*　本文原载于《马克思主义与现实》2022 年第 2 期。

以及少数工作的人来实现的话,那么对于绝大多数人而言,尽管他们丢掉了工作岗位,却获得了更重要的东西,那就是自由。"①这些理论探讨开创性地触及了人工智能的社会意义,超越了人工智能单纯的技术把握,为学界后续研究提供了新的学术生长点。但是这些讨论大多是从具体劳动维度,以免除直接劳动形式的技术层面进行人工智能与劳动解放的探讨。这一理论框架在认同人工智能带来劳动解放的同时,又不可避免地落入了人工智能带来"失业"的恐慌之中。这一"症结"使得我们有必要立足马克思主义整体性视域,重新审视人工智能与劳动解放的关系。对人工智能能否实现劳动解放的回答,应该置于劳动解放是何种劳动解放的理论前提下,以深入劳动解放本质的理论进路去探讨。基于此,我们可以从马克思主义的唯物史观和剩余价值论两大科学发现,对人工智能能否实现劳动解放和如何实现劳动解放进行科学探讨。

马克思主义对劳动解放的把握存在着两个向度:一是价值性层面,将劳动解放看作异化劳动的扬弃,是使劳动回归人自我发展本身的过程;二是从政治经济学的研究范式出发,认为劳动解放就是自由时间的获得与扩大,是人们在自由时间中进行全面发展,是人的自由全面发展必经的历史阶段。人工智能技术的应用,的确在这两个方面都为劳动解放的实现提供了必要的技术条件,这在事实上也印证了马克思主义科学理论关于未来生产方式的"预测"。

一、人工智能是劳动解放的技术准备

学界对人工智能与劳动解放的技术层面探讨,即认为这种生产方式的变革能够将人类从危险、繁重的工作中解放出来,并扬弃异化劳动,是符合马克思对劳动解放的历史条件探讨。换言之,人工智能只是劳动解放的历史条件之一,是劳动解放的技术准备,只是为劳动解放提供可能性,并不能直接实现劳动解放,更不能简单地将人工智能技术下的"不劳动"等同于劳动

---

① 高奇琦:《人工智能、人的解放与理想社会的实现》,《上海师范大学学报（哲学社会科学版）》,2018 年第 1 期。

解放。"马克思自己在德语和英语作品中正面地主张'劳动解放'时,所用的
提法总是'die Emanzipation der Arbeit'和'the emancipation of labour',是使
劳动获得无束缚的存在"①,而不是"免除"劳动本身。

　　第一,人工智能技术的出现与发展本身就是剩余价值规律在生产力发
展上的体现,验证了马克思主义的科学性。"资本的出现是以劳动力商品化
为前提的"②。因此,在雇佣劳动这一历史的生产关系中,资本只要付出劳动
力的价格就能获得整个劳动的价值。这样,资本就可以通过无偿占有工人剩
余价值的方式,实现自己的增殖。又由于通过延长工作时间占有绝对剩余价
值的方式既有限度,也不持久,所以资本在增殖的内在驱动下,会试图通过
将"生产力提高到极限"③的方式,压缩必要劳动时间,增加剩余劳动时间,从
而增加相对剩余价值。如此一来,资本的自我增殖就是要"提高劳动生产力
和最大限度否定必要劳动"④。资本最大限度否定必要劳动主要是通过两种
方式:一是选择减少工资,二是减少劳动力数量。前者容易遇到道德限制和
自然限制,既不持久也不可行,所以最大限度否定必要劳动的趋势就与提高
劳动生产力的趋势逐渐汇合。而"劳动资料转变为机器体系,就是这一趋势
的实现"⑤。劳动力数量最大限度地减少,就是通过劳动对象化的固定资本来
体现劳动的生产力。毕竟,对资本而言"工人不是生产条件,而只有劳动才是
生产条件。如果资本能够让机器,或者甚至让水、空气去从事劳动,那就更
好"⑥。所以随着生产力的发展,劳动会逐渐从生产环节中剥离出来,"劳动自
身仅仅是这个体系里的一个环节"⑦。劳动与生产的分离,意味着相对剩余价
值的生产愈来愈依赖于劳动资料的效率。"生产过程从简单的劳动过程向科

　　① 陈学明、姜国敏:《马克思主义的"劳动解放"理论及其对当代中国的启示》,《上海师范大学
学报(哲学社会科学版)》,2016年第4期。

　　② 刘伟兵:《马克思现代社会思想的总纲——〈1857—1858年经济学手稿〉研究与启示》,《东南
学术》,2019年第6期。

　　③ 《马克思恩格斯全集》(第2版)(第30卷),人民出版社,1995年,第406页。

　　④⑤ 《马克思恩格斯全集》(第2版)(第31卷),人民出版社,1998年,第92页。

　　⑥ 《马克思恩格斯全集》(第2版)(第30卷),人民出版社,1995年,第491~492页。

　　⑦ 《马克思恩格斯全集》(第2版)(第31卷),人民出版社,1998年,第91页。

学过程的转化，也就是向驱使自然力为自己服务并使它为人类的需要服务的过程的转化。"①而这种效率则"取决于科学的一般水平和技术进步，或者说取决于这种科学在生产上的应用"②。这就是剩余价值规律在促进生产力发展中，必然会出现的趋向于"无人化""自动化"的智能化生产现象，以及必然会诞生可以最大限度否定必要劳动和最大限度依赖固定资本的"无人化"生产变革的"马克思预测"。"劳动资料发展为机器体系，对资本来说并不是偶然的，而是使传统的继承下来的劳动资料适合于资本要求的历史性变革。"③

第二，人工智能为劳动解放提供了固定资本形式、劳动形态上的技术准备。其一，人工智能为劳动解放提供了固定资本形式上的技术准备。学界在技术路径上认为人工智能实现劳动解放的流行观点是认为人工智能由于技术上的突破，已经成为独立的剩余价值来源，可以让人工智能从事生产劳动，进而通过剥削人工智能的方式代替对劳动者的剥削，实现无产阶级的解放。这样所有人都可以在自由时间内从事自由全面发展的劳动。"弱人工智能生产也创造价值，这一点突破了经典劳动价值论关于'人类劳动是价值唯一源泉'的基本前提。"④"智能劳动也是创造价值的劳动，具有劳动创造价值的一般性。"⑤

但是将固定资本看作具有独立的剩余价值来源恰好是马克思所要批判的。"由此可见，罗德戴尔把固定资本说成是和劳动时间无关的、独立的价值来源，是何等荒谬。"⑥当人们认为人工智能的"人工恩惠"可以像劳动者"自然恩惠"一样具有创造价值的活劳动时，在逻辑上就犯了一个费尔巴哈式

---

① 《马克思恩格斯全集》(第2版)(第31卷)，人民出版社，1998年，第95页。

② 同上，第100页。

③ 同上，第92页。

④ 胡斌、何云峰:《弱人工智能时代的劳动价值论与劳动制度》，《浙江工商大学学报》，2019年第4期。

⑤ 何玉长、宗素娟:《人工智能、智能经济与智能劳动价值——基于马克思劳动价值论的思考》，《毛泽东邓小平理论研究》，2017年第10期。

⑥ 《马克思恩格斯全集》(第2版)(第31卷)，人民出版社，1998年，第97页。

"樱桃树"的错误,忽视了人工智能本身就是人的历史的产物。人工智能是人的对象化劳动,是固定资本的机器形式,其对价值来源的"创造"还是来自使用机器劳动力的"活劳动"。"资本通过使用机器而产生的剩余价值,即剩余劳动,——无论是绝对剩余劳动,还是相对剩余劳动,并非来源于机器所代替的劳动力,而是来源于机器使用的劳动力。"①不过,人工智能作为固定资本虽然不创造价值,却能将对象化的劳动转移到产品中。"不变资本之所以'不变',是指它的转移价值和生产价值是一致的,而不是说生产它的价值不发生变化。"②而且由于智能化技术的革命,人们通过编码,将智能机器可以模拟人的部分智慧,进行高效率的劳作,创造出更多的使用价值。随着价值转移的结束,智能机器也就在折旧中宣告使命的完结。所以人工智能对劳动解放的技术准备并不是形成了一个独立的剩余价值来源,而是形成了一个可以保存价值并能高效率生产使用价值和转移价值的固定资本形式。

其二,人工智能技术通过赋予机器"智能",改变了人类劳动的历史样态和组织形式,从而加快了劳动从生产环节中独立出来的过程。人工智能的"智能"是对人类解决问题的显性智能的模仿,主要表现为对经验性知识、规范性知识、常识性知识的收集、应用与处理,对不同知识的侧重形成了结构主义、功能主义和行为主义的研究范式。结构主义的研究范式,秉持着联结主义的认识观,认为人类智能的基础单元是神经元,依靠的是不同神经元组成的神经网络。因此,人工智能也通过模拟人脑的神经网络运行方式,以网络并行的方式整体表达语义内容。功能主义的研究范式则秉持着符号主义的认识观,认为人类认知的基本单元是符号,因此通过对物理符号进行形式逻辑对应,可以实现对规范性知识的处理。行为主义的研究范式则认为,智能是在与周围环境的交互作用中通过行为表现出来的。因此,他们主要是设计一个"感知-行动"的模式来模仿智能面对外部刺激作出的反应行为。这三种研究范式虽然在对智能的认知上具有差异,但是在智能建构上都是依赖于机器学习的方式,即用大量的数据,训练机器用算法来分析数据,进行归

---

① 《马克思恩格斯全集》(第 1 版)(第 47 卷),人民出版社,1979 年,第 371 页。

② 余陶生:《劳动价值论争论评说》,中国社会科学出版社,2017 年,第 423 页。

纳、求解,从而在数据的解析中学习如何完成任务。"计算是人工智能的本质。"①而且随着计算能力的大大增强和数据的大量积累,机器学习也从浅层学习开始走向了深度学习,即使用包含复杂结构或由多重非线性变换构成的神经网络对数据进行高层抽象的算法。如此一来,人工智能就可以将现实世界中接触的图像、语音等都转化为数值进行处理,也就具备了模式识别、自然语言处理的智能功能。

而这种人工智能技术带来的智能化生产方式改变了现代人类劳动样态和组织方式,开始逐步为人类劳动解放提供物质技术条件。这种机器取代人的智能化生产方式表现为"无人化"与"自动化"。通过前期的程序设计,设计者赋予了机器"智能",将劳动对象和劳动过程数字化,并输入到智能机器的算法中,使得智能机器在生产过程中以发现"问题"、解决"问题"的方式,对生产方式完成一次"求解"。而且智能机器还可以通过机器学习的方式,不断反馈信息、总结经验、完善智能化生产。这种智能化生产方式,极大地改变了生产环节中的人机关系,人类日后仅仅只需要输入几行代码,或者按一下按钮,就能完全依靠智能机器进行自动化生产。在这一过程中,直接劳动形式被不断扬弃,出现了更多的间接劳动形式,社会生产出现了总体工人现象。"产品从个体生产者的直接产品转化为社会产品,转化为总体工人即结合劳动人员的共同产品。总体工人的各个成员较直接地或者较间接地作用于劳动对象。"②如此一来,人工智能技术的发展加快了劳动从生产环节中独立出来的历史趋势,为人类劳动解放提供了必要的技术准备。因为在智能化生产方式的基础上,只要扬弃了私有制,人类就不再是纯粹的自然力,而是以劳动主体的形式,"作为支配一切自然力的活动出现在生产过程中"③。人类也不再被物化为生产环节中的一部分,而是"站在生产过程的旁边"④,成为"生产过程的监督者和调节者"⑤。

---

① 陈钟:《从人工智能本质看未来的发展》,《探索与争鸣》,2017年第10期。
② 《马克思恩格斯全集》(第2版)(第44卷),人民出版社,2001年,第582页。
③ 《马克思恩格斯全集》(第2版)(第30卷),人民出版社,1995年,第616页。
④ 《马克思恩格斯全集》(第2版)(第31卷),人民出版社,1998年,第100页。
⑤ 同上,第100页。

　　第三,人工智能全域性赋能的独特价值,触及了劳动解放中的劳动者本身,丰富了人的社会关系,为扬弃异化劳动和人的自由劳动、全面发展提供必要的技术准备。人工智能技术的独特性表现为,"只要给定了人工智能系统所面对的'问题类型'、提供了求解该类问题所需要的'知识'、正确地预设了求解该类问题的'目标',那么,原则上说,所有这些模块的设计都是可行的"①。这种"AI+"的赋能变革,使得人工智能技术不再局限于物质生产,而是溢出到社会生活的各个方面,引起整个行业生态和逻辑的智能化变革。每一位劳动者都可以通过人工智能的技术赋能,掌握数字技术,实现在不同领域的"无能""弱能"向"有能""强能"的转变。这一过程也是对基于人类分工基础上异化劳动的扬弃过程。以往的科技革命都是不断强化劳动者在社会、生产领域中的分工,使得劳动者无论是在工场手工业还是机器大工业中,都成为生产环节中的一部分,成为"活的机器"和"机器零件"。这种专业化生产和分工,虽然促进了历史进步和人类发展,但是也造成了人类的片面化。每一个人也许成为一个优秀的教师、医生、工人,但都只是片面的社会关系规定。而在人工智能的全域性赋能的变革下,所有领域的人类劳动都可以简化为人类与人工智能技术的互动,智能化的人机关系重构了人类其他的社会关系。人们只需要掌握人工智能技术,就可以打破不同领域、行业之间的壁垒与门槛,在人工智能技术的赋能下进行各个领域的自由劳动。人类上午打猎,下午捕鱼,晚上从事批判就具有了技术赋能条件下的历史可能。由此可见,人工智能的全域性赋能解构了社会分工,为人类自由劳动和全面发展提供了技术可能。

　　然而异化劳动产生的根源是私有制,并不是生产力水平低。只要工人依旧不掌握生产资料,那么在雇佣劳动关系中,工人得到的只能是劳动力价格,付出的却是整个劳动。如此一来,异化劳动就会一直存在,劳动就无法复归到"自由的生命表现"上来。即便是人工智能的快速发展,机器取代人成为现实,但是在私有制不变的情况下,只会生产出新的异化劳动形式。例如,随

---

　　①　钟义信:《人工智能:概念·方法·机遇》,《科学通报》,2017年第22期。

着工业化、信息化技术的发展,人们一些早期的异化劳动形式在生产方式变革中被机器取代了。但是现代社会出现了新的异化劳动现象,包括"996"上班模式、在家加班形式、智能监控上班模式等。可见,生产力的发展,并不能自然而然地克服异化劳动,实现劳动解放。人工智能只是为劳动解放提供一个技术上的准备。因此,为了更加全面地揭示人工智能与劳动解放的关系,我们有必要引入私有制概念,在"私有制"关系中重新衡量人工智能是如何促进有限度的劳动解放。

二、私有制条件下人工智能有限的劳动解放

劳动解放的科学路径是自由时间的获得与扩大。而人工智能技术的发展,会最大限度地否定必要劳动,从而最大限度地生产出剩余劳动时间也就是剩余价值。那么可否就简单地认为人工智能技术的使用就必然会让人们免于异化劳动,以及获得更多的自由时间,从而实现劳动解放呢? 对这一问题的回答必须要放在私有制中的资本和雇佣劳动关系的理论框架中才能获得全面准确的答案。

第一,人工智能的使用和劳动的"免除"并不是一个技术问题,而是一个经济问题。学界有观点认为,人工智能的使用可能会使一些繁重、单调乏味、重复性劳作的工作机会被智能机器代替。在这些领域中的失业劳动者届时失去的只是异化劳动的就业机会,获得的却是自由全面发展的可能。"人类创造人工智能的目的就是要替代人类劳动,帮助人类完成某些人类无法完成的任务,代替人类执行危险的任务。这样的替代尽管在广泛的领域里可能给人类的劳动机会带来挑战,导致部分人失业,但是人们却获得了前所未有的劳动解放,繁重的、单调的、枯燥乏味的、危险性的劳动不再折磨人类;而且,人们获得了大量的时间去自由而全面地发展自己。因此,人工智能挑战的是劳动权利,带来的是人的劳动解放和自由而全面发展的机会。"[①]

但是这种观点在事实上违背了剩余价值规律。因为资本的局限之一,就

---

① 何云峰:《挑战与机遇:人工智能对劳动的影响》,《探索与争鸣》,2017 年第 10 期。

是构成了生产力发展的界限。"就相对剩余劳动时间来说,是生产力发展的界限。"①人工智能的发展与使用并不由科学技术是否成熟决定,而是由人工智能在生产上能否给资本带来剩余价值决定。"只有在机器使工人能够把自己的更大部分时间用来替资本劳动,把自己的更大部分时间当作不属于自己的时间,用更长的时间来替别人劳动的情况下,资本才采用机器。"②可见,智能机器是否会取代人,不只是一个技术问题,更是一个经济问题。这虽然是历史发展的趋势,却是以能否获得剩余价值作为前提条件的。所以在私有制条件下,能否使用人工智能来促进劳动解放都需要受资本增殖的规律所限制。简单地认为人工智能技术出现就会必然促进生产方式变革,促进人的劳动解放是一种不切实际的幻想。

第二,即便人工智能技术被运用在生产方式变革,但是在私有制条件下,人工智能技术所节省下来的剩余劳动时间,也不一定会被劳动者获得。因为在私有制条件下,智能机器的使用并不会自然而然地使人们获得自由时间,反而是试图将剩余时间转化为剩余劳动。资本"一方面创造可以自由支配的时间,另一方面把这些可以自由支配的时间变为剩余劳动"③。工人们在剩余时间里也要劳动,从而"才有可能使他自身的再生产所必需的劳动时间对象化,实现即客体化"④。"随着机器的使用,侵吞别人劳动时间的贪欲到处都在增长,而工作日——在尚未受到法律的强制干预之前——不是缩短了,相反地却延长到了超过它的自然界限,不仅相对剩余劳动时间增加了,而且总劳动时间也增加了。"⑤而工人们又由于机器生产造成的过剩人口下的内部竞争,被迫地接受自由时间被剥夺。"那些被机器排挤的工人游离出来,制造了过剩的劳动人口,这些人不得不听命于资本强加给他们的规律。"⑥于是,资本家们通过占有工人的剩余劳动方式,占有工人的剩余时间,从而

① 《马克思恩格斯全集》(第2版)(第30卷),人民出版社,1995年,第396页。
② 《马克思恩格斯全集》(第2版)(第31卷),人民出版社,1998年,第96页。
③ 同上,第103~104页。
④ 同上,第23页。
⑤ 《马克思恩格斯全集》(第2版)(第32卷),人民出版社,1998年,第363页。
⑥ 《马克思恩格斯全集》(第2版)(第44卷),人民出版社,2001年,第469页。

使自己在"必要劳动时间内也不从事劳动"①。如此一来,只有资本家的剩余时间才是"供自由发展的时间"②。因此,"资本家是窃取了工人为社会创造的自由时间,即窃取了文明"。③

在这一过程中,出现了商品交换规律承认下的资本家与工人围绕自由时间的权利之争现象,而"在平等的权利之间,力量就起决定作用"④。因此,只有工人阶级具备了自己的阶级意识,从自在阶级走向自为阶级,才能形成阶级力量与资本家进行自由时间的争夺。正如在第二次工业革命时期,机器化工业大生产方式的推广,在逻辑上应该是实现机器取代人的劳动解放进程,是帮助获得并增加人们自由时间。但是事实上,却是进一步加深了人们的异化劳动,出现了机器统治人的现象,从而出现了工人们试图通过砸毁机器换取自身解放的荒唐闹剧。而在自为阶级逐渐形成的过程中,工人阶级通过团结斗争,为自己争取到了工作日的法案,从而"终于明确地规定了,工人出卖的时间何时结束,属于工人自己的时间何时开始"⑤。可见,"当马克思将'自由时间理论'与'阶级理论'并举时,就已经意味着'资本逻辑'的自返性与'革命主体'的塑造必须结合起来,在通向人的解放的道路中二者缺一不可"⑥。

这种技术发展下的劳动解放悖论,在人工智能时代依旧存在。智能化的生产方式,在提高生产效率、节省劳动时间的同时,又让人们在智能生产方式中,通过扩大生产与再生产,将剩余时间转化为剩余劳动,从而追逐更多的剩余价值。因此,人工智能时代一方面存在着促进人们自由时间不断增加的趋势;另一方面又蕴含着将自由时间转化为剩余劳动的剩余价值规律。如果忽视了阶级因素在促进自由时间转化方面的作用,而仅仅寄希望于科学技术的发展,那么在这种时代悖论下,意味着寄托于人工智能实现劳动解放

①②③ 《马克思恩格斯全集》(第2版)(第31卷),人民出版社,1998年,第23页。

④ 《马克思恩格斯全集》(第2版)(第44卷),人民出版社,2001年,第272页。

⑤ 同上,第349~350页。

⑥ 任劭婷:《马克思对自由时间现实化困境的双重批判及其当代意义》,《马克思主义与现实》,2019年第4期。

的设想在事实上已经破产了。

　　第三,即便劳动者获得了剩余劳动时间,也不一定会将其作为自由全面发展的自由时间。因为资本在追逐剩余价值的过程中,客观地促进了消费的全面扩张, 不断生产和再生产出人们新的需要, 而且其中很多都是虚假需求。"第一,要求在量上扩大现有的消费;第二,要求把现有的消费推广到更大的范围来造成新的需要;第三,要求生产出新的需要,发现和创造出新的使用价值。"①人们在自由时间里,看着泡沫剧,逛街与购物,消费着自己空余时间的同时,也消费着由资本全面扩张带来的全面生产。如此一来,人们虽然在生产环节中被解放出来,并获得了自由时间,但是在消费环节中又使得自己的自由时间以消费的形式被资本占有了, 从而帮助资本完成自我增殖的闭环。因此, 抛开资本逻辑单独看待科学技术的发展容易造成片面的乐观。马克思就很清晰地认识到,机器生产本身有利于人的解放,但是一旦被资本主义应用后,就会造成诸多悖论性问题。"因为机器就其本身来说缩短劳动时间,而它的资本主义应用延长工作日;因为机器本身减轻劳动,而它的资本主义应用提高劳动强度;因为机器本身是人对自然力的胜利,而它的资本主义应用使人受自然力奴役;因为机器本身增加生产者的财富,而它的资本主义应用使生产者变成需要救济的贫民。"②

　　所以在资本还是必经的历史阶段中,人工智能技术的使用,以及对劳动解放所提供的技术准备都是有限的,都受资本增殖的限制。人工智能只是劳动解放的一个必需的技术条件, 而且在私有制条件下只能实现有限度的劳动解放。

三、当代中国人工智能与劳动解放

　　行文至此,我们还需要回答一个现实的问题,即在中国式现代化新道路和创造的人类文明新形态的当代中国, 人工智能究竟是在何种意义上具有

---

　　① 《马克思恩格斯全集》(第 2 版)(第 30 卷),人民出版社,1995 年,第 388 页。

　　② 《马克思恩格斯全集》(第 2 版)(第 44 卷),人民出版社,2001 年,第 508 页。

促进有限度的劳动解放功能呢？基于此,我们应明确习近平总书记对人工智能的文明意蕴和时代价值的把握:"人工智能是引领这一轮科技革命和产业变革的战略性技术,具有溢出带动性很强的'头雁'效应。在移动互联网、大数据、超级计算、传感网、脑科学等新理论新技术的驱动下,人工智能加速发展,呈现出深度学习、跨界融合、人机协同、群智开放、自主操控等新特征,正在对经济发展、社会进步、国际政治经济格局等方面产生重大而深远的影响。"[1]在此基础上,我们通过对中国式现代化新道路和人类文明新形态的把握,来明确人工智能是在何种意义上促进有限度的劳动解放。

首先,中国式现代化新道路和人类文明新形态是通过驾驭资本的方式来促进人工智能技术的发展和劳动解放。其一,驾驭资本表现为让市场在资源配置中起决定性作用和更好地发挥政府作用,发挥资本促进人工智能技术发展的作用。"资本是生产的,也就是说,是发展社会生产力的重要的关系。"[2]在这一过程中,就业岗位的新增,资本积累和扩大再生产等,都有利于代表最新生产力的人工智能技术的成熟与发展。正如习近平所言:"理论和实践都证明,市场配置资源是最有效率的形式。"[3]资本成为人工智能技术发展的重要驱动力。但是市场并不是万能的,存在一定的自发性、盲目性和滞后性。资本的目的也不是发展生产力,而是获得剩余价值。一旦人工智能技术领域的剩余价值获得少于资本的投入,那么资本就会放弃这一领域,不再推动人工智能技术的发展。这时,就要通过发挥政府在公共领域的职能,引导和促进市场配置资源,避免和减少由市场经济带来的经济波动。如此一来,才能在驾驭市场经济的基础上,更好地发挥资本的文明面,促进人工智能技术的发展。

在我国社会主义市场经济体制下,政府就通过制定一系列人工智能技

---

[1] 习近平:《加强领导做好规划明确任务夯实基础 推动我国新一代人工智能健康发展》,《人民日报》,2018年11月1日。

[2] 《马克思恩格斯全集》(第2版)(第30卷),人民出版社,1995年,第286页。

[3] 习近平:《关于〈中共中央关于全面深化改革若干重大问题的决定〉的说明》,《人民日报》,2013年11月16日。

术发展战略促进了人工智能的发展。中国在《"十三五"国家科技创新规划》《"十三五"国家战略性新兴产业发展规划》《"互联网+"人工智能三年行动实施方案》《新一代人工智能发展规划》中,制定和实施以人工智能为核心的新一轮科技发展战略,并将之同转变经济发展方式,深化供给侧改革紧密对接。在社会主义市场经济体制下,中国的人工智能技术促进劳动解放的历史进程与其他国家又有不同。这是因为,社会主义市场经济体制的精髓就是"社会主义作为一种社会制度和市场经济作为一种资源配置机制,可以有机结合起来,同时发挥二者的优势,并生成新的制度优势和体制优势"①。

其二,驾驭资本的表现形式,表现为在社会主义市场经济体制中,坚持党的领导是人工智能技术促进劳动解放的重要保证。其他国家成熟的市场经济体制也有宏观调控,为何中国的社会主义市场经济体制的宏观调控就更能保证人工智能技术促进人类劳动解放呢? 因为在社会主义市场经济体制下,国家的宏观调控是为了满足人民美好生活的需要,实现的是共同富裕,坚持的是人民立场。这就意味着政府的宏观调控是为了促进生产力发展和人的自由全面发展,不是为了获得更多剩余价值。而且党的领导是发挥政府宏观调控的重要保证。"坚持党的领导,发挥党总揽全局、协调各方的领导核心作用,是我国社会主义市场经济体制的一个重要特征。"②通过党的坚强有力领导,能够始终从全局和战略高度,以历史发展的思维,维护最广大人民的利益,为人工智能技术发展把握方向,制订计划。如此一来,通过宏观调控,缓解人工智能技术带来的失业、贫富分化等问题,使其更持久和聚焦于劳动解放。

其三,驾驭资本还表现为以公有制为主体的生产资料所有制结构和以按劳分配为主体的分配方式,确保人工智能技术发展促进劳动者自由时间的获得与增加,促进人的自由全面发展。在私有制企业中,人工智能所生产出来的自由时间会被继续转化为剩余劳动,并不会自觉地转化为人们自由全面发展的自由时间。但是在公有制企业中,人工智能所生产的一部分剩余

① 胡家勇:《试论社会主义市场经济理论的创新和发展》,《经济研究》,2016年第7期。
② 《习近平关于社会主义经济建设论述摘编》,中央文献出版社,2017年,第61页。

劳动时间,会自觉地转化为人们自由全面发展的自由时间。这是因为在经济利润性质方面,公有制企业的经济剩余具有公共性,不归个人和集团所有。这种经济剩余一部分要归社会所有,另一部分投入扩大再生产,是一种社会所有的公共积累。在分配制度方面,公有制企业是按劳分配,体现的是等量劳动互换。在公有制企业中,劳动者是生产资料的主人,而不是作为生产剩余价值的生产要素。因此,管理者与劳动者不再是雇佣制关系,管理者不可能无偿占有劳动者的剩余劳动时间。劳动者是通过按劳分配的原则享有企业成果分配,收入高低取决于劳动贡献度和企业效益。在这一过程中,劳动时间与自由时间都归劳动者个人所有,劳动也就摆脱了资本的束缚。因此,在中国的社会主义市场经济体制下,人工智能能够促进较为全面的劳动解放。

其次,中国式现代化新道路和人类文明新形态是马克思主义中国化的逻辑与现代化的历史进程结合的产物,具有人类解放的价值取向,必然包含了劳动解放的历史趋势。"中国道路的百年探索是现代化与马克思主义中国化的双重进程。"[1]马克思主义归根到底就是为人类求解放。"马克思主义博大精深,归根到底就是一句话,为人类求解放。"[2]近代中国选择马克思主义后,就一直在中国共产党的领导下,随着政治解放、社会解放、劳动解放直至人类解放的解放进路进行历史实践。但是"马克思主义的学说或原理,除非能够深入于社会—历史的现实,并在这种深入中得到全面的具体化,否则的话,它就会立即丧失其生命线而不再是马克思主义的了"[3]。因此,马克思主义融入中国文明就需要一个中国化的进程,就需要将"马克思主义基本原理同中国具体实际相结合、同中华优秀传统文化相结合"[4]。

正是因为马克思主义中国化逻辑的存在,使得现代化不是中国的大厦,而是大厦的地基。马克思主义本身就是资本文明内在对抗性的产物,其对人

---

① 吴晓明:《马克思主义中国化与新文明类型的可能性》,《哲学研究》,2019 年第 7 期。

② 习近平:《在纪念马克思诞辰 200 周年大会上的讲话》,《党建》,2018 年第 5 期。

③ 吴晓明:《中国道路的百年探索与马克思主义中国化》,《北京师范大学学报(社会科学版)》,2021 年第 4 期。

④ 习近平:《在庆祝中国共产党成立 100 周年大会上的讲话》,《人民日报》,2021 年 7 月 2 日。

类解放的追寻就是在充分占有现代文明积极成果的基础上对现代性的批判和扬弃。所以中国创造的人类文明新形态必然蕴含着超越现代文明的内在趋势,必然导向人的自由全面发展和共产主义的实现。在这一过程中,就是将马克思主义关于人类解放的哲学定向重构中国传统哲学,重塑中华文明的价值内核、伦理道德,同时"以扬弃了的现代性为本质特征的"①,既符合现代文明又超越现代文明的新形态。所以在中国式现代化新道路和人类文明新形态中,人工智能技术是最有可能充分实现劳动解放的。人工智能技术对劳动解放的实现,是融入中国的生产力发展和对人民美好生活需要的满足之中,是具有为人类求解放的人类文明新形态的必经阶段。

　　总之,从马克思主义理论出发回答人工智能能否实现劳动解放的问题,应该从以下四个方面去通盘考虑:第一,智能化生产只是生产方式的变革,并没有形成独立的剩余价值来源,也没有成为新的劳动者。但是智能化生产改变了现代的劳动样态和组织方式,而且全域性赋能的独特价值"为个人生产力的全面的、普遍的发展创造和建立充分的物质条件"②,也产生了"炸毁这个社会的地雷"③,在生产力发展方面为人的劳动解放提供了重要的技术准备。第二,在人工智能时代,生产资料的私有依旧是导致人们异化劳动的根本原因。单纯片面地依靠人工智能等技术的发展,并不能在与资本的力量对比中获得解放。第三,人工智能时代在生产力快速发展的前提下,依旧需要培育无产阶级的阶级意识才能实现劳动解放。这是因为面对社会的普遍不公正和与国家制度的全面对立,无产阶级只有实现所有人的解放才能实现自身的解放。第四,中国式现代化新道路和人类文明新形态由于是马克思主义中国化与现代化结合的历史进程,休现了中国特色社会主义的优越性,使得人工智能技术在中国能够促进较为全面的劳动解放。

　　(刘伟兵,复旦大学马克思主义研究院讲师)

---

① 吴晓明:《世界历史与中国道路的百年探索》,《中国社会科学》,2021年第6期。
② 《马克思恩格斯全集》(第2版)(第30卷),人民出版社,1995年,第512页。
③ 同上,第109页。

自动化新闻与新闻劳动的重构：
技能变迁的视角 *

自动化新闻是人工智能技术在新闻传播领域的具体应用，它重构了包括新闻劳动在内的传媒生态的核心要素。随着自动化新闻在新闻传播领域的快速崛起，新闻记者正经历着由"去技能化"向"再技能化"的技能变迁，且"多技能化"的趋势日渐明朗。同时，新闻生产过程和劳动者技能成长的有效结合反映出自动化新闻背景下的人机关系是一种"我中有你、你中有我"的共存关系，而非"有你没我"的竞争关系。在未来，自动化新闻能否成为一种更为进步和解放的力量，赋予新闻劳动以独立的、建设性的意义，这一问题既事关新闻从业者美好的职业愿景，也为相关研究者打开了广阔的想象空间。

一、研究背景

近年来，人工智能技术以一种无处不在的方式影响着人们生活的各个方面，自动化新闻就是这一技术在新闻传播领域的具体应用。与新闻记者相比，自动化新闻在数据采集和处理、新闻生产速度和总量、降低新闻生产成本、预测新闻事件的发展趋势等方面具有明显的优势，因此受到越来越多新闻机构的青睐，被广泛应用于新闻生产的实践活动中，进而引发了新闻业深

---

* 本文原载于《福建师范大学学报》(哲学社会科学版)2021 年第 1 期。

层次的变革。①

　　所谓自动化新闻，是指一种建立在算法、人工智能程序平台和自然语言衍生技术基础上的新型新闻生产模式。②它通过采集各种类型和题材的海量化数据，从中寻找关联性，生成符合不同素材的新闻模式和规则，以此来进行新闻稿件的创作。因此，在自动化新闻的生产过程中，很少甚至不需要进行人工干预。这种基于自动化技术的新闻生产方式可以追溯到 20 世纪六七十年代兴起的精确新闻学。精确新闻学强调信息处理技术是新闻客观性、科学方法和科学理想的重要保障，而自动化新闻则是这一理念在当前新闻生产实践中的具体表现和最新发展。③

　　2006 年 3 月，跨国商业数据供应商汤姆森金融公司（Thomson Financial）使用计算机程序对大量财经数据进行快速加工、处理和整合，生成完整的经济和金融类新闻报道，这成了全球最早的自动化新闻实践。2010 年 5 月，美国科技创新公司叙事科学（Narrative Science）研发出了一款名为"鹅毛笔"（Quill）的自动化新闻撰写工具（又称"写稿机器人"），之后，《洛杉矶时报》最早将这一技术引入实际的新闻生产中，成为自动化新闻发展历史上的一座里程碑。随着自动化新闻实践的日常化和普遍化，涌现出了一大批与自动化新闻生产密切相关且实用性很强的应用系统，如美国《纽约时报》的 Blossomblot 新闻筛选和推送系统、《洛杉矶时报》的 Quakebot 地震新闻生成系统、《华盛顿邮报》的 Heliograf 实时体育赛事新闻生成系统、英国路透社的 Lynx Insights 数据挖掘和分析系统、英国新闻联合社（Press Association）的 Radar 社区新闻生成系统、俄罗斯 Yandex 公司研发的 Meteum 气象预测系统，等等。截至 2018 年初，欧美几乎所有主流新闻机构都已经搭建起一定程度的自动化新闻生产平台，自动化新闻报道的数量呈现出遍地开花式增长的态势。④

---

　　① 孟晖：《人工智能技术重塑新闻生产的进路与问题》，《国外社会科学前沿》，2020 年第 7 期。

　　② 参见匡文波：《记者会被机器人取代吗》，《新闻与写作》，2017 年第 9 期。

　　③ 参见方洁、颜冬：《全球视野下的"数据新闻"：理念与实践》，《国际新闻界》，2013 年第 6 期。

　　④ See Ghuman, Ramandeep and Ripmi Kumari, Narrative Science: A Review, *International Journal of Science and Research*, Vol. 2, No. 9, 2013, pp. 205–207.

我国自动化新闻的研发和使用起步较晚,但从 2015 年 9 月我国首篇由写稿机器人创作的新闻稿件《8 月 CPI 同比上涨 2.0%创 12 个月新高》发布以来,自动化新闻发展迅猛,尤其是在财经、体育、自然灾害、健康、气象等领域。其中颇具代表性的写稿机器人有:腾讯的"梦幻写手"(2015 年 9 月上线)、新华社的"快笔小新"(2015 年 11 月上线)、光明网的"光明机器人"(2016 年 4 月上线)、阿里巴巴集团与第一财经合作研发的"DT 稿王"(2016 年 5 月上线)、今日头条的"张小明"(2016 年 8 月上线)、百度的"写作机器人"(2016 年 12 月上线)、《南方都市报》的"小南"(2017 年 1 月上线)、封面新闻的"小封"(2017 年 11 月上线),等等。[①]不少学者认为,与欧美国家大型新闻机构中使用较为成熟的写稿机器人相比,我国的自动化新闻发展还处在相对初级阶段,但同时,技术的快速更迭和应用场景的多元化为我国自动化新闻的发展提供了十分广阔的成长空间,使其接近世界前沿的发展速度越来越快。[②]

在全球范围内,经过十多年的探索与完善,自动化新闻在整个新闻报道中的比重持续增大,稿件质量稳步提升,报道领域愈发丰富,报道内容日益个性化,不断满足人们对于新闻报道多元化的需求。这引发了国内外一大批学者对自动化新闻发展的普遍关切与全面反思,相关研究如雨后春笋般涌现。这些研究从自动化新闻工作模式与特征、新闻生产流程的优化、传统新闻传播思维的变革、新闻业未来的技术融合等多样化的视角切入,展现了自动化新闻作为加速传媒产业发展愈发重要的推动力量,极大提升了新闻生产和传播各环节的效率,全面推动了传统新闻业的创新。此外,自动化新闻更是作为一股不可小觑的变革力量,在改造新闻生产和传播的全流程、颠覆已有新闻业的组织架构、重塑新闻业的面貌等不同方面发挥着举足轻重的作用。[③]如喻国明所言,自动化新闻带给传媒产业的是"全方位、全环节"的变

---

① 参见郑春风:《自动化新闻的实践、影响与困境》,《青年记者》,2018 年第 28 期。

② 参见彭增军:《巧夺人工? 人工智能与新闻自动化》,《新闻记者》,2020 年第 1 期。

③ See Lewis,Seth and Nikki Usher,Open Source &Journalism:Toward New Frameworks for Imagining News Innovation,*Media*,*Culture and Society*,Vol. 35,No. 5,2013,pp. 602–619.

革,是对行业格局和业务操作流程、新闻理念乃至传媒生态的系统性再造。①

二、研究问题

在审视自动化新闻对传媒生态的系统性再造方面，既有文献主要集中于传媒生态四大要素的再造，即新闻编辑室、新闻记者、用户和媒介产品。②在这其中，越来越多的学者开始关注以自动化新闻为代表的媒介技术如何重构新闻劳动(journalistic labour)的过程,特别是在自动化新闻背景下,新闻记者所面临的困境及其有效的应对之道。与聚焦工作实践和常规的新闻工作(journalistic work)不同,新闻劳动更多涉及新闻从业者的工资水平、职业安全、管理控制、工作场所中的冲突等问题。③这些问题既与新闻从业者的劳动过程、雇佣状况、职业满意度等劳动社会学研究的经典议题高度关联,又与新闻从业者自身的生存与未来的职业发展这两个他们最为关心的现实问题紧密缠绕在一起。

毫无疑问,将自动化新闻引入新闻生产过程中,首先受到冲击的便是新闻记者及其劳动。如前所述,自动化新闻具有一系列新闻记者所不可比拟的优势,不断挤压着传统新闻生产方式的市场空间,对新闻记者在新闻生产中的主体地位造成了巨大的挑战,甚至对其就业前景构成了严重的威胁。④美国叙事科学公司创始人之一, 同时也是自动化新闻领域的领导者克里斯蒂安·哈蒙德(Kristian Hammond)曾大胆预测:到 2025 年,全球 90%的新闻将由写稿机器人撰写完成, 这也就意味着新闻记者作为一种职业正处于消亡的边缘。⑤在此情境下,关注和研究自动化新闻对新闻劳动(尤其是新闻记

---

① 参见喻国明:《"机器新闻写作"带动传媒新变局》,《新闻采编》,2015 年第 6 期。

② See Örnebring, Henrik, Karlsson, Michael & Karin Fast, *The Labor of Journalism: Challenges of Technological and Economic Restructuring*, *Digital Disruptions to Journalism and Mass Communication Theory Conference*, Missouri University Brussels Office, October 2–3, 2014, Brussels, Belgium, pp.1–20.

③ 参见白红义:《当新闻业遇上人工智能: 一个 "劳动—知识—权威" 的分析框架》,《中国出版》,2018 年第 19 期。

④ 参见金兼斌:《机器新闻写作:一场正在发生的革命》,《新闻与写作》,2014 年第 9 期。

⑤ [转引自姚建华、徐偲骕:《新"卢德运动"会出现吗?——人工智能与工作／后工作世界的未来》,《现代传播(中国传媒大学学报)》,2020 年第 5 期。

者)的重构作用以及后者的应对之策既必要又紧迫。

马特·卡尔森(Matt Carlson)指出,信息与通信技术是重塑新闻劳动的重要力量,主要表现在以下三个方面,即新闻从业者必须掌握的专业技能、工作场所的组织架构与制度安排,以及新闻生产中的劳资关系。①一方面,随着自动化新闻在新闻传播领域的快速崛起,其必然导致新闻生产过程中机器(或者技术)与新闻记者之间劳动分工的变化,这既改变了新闻记者的工作内容和职业领域,又对他们必要的专业技能提出了新的要求,加速了他们技能变迁的过程。另一方面,新闻记者的技能变迁在一定程度上决定了包括岗位设计、人才结构、管理方式在内的工作场所中的组织架构与制度安排,进而影响劳资之间的力量对比,成为决定新闻生产中劳资关系的核心变量。因此,对劳动者技能变迁日益丰富和深入的认知,成了透析自动化新闻背景下新闻劳动重构过程的关键所在。更为重要的是,在自动化新闻的生产过程中,劳动者并不是被技术操控的对象物,而是不断培养或者习得新的专业技能并与技术进行互动的主体。换言之,新闻劳动具有很强的能动性,这也是对在自动化新闻人机关系的探讨中部分学者所持有的"技术决定论"的批判与反思,后者仅仅关注写稿机器人的"技术逻辑"而忽视了新闻记者的主体性。②

基于此,本文的研究问题有:随着自动化新闻在新闻实践中的广泛应用,新闻记者的专业技能是否发生了改变?发生了怎样的改变?具体包括:其一,新闻记者哪些专业技能的重要性在日益下降?这主要涉及新闻劳动的"去技能化"(deskilling)问题。其二,新闻记者需要培养或者习得哪些新的专业技能?这与新闻劳动的"再技能化"(reskilling)问题高度相关。其三,在未来,新闻记者又需要掌握怎样的专业技能,并将呈现出哪些显著的特征?概言之,本文将以劳动分工和劳动过程理论为分析框架,从微观层面切入,考

---

① See Matt Carlson, Automating Judgment? Algorithmic Judgment, News Knowledge, and Journalistic Professionalism, *New Media and Society*, Vol. 20, No. 5, 2018, pp. 1755–1772.

② See Ford, Heather and Jonathon Hutchinson, Newsbots that Mediate Journalistic and Audience Relationships, *Digital Journalism*, Vol. 7, No. 8, 2019, pp. 1013–1031.

察"技能化"嵌入新闻记者日常实践的动态过程,并在此基础上,探讨自动化新闻中的人机关系,进而省思在更为广义的层面,以人工智能技术为代表的媒介技术与新闻劳动之间的二元张力。

三、研究方法与案例介绍

为了更好地探究自动化新闻背景下新闻记者的技能变迁过程,本文采用案例研究与半结构化访谈相结合的研究方法,以上海最具全球影响力的新型数字化财经媒体机构 A 和广州某大型报业传媒集团 B 为案例研究对象。研究者在 2018 年 4 月至 2019 年 5 月,陆续对上述两家媒体机构从事与自动化新闻相关的新闻记者进行了多次半结构化访谈(面对面访谈或者微信访谈),包括 4 名 A 机构的新闻记者和 3 名 B 机构的新闻记者。访谈的主要内容包括:新闻记者的日常工作状态,尤其是在工作中与写稿机器人的关系;工作中常用的专业技能;对当前自动化新闻发展现状的评价与展望;对自身职业未来的评估与期待,等等。出于保护受访者个人隐私的目的,研究者对他们进行了匿名化处理。此外,这两家媒体机构的管理者、自动化新闻团队负责人、新闻记者以及技术专家(主要为算法工程师)发表的文章、公开的演讲和接受的访谈也是本研究重要的资料来源。

A 机构成立于 2003 年 7 月,旗下包括电视、日报、周刊、新媒体(含网站、客户端和社交媒体矩阵)等多种媒体,并拥有独立的商业数据中心、研究院和英文互联网媒体。它也是国内创办最早、实力最强、规模最大的财经全媒体集团之一。随着现代社会信息量的指数级爆发,如何实时监控多样化的信息源并及时捕捉和报道其瞬时变化,如何全面报道和发布批量化的、同质的新闻信息,如何挖掘有价值的信息等一系列现实问题,对现有的,即靠新闻记者刷屏获取信息并进行内容生产的新闻生产方式构成了巨大的冲击。在新闻编辑室内,新闻记者往往陷入从事大量专业技能低、重复性高和常规化劳动的"泥淖",缺乏时间和精力上的保障来进行深度分析报道,同时错失了为读者提供更好决策依据的可能,这些问题或者困境也成为制约新闻记者和媒体机构进一步发展的瓶颈所在。在此背景下,2015 年 6 月,国内知名电子商务集团 C 对 A 机构进行战略投资，2016 年 5 月，由两者联合创办的媒体实验室推出了一款财经新闻类写稿机器人。这款写稿机器人能够利用文本解析和信息抽取技术实现信息的实时和自动抽取，在海量、高速、多样、真伪难辨的信息环境下，通过机器学习算法帮助财经记者挖掘高价值的信息，第一时间生成阅读性较强的新闻稿件，大幅提升新闻生产的效率，用技术的力量不断推进媒体的变革。

在 B 机构，自 2017 年 1 月由写稿机器人创作和发布第一篇新闻稿件以来，机器人累计写稿已经超过 10 万篇，涵盖财经、体育、健康、消费、科技等多个领域，是名副其实的"全能写稿王"。2018 年底，该写稿机器人全面升级为"智能信息管家"，被接入聊天机器人语料库、语音查询功能、个性化推荐、定制化写作等多种交互渠道之中，打通了信息采集、生产和传播的各个环节，充分发挥出自身的平台优势和内容的"长尾优势"。2020 年 1 月，面向上市公司的自动化新闻写作平台正式上线，它通过自动采集深交所、上交所上市公司的基本资料和公告、银保监会公告及股市行情中的动态数据，利用信息抽取、自然语言处理等技术提取关键信息，融合企业知识图谱，为企业生成了大量与其人事变动、公司违规、财报解读相关的新闻信息。

四、技能变迁：由"去技能化"向"再技能化"的转型

在检视自动化新闻与新闻记者技能变迁的动态关系之前，我们必须厘清一个重要的问题：当下新闻记者需要掌握哪些专业技能呢？这是探究自动化新闻背景下新闻劳动"去技能化"和"再技能化"的前提与基础。在与两家媒体机构新闻记者的访谈中，受访者小顾和小吴分别说道：

> 在我看来，选题能力、采访能力和写作能力应该是记者最核心的专业技能……所以具有某一领域的专业知识，而且能够熟练掌握一门外语就很重要，因为在我们的日常工作中会涉及很多来自西方媒体的财经报道和信息……随着新媒体技术的活力不断被激发，现在的记者还需要掌握大量数字化技能，比如说信息可视化能力、数据统计与分析能力、

计算机编程能力,以及对关键数据和信息的核查能力。(小顾,A 机构)

　　我觉得对于记者来说,价值判断和与用户的互动能力是最关键的……一方面,我会在写稿子的时候,不断发掘普通人的故事,尽量使自己的报道有思想、有温度、有品质;另一方面,我们需要更好地了解读者的需求和兴趣,这变得越来越重要……也就是说,我们需要不停地思考怎么将新闻信息以一种更为直接和好懂的方式呈现给读者……我们会通过社交媒体与读者互动, 因此八面玲珑的人际沟通能力和敏捷灵活的反应能力也成为我们作为记者必备的基本能力。(小吴,B 机构)

　　不难发现,两位受访者所谈及的新闻记者必备的专业技能,与《美国新闻与大众传播认证》报告[1]中提出的获得新闻记者职业认证所必备的专业技能基本相同。在我国,2004 年 8 月正式实施的《广播电视编辑记者、播音员主持人资格管理暂行规定》对新闻记者"努力钻研业务、更新知识、不断提高政策理论水平和专业技能"作了相应的要求。部分学者从新闻采编能力、信息分析和整合能力、价值判断能力、与用户的互动能力等维度出发,对此规定中涉及的新闻记者的专业技能进行了全方位和专业化的解读和阐释。这些专业技能与《美国新闻与大众传播认证》报告中的规定和访谈中的发现大致相仿。[2]

　　(一)自动化新闻与新闻劳动的"去技能化"

　　在既有研究中,"去技能化"是分析和阐述技术和劳动之间动态关系的核心概念。[3]所谓"去技能化"或称"劳动降格"(the degradation of work),是指劳动者的专业技能被自动化技术替代,或者他们的工作被"降格"为"无需繁

---

　　① 　该报告由美国教育界最具权威性的认证机构——美国新闻与大众传播教育认证委员会(The Accrediting Council on Education in Journalism and Mass Communications,ACEJMC) 于 2014 年发布。同时,ACEJMC 也是美国新闻传播教育最高水平的权威认证体系的建构者,该体系几乎覆盖了美国所有主流新闻院校。该报告明确提出和规定了新闻记者职业认证所必备的专业技能和核心价值。

　　② 　参见周葆华、查建琨:《网络新闻从业者生存状况调查报告》,《新闻与写作》,2017 年第 3 期。

　　③ 　参见王星:《技术的政治经济学：基于马克思主义劳动过程理论的思考》,《社会》,2011 年第 1 期。

复思考或者特殊技巧的低技能工作"。通过访谈发现:在自动化新闻的生产过程中,大量专业技能低、重复性高和常规化的任务已经转由写稿机器人负责。这些任务主要集中在数据采集和处理、线索识别、信息核查等方面,具体包括:获取有关新闻事件的基本事实和翔实的背景材料、对相关数据和信息进行精细化切割和结构化处理、对关键数据和信息进行快速提取和精准匹配、快速识别新闻线索,以及对新闻中的事实性陈述进行自动化核查,等等。一方面,写稿机器人因其在计算精准度和生产效率方面的绝对优势,成为这些任务快速且高效的执行者;另一方面,新闻记者所掌握的与此相关的技能不断面临着"去技能化"的威胁。

> 有了写稿机器人,我们就能从专业技能低、重复性高和常规化的任务中解放出来了……现在写稿机器人可以独立完成我们频道每日午盘和收市、股价异动的资讯或者快讯。这类资讯或者快讯通常不需要太多创新,只要处理从上市公司的公告、财务报表、业绩报告、证券行情中采集到的数据就可以了。在这方面,写稿机器人每日的阅读量可以达到3000万字,写稿速度每秒可以达到几十字,不仅生产速度快、效率高、精确准,而且还能用相同的数据以多种语言和不同角度来进行报道,从而满足用户的个性化需求。(小金,A机构)

概言之,当人工智能技术日益渗透到新闻记者的劳动过程中时,两者不同的劳动分工导致其在任务和职能上的差异也愈发明显。史安斌等学者认为,当前写稿机器人更多扮演着初级采编的角色,为新闻记者释放出更多的潜力和空间,使他们能够将时间和精力花费在涉及深度分析、情感表达等体现社会智能的任务上。[①]如在A机构,相较于写稿机器人主要负责生成每日午盘和收市、股价异动的资讯或者快讯,新闻记者的主要任务是对每日股市进行"轻解读"或者对上市公司进行深度报道。把机器或者程序能做的交给

---

① 史安斌、龙亦凡:《新闻机器人溯源、现状与前景》,《青年记者》,2016年第22期。

机器和程序,从而把人力解放出来,从事创新性工作,这是自18世纪60年代英国工业革命以来每一次技术革命的核心理念。从这点上来看,当代新闻业对人工智能技术的使用也概莫能外。①

（二）自动化新闻与新闻劳动的"再技能化"

有学者指出,"技能导向"的技术升级（如互联网）越来越依赖高技能劳动者,故而劳动者会在工作场所内外,通过各种途径培养或者习得新的专业技能以适应职场中日新月异的技术变化。②通过访谈发现,新闻记者的"再技能化"已经成为自动化新闻生产的重要组成部分。

首先,持续迭代传统的专业技能,主要包括选题能力和信息核查能力。其一,在选题能力的迭代方面,写稿机器人通过运用大数据发现新闻线索,以满足最大多数用户的兴趣为其选题标准。但这种选题标准容易导致传播过程中的信息窄化,使用户深陷"信息茧房"的困境,甚至引发群体极化现象。尼尔·瑟曼（Neil Thurman）认为,新闻记者不能仅仅通过算法和用户反馈追踪技术所获得的大量用户需求信息来作为其选题的依据,而是应该发挥其敏锐的新闻触角,从庞大的数据和信息中迅速而准确地发现极具新闻价值的选题,从而体现出新闻记者对社会现实深切的关怀和对公众强烈的感召力。③其二,在信息核查能力的迭代方面,自动化新闻可以从数据来源、内容细节、时间轴等不同方面对新闻事件进行多角度和反复的对比,实现"互相核对、互相补充、互相延伸、互相纠错"的"无影灯效应"——让事实真相越辩越明,让虚假信息无处容身,达到对新闻信息"去伪存真"的目的。④但当相关的数据和信息与政策、伦理、法律等问题密不可分的时候,新闻记者的信息核查就变得不可或缺,尤其是对关键信息的核查成为新闻信息可靠性的

---

① See Carl-Gustav Lindén, Decades of Automation in the Newsroom: Why Are There Still So Many Jobs in Journalism? *Digital Journalism*, Vol. 5, No. 2, 2017, pp. 123-140.

② 参见梁萌:《技术变迁视角下的劳动过程研究——以互联网虚拟团队为例》,《社会学研究》, 2016年第2期。

③ See Joshua Braun, Going Over the Top: Online Television Distribution as Sociotechnical System, Communication, *Culture and Critique*, Vol. 6, No. 3, 2013, p. 301.

④ 参见喻国明:《"机器新闻写作"带动传媒新变局》,《新闻采编》,2015年第6期。

重要保障。

其次,强化与写稿机器人形成错位竞争优势的专业技能,主要包括深度分析能力和情感表达能力。当前写稿机器人在这两方面的能力远不及新闻记者,主要是因为它擅长建构以事件为中心的多维关联网络(强调相关性),而弱于对新闻事件进行因果方面的解读与呈现(注重因果性),因此自动化新闻稿件侧重于客观描述或者叙述,鲜有新闻评论、社论、新闻特写,等等。①与之形成对比的是,新闻记者一般都具备丰富且扎实的专业知识积累、较强的问题解决能力和逻辑思维能力、较高的新闻敏感度和社会责任感,这些独特的能力和品质是实现自动化新闻从"规范化新闻"到"自由化风格新闻"转型的至关重要的力量。②诚如在访谈中,来自 B 机构的小张这样说道:

> 与记者相比,自动化新闻在技术方面很有优势,但是它没有办法在新闻的生产过程中像我们一样,进行批判性、创造性和独立性的思考,毕竟记者有着良好的"新闻感"、敏锐的"新闻鼻"和深度阐释力,我觉得,这些才是记者这个职业或者说新闻这个行业里最重要和珍贵的品质。(小张,B 机构)

因此,不少学者提出,新闻记者的工作重心应该转移到需要挖掘深度、提升高度、拓展广度的内容上,扮演新闻事件深度挖掘者、高度提升者和广度扩展者的角色。③这就要求新闻记者将更多的时间和精力投入到调查性报道和解释性新闻等"硬核"类新闻信息的生产上,同时他们需要带着个人情感走进新闻现场,挖掘社会的深层问题,展现其深切的人文关怀。④这一观点在对 A 机构小朱的访谈中展现得淋漓尽致:

---

① 参见韩婷:《试论人工智能视阈下新闻业的未来发展路径》,《东南传播》,2019 年第 1 期。

② 参见彭兰:《人、机文明:充满"不确定性"的新文明》,《探索与争鸣》,2020 年第 6 期。

③ 参见王悦、支庭荣:《机器人写作对未来新闻生产的深远影响——兼评新华社的"快笔小新"》,《新闻与写作》,2016 年第 2 期。

④ 参见马维军:《人工智能时代记者如何突围》,《青年记者》,2016 年第 8 期。

写稿机器人更多扮演的是新闻实践记录者的角色。与它比起来,记者的价值和意义主要表现为对新闻背后原因、趋势和规律的分析,以及对新闻真相和价值的挖掘……在很多情况下,写稿机器人所使用的数据把具体和复杂的社会现实问题给简单化了,自动化新闻往往容易忽视数据背后丰富的社会情境。(小朱,A 机构)

最后,兼备硬技能和软技能。专业技能除有高低之外,还可以从硬技能(hard skills)和软技能(soft skills)两个维度来进行划分与区隔。[1]所谓硬技能,即技术性技能或者生产技能,如新闻记者的选题能力、采访能力、写作和表达能力、基本的计算和统计能力,以及通过分析工具了解和满足用户的需求,实现与他们实时和有效的互动。所谓软技能,即非技术性技能,主要是指随着工作任务变化而可迁移的通用技能或者素质技能。这些技能往往对劳动者的职业发展更具决定性的影响,如学习能力、社交能力、吃苦能力、应变能力、自我管理能力,等等。

做记者是很辛苦的。从采集信息到核查信息都需要克服非常多的困难,没有吃苦耐劳的精神肯定是不行的……比如说,当我们在做一些社会新闻的时候,需要天天跑城市的大街小巷,明察暗访,很多表面上看不到的事情只有通过锲而不舍的采访和不厌其烦的调查才可能看到。(小徐,B 机构)

需要补充的是,在自动化新闻的生产过程中,新闻记者的思维能力,尤其是计算思维能力变得越来越重要,甚至成为新闻记者的核心能力。[2]它与新闻记者需要掌握的数据统计和分析能力、编码能力等密切相关。与此同

---

[1] See Weaver,David,Wilhoit,Cleveland &Lori Bergen,*The American Journalist:A Portrait of US News People and Their Work*,Indiana University Press,1991.

[2] See Carl-Gustav Lindén,Algorithms for Journalism:The Future of News Work,*The Journal of Media Innovations*,Vol. 4,No. 1,2017,pp. 60-76.

时,当技术慢慢渗透到人们日常工作和生活的每一处毛细血管时,它已构成了新闻记者的通用技能或者素质技能,不但有助于他们拓宽自身的就业前景、丰富其职业选择,而且还有助于他们全面认知和精准把握数字世界事物之间的内在联系和一般规律。

(三)由"去技能化"向"再技能化"的技能变迁

自动化新闻已经成为当前新闻生产实践的重要组成部分,并不断对新闻劳动进行重构,以"去技能化"和"再技能化"两条路径展开:一方面,就专业技能低、重复性高和常规化的任务而言,写稿机器人开始替代新闻记者,这导致新闻记者与数据采集和处理、线索识别、信息核查相关的专业技能处于消亡的边缘,陷入"去技能化"的困境。另一方面,新闻记者不仅要持续迭代包括选题能力和信息核查能力在内的传统专业技能,而且还亟待强化与写稿机器人形成错位竞争优势的相关专业技能,如深度分析能力和情感表达能力。除了这些实用的专业技能或者硬技能之外,新闻记者还有必要掌握诸多软技能,尤其是计算思维能力。

更为重要的是,虽然在自动化新闻的生产过程中,新闻记者的技能兼具"去技能化"和"再技能化"的特征,但"去技能化"导致的最为直接的结果就是写稿机器人将新闻记者从纷繁复杂的基础性操作中解放出来,有时间和精力从事具有创新性的工作,并通过"再技能化"来适应新闻编辑室中日新月异的技术变化。换言之,与自动化新闻导致新闻劳动"去技能化"和"再技能化"并存的局面相比,它对新闻劳动更深远的影响在于引发了新闻劳动的技能变迁过程,即由"去技能化"向"再技能化"的转型。上述技能变迁过程挑战了由哈里·布雷弗曼(Harry Braverman)提出的工作场所中"概念"与"执行"不断分离的判断:新闻记者并没有被"降格"为体力劳动者——从事"劳力型"的"执行"阶段工作,不断丧失对劳动过程和自身劳动的控制,而是牢牢掌握"劳心型"的"概念"阶段工作,且这样的工作在新闻记者的日常工作中逐渐占据绝对主导的地位,新闻劳动因此变得不可替代。①

　　从本质上来说,"去技能化"反映出的是机器(或者技术)和劳动之间的替代性关系,因为它强调通过提高生产的自动化水平来减少生产过程对劳动力的依赖。与之相反,"再技能化"强调的是技术作为劳动者的一部分而存在,两者是不可分割的。也就是说,机器(或者技术)和劳动之间不是简单的主客体的二元对立关系,而是一种互补性的关系,即在自动化新闻的生产过程中,人机关系不是"有你没我"的竞争关系,而是一种"我中有你、你中有我"的共存关系。写稿机器人和新闻记者通过劳动分工与协作,在组织和业务上不断深度融合,生成海量高质量的新闻稿件,这既实现了技术与劳动的相互渗透与协同共生,更为新闻生产过程和劳动者技能成长的有效结合提供了丰沃的土壤,有利于真正实现"新闻文化"和"技术文化"的兼容。②

五、新闻劳动的未来:作为趋势的"多技能化"

　　早在21世纪初,马克·德乌兹(Mark Deuze)和史蒂夫·保卢森(Steve Paulussen)就敏锐地洞察到,随着数字化技术的迅猛发展,不同类型的媒体融合使新闻记者日益成为"复合型人才"。③他们不仅需要专注于在街头巷尾采访和进行新闻报道,而且还必须掌握并熟练使用几种不同的基于数据库内容管理系统的专业技能,而在数字化技术引入新闻编辑室之前,与新闻后

---

　　①　"'概念'与'执行'分离"是由美国工人活动家、马克思主义经济学家哈里·布雷弗曼提出的一个十分重要的概念。他在对流水线工人劳动过程的研究中发现:劳动者(主要是产业工人)的专业技能和生产知识因在工作场所中引入自动化技术和推行科学管理而持续受到被"降格"的威胁,导致"概念"与"执行"的分离。展开来说,原来需要"劳心型"的"概念"阶段工作从劳动者的工作场所中消失,由办公室中的管理者接手。一方面,管理者形成了对生产知识的垄断,并对劳动者的劳动过程进行管理和控制;另一方面,劳动者只需要从事分工更为精细、管理和控制更为严格的"劳力型"的"执行"阶段工作,沦为纯粹的"体力劳动者",其不可替代性被逐步消除——无专业技能傍身或者生产知识不完备的劳动者渐渐成为劳动者的主体。参见[美]哈里·布雷弗曼:《劳动与垄断资本——二十世纪中劳动的退化》,方生等译,商务印书馆,1978年,第104页。

　　②　参见师文、陈昌凤:《驯化、人机传播与算法善用:2019年智能媒体研究》,《新闻界》,2020年第1期。

　　③　See Deuze,Mark,Steve Paulussen,Research Note:Online Journalism in the Low Countries,*European Journal of Communication*,Vol. 17,No. 2,2002,pp. 237–245.

期制作相关的任务一般都是由新闻编辑而非新闻记者完成的。

在自动化新闻的生产过程中，新闻劳动的"技多不压身"，即"多技能化"（multi-skilling）已经成为行业的常态。当前对于新闻记者而言，提升自身数据分析（尤其是数据可视化分析）和数据应用能力已然十分紧迫，这就涉及他们需要培养或者习得一定的数理逻辑分析能力、计算机编程能力，同时熟悉算法的原理和运行方式。在日常工作中，与新闻机构内负责开发和运维自动化新闻的算法工程师建立积极的交流和合作机制，是获得这些专业能力最为重要且有效的途径。

具体来说，新闻记者与算法工程师之间"交流区"的形成有益于新闻记者不停地完善自己的专业素养和知识结构，将自动化新闻的长处发挥至最大。更为关键的是，作为自动化新闻算法的设计者和训练者，算法工程师往往因为缺乏新闻从业经验，一来无法判断原始新闻素材和语料的质量，二来无法预测相关算法在实际新闻生产中存在的不足，因此他们既需要新闻记者为他们提供和汇总不同分类报道的素材库和语料库，又需要通过与新闻记者的日常交流，优化已有的算法。那么新闻记者在自动化新闻生产中的主体性和能动性不仅仅表现为他们不断培养或者习得新的专业技能，并与技术进行互动，而且还表现为他们为自动化新闻的算法设计者和训练者提供宝贵的专业建议和意见，不断对写稿机器人进行算法优化。因此毫不夸张地说，新闻记者成为"人机关系"的"引导者"。质言之，以人工智能技术为代表的媒介技术对新闻劳动在专业技能上的重构并不是两者关系的全部，更准确地说，两者之间是一种互构关系，即新闻劳动也反过来影响着新闻编辑室中媒介技术的形成与应用，重塑着技术文化与人机关系。

六、结语

统而观之，随着自动化新闻在新闻传播领域的快速崛起，新闻记者正经历着一系列的技能变迁，即由"去技能化"向"再技能化"转型，且"多技能化"的趋势日渐明朗。这反映出自动化新闻中的人机关系是一种"我中有你、你中有我"的共存关系，而非"有你没我"的竞争关系，它为新闻生产过程和劳动者技能成长的有效结合提供了积极的可能。但有不少问题有待后续的深入探讨:比如,新闻记者实现"再技能化"有哪些途径? 如何看待技能变迁过程中来自新闻编辑室内外的阻力? 个体"再技能化"的非同步性会导致新闻记者内部的分化吗? 新闻编辑室内是否正在形成一种新的权力结构关系? 等等。如果我们将技术和劳动的互动过程放置在一个更为宏大的历史背景下,那么就涉及一系列更为复杂的结构性因素,如不同媒体机构间的关系结构、媒体制度与政治权力的关系、市场环境、文化传统,甚至是价值观念,等等。

还有当前自动化新闻主要应用于标准化、时效性强,以及对数据要求较高(或者说"低语境")的财经、体育、自然灾害、健康、天气预报的报道上。随着人工智能技术和自然语言处理技术的突破、写稿机器人对语料库的深度学习,以及自动化新闻自身的进一步完善与发展,其应用领域的不断拓展已成为一种必然的趋势,自动化新闻可能进入社会新闻、政治新闻等更为复杂和敏感的新闻领域,即涉足"高语境"的新闻报道,而这些报道(或者领域)往往是新闻记者所擅长的。[1]彼时,自动化新闻中的人机关系是否将呈现出新的特征? 这有待后续研究的持续关注与不断深化。

本文最后借由德国哲学家卡尔·洛维特(Karl Löwith)在《从黑格尔到尼采》一书中的精彩论述发问:在未来,自动化新闻能否成为一种更为进步和解放的力量,使新闻劳动不仅成为新闻记者获取生活资料的主要经济来源,更给他们带来莫大的尊严感和自我价值感? 进一步来说,自动化新闻能否赋予新闻劳动以独立的、建设性的意义,使它成为"一切尘世技能、德性和愉悦的源泉"? [2]这些问题既事关新闻从业者美好的职业愿景,也为相关研究者打开了广阔的想象空间。

（姚建华,复旦大学新闻学院教授、博士生导师）

---

[1]　参见蒋忠波、师雪梅:《国外算法新闻研究的进展与思考》,《新闻界》,2019 年第 6 期。

[2]　[德]卡尔·洛维特:《从黑格尔到尼采:19 世纪思维中的革命性决裂》,李秋零译,生活·读书·新知三联书店,2019 年,第 356 页。

数字经济的价值来源与价值决定的理论解析 *

以信息化、网络化、智能化为主要特征的新形态数字经济,在变革社会生产力的同时,也重塑了社会生产关系和商品价值关系,需要在劳动价值论的框架下对数字经济的价值来源和价值决定问题进行深入探讨。本文基于马克思劳动价值理论基本逻辑,结合数字经济的特征,将劳动价值区分为实体劳动价值和数字劳动价值,以此为基础对这一问题进行理论解析。文章认为,数字经济产品具有非劳动性、无载体性和高溢出性等虚拟性特征,使其产品价值既包括实体性劳动价值成分,也包括数字性劳动价值成分。其中数字劳动价值主要通过价值转移的方式从其他部门和劳动者的收入中转移而来, 其大小与数字经济规模成正相关。数字经济价值的高溢出性,正是通过规模性体现出来的,而规模性又与数字经济的虚拟性特征密切相关。

一、引言

数字经济始于 20 世纪 50 年代开启的以计算机为标志的信息技术创新所带来的信息经济,经历了 20 世纪 90 年代网络技术的发展,促成信息技术与网络技术相融合,形成了以信息化、网络化为主要特征和趋势的较为成熟的数字经济模式。加拿大学者泰普斯科特(Tapscott)在 1996 年首次提出"数

* 本文原载于《教学与研究》2022 年第 3 期。

字经济"概念,正是当时信息技术和网络技术融合的时代产物。21 世纪初,随着人工智能逐渐发展成为计算机科学中的一个独立分支,并被广泛应用于经济社会生活的各个领域,带动了数字经济从传统信息网络技术应用到智能化信息网络技术应用的大跨越,从而使数字经济进入了智能化新形态。

数字经济新形态以经济信息化、网络化和智能化为基本表现,以信息技术、网络技术和智能技术相互融合并渗透于经济社会生活为主要特征,运用智能化数字技术创新所形成的数字产业及其与其他产业相融合所形成的新型产业,并以这两者为产业基础推动的国民经济发展所形成的新经济形态,即数字产业化和产业数字化经济形态。据统计,发达国家数字经济占国内生产总值比重超过 50%,我国数字经济近几年也发展强劲,2020 年数字经济规模到 39.2 万亿元,占国内生产总值的比重达到 38.6%,并且近 15 年以年均19.8%的速度增长。在北京、上海等发达地区,数字经济占比超过 50%,甚至高于发达国家的平均水平。2020 年,我国数字经济在农业、工业和服务业中的渗透率分别到达了 8.9%、21%和 40.7%。[1]可以说,数字经济已经成为国民经济重要组成部分和推动经济的高质量发展的新引擎。

面对智能化时代数字经济的大发展,关于数字经济中的价值来源和价值形成等问题,逐渐成为经济学界广泛关注的课题。数字经济中的数字技术和智能技术是否创造价值,数字经济中较少的劳动量为什么能够形成数字经济奇高的产值,数字经济中的价值量的大小由什么来决定? 由于数字经济自身所带有的虚拟性和外部性等特征,[2]运用西方经济学中的价格理论既难以规定数字经济中的价值的性质,也难以有效计算数字经济中价值的数量。因此,从马克思主义经济学视角探讨数字经济中的价值来源和价值决定问题,成为国内外学者普遍研究的思路和方向。从当前的相关研究来看,就是否在马克思劳动价值论的框架内进行解释而言,学界存在两种研究动向。

一种认为,马克思的劳动价值论在数字经济中仍然成立,并尝试从"复

---

[1]　参见《中国数字经济发展白皮书(2021 年)》,中国信息通信研究院,2021 年,第 5~7 页。

[2]　关于数字经济的这些特征本文将在后面再作深入分析和探讨。

杂劳动""总体工人"和"价值转移"等方面解释数字经济条件下商品价值创造和价值来源问题。如有的学者认为,数字经济的价值主要源自掌握数字技术的数字劳动者和数据工程师的复杂劳动;[①]还有的学者认为,数字经济的价值是总体工人带来的,总体工人包括数字技术和智能技术研发人员、数字技术和智能装备制造者、数字和智能制造工程师以及普通工人等组成。但是智能化、数字化的技术使得数字经济中的价值难以用投入生产过程的复杂劳动和总体工人完全解释,数字经济的超级规模经济和极低边际成本,甚至去劳动化的技术特征,使得这两种讨论视角不能完全覆盖数字经济的全部价值。因此,有学者从价值转移的角度来说明数字经济中的价值与其劳动付出之间的矛盾,认为数字经济的高价值是通过市场交换的方式从其他部门和行业转移过来的,是由于数字经济产业的资本有机构成较低,在竞争机制的作用下促使价值低于生产价格,以此实现比本部门实际创造的更高的价值,或者由于数字经济的垄断性带来的垄断租金。[②]

另一种认为,马克思的劳动价值论不能解释数字经济的价值问题,尝试用新的理论观点来进行阐释。如围绕"玩劳动"所展开的一些讨论,有的学者认为社交媒体用户的劳动创造了平台经济的价值和剩余价值,而有的学者则认为马克思的劳动价值论在社交媒体平台价值分析中是无效的,[③]这两种观点其实都是对马克思劳动价值论的背离。再如,有的学者认为如人工智能等智能化数字技术本身也创造价值和剩余价值,也有的学者从价值库的角度认为科技劳动者创造了以科学技术为载体的"科学价值库",在使用科技生产商品的时候,价值库中的价值会转移到新产品中去,从而带来数字经济

① 参见何玉长、刘泉林:《数字经济的技术基础、价值本质与价值构成》,《深圳大学学报》(人文社会科学版),2021年第3期;韩文龙、刘璐:《数字劳动过程及其四种表现形式》,《财经科学》,2020年第1期。

② 参见吴欢、卢黎歌:《数字劳动、数字商品价值及其价格形成机制》,《东北大学学报(社会科学版)》,2018年第3期;朱巧玲、闫境华、石先梅:《数字经济时代价值创造与转移的政治经济学分析》,《当代经济研究》,2021年第9期。

③ 韩雪:《国内外数字劳动研究综述——基于马克思主义政治经济学视角》,《中国经贸导刊》,2021年第7期。

的高价值。①也有的学者以智能化发展阶段为线索,认为在"超人工智能阶段",智能化技术具有人的性质,在生产过程中将创造价值和剩余价值。②这些观点尽管为研究数字经济问题提供了新视角,但偏离了劳动价值论的基本观点,甚至脱离和否定劳动价值论。

我们认为马克思的劳动价值论仍然是解释数字经济价值创造和形成问题的基础和前提,离开了劳动价值论,数字经济的价值问题的解释便偏离了马克思主义政治经济学的基本方法、基本原理和基本观点,最终会陷入理论困境之中。但是马克思创立科学劳动价值论毕竟是在资本主义工业化初期,机器大工业还在蓬勃发展的时期,难以预见到当今世界在多次科技革命的影响下,经济社会进入了信息化、网络化和智能化的新时代,科技的跨越式发展带动了经济关系的深刻变革。因此,需要在劳动价值论的框架内进行创新和发展,新理论新观点需要与马克思劳动价值论具有兼容性。本文尝试从马克思劳动价值论出发,结合数字经济的基本特征,将劳动价值区分为实体劳动价值和数字劳动价值,在此基础上分析数字经济条件下价值的来源及其形成机理。

二、数字经济的虚拟性与劳动价值的数字化

(一)数字经济是劳动生产率提高的结果

从生产力变革和关键生产要素变动来看,经济发展阶段经历了农业时代、蒸汽时代、电气时代、信息时代和数字时代等。③农业时代以土地作为关键生产要素,而蒸汽时代以资本作为关键生产要素,到了电气时代加入了技术因素,而信息时代和数字时代加入了信息、数据等作为关键生产要素。从技术变革对人的劳动的替代关系和人的主体对象化发展来看, 生产力和经

①　刘冠军、邢润川:《科学价值:"无人工厂"之利润的真正来源—— 一种马克思主义劳动价值论角度的理解》,《科学技术与辩证法》,2004 年第 6 期。

②　吴丰华、于家伟:《人工智能创造价值吗? ——基于劳动三维分析框架的再考察》,《人文杂志》,2020 年第 9 期。

③　参见白永秀、宋丽婷:《数字经济对经济活动影响的政治经济学分析》,《兰州大学学报(社会科学版)》,2021 年第 4 期。

济发展又经历了人的主体的观念产品对象化、体力活动对象化和智力活动对象化三个阶段。①可见,数字经济是生产力发展的高级阶段,是新科技革命在现代经济中的应用,也是经济社会未来发展的新形态。数字经济从20世纪50年代产生,经历了信息化到网络化,再到如今智能化的发展阶段。智能化数字经济将信息通信技术和人工智能技术有机结合,使得数据信息搜集、处理和传播智能化,是信息化、网络化和智能化深度融合,是数字经济发展最新形态。

以信息化、网络化和智能化为主要形式的数字技术,作为现代先进的科学技术,通过在经济中的广泛应用,不断推动社会劳动生产率的提高:①数字经济产品的可复制性,通过较低的复制成本,使数字经济产品能够在低成本中不断扩大产出。②数字技术和数字要素的可共享性,使数字经济产品生产者可以共享基础数字技术和数据信息(这些技术和要素本身又具有可复制性),从而降低生产成本,提高生产效率。③数字经济的规模效应,意味着随着生产规模的扩大和用户数量的增加,边际成本逐渐下降,甚至为零,表现为生产和消费的正外部性。通过上述三个渠道,数字技术不断推动企业劳动生产率提高、产业优化升级和国民经济高质量发展。

数字经济通过产业数字化和数字产业化两种方式推动数字技术在经济中的应用,并形成数字经济产品。②产业数字化,即通过智能化数字技术与传统产业的融合,推动产业的数字化转型,提高产品生产效率,降低生产成本。这是当前数字经济发展的主力,也是经济高质量发展的重要动力.据统计,我国产业数字化创造的产值占整个数字经济的80%左右,而且在各个领域的渗透力都在逐渐增强;数字产业化,即运用智能化数字技术创新所形成的数字产业,比较典型的就是平台经济,如腾讯、阿里、百度等企业形态,数字产业占比目前尽管不高,但也是未来产业新形态的重要发展方向。

---

① 参见鲁品越:《智能时代与马克思生产力理论》,《思想理论教育》,2017年第11期。

② 本文中把凡属于数字经济领域生产的产品统称为"数字经济产品",而数字产业化所形成的产品称为"数字产品",是数字经济产品的典型代表。

（二）数字经济具有虚拟性的特征

数字经济包含的信息化、网络化和智能化趋势，是现代科技包括信息技术、网络技术和智能技术在经济中的融合应用。由于数字技术所具有的可复制性、可共享性 t 规模效应等区别于一般技术的独特性，使得与传统经济、传统产业和一般商品相比，数字经济、数字产业和数字产品也具有自身的特征，这些特征往往使数字经济中的价值问题成为争议的焦点。

首先，数字经济具有非劳动性特征。所谓非劳动性是指产品生产过程没有相应的劳动投入，或者投入的劳动量较少，不足以与其最终实现的价值量相匹配。数字经济的智能化主要通过应用人工智能技术实现数据分析和数据处理，将连接在数字基础设施平台上的终端精准对接，发挥人工智能的算力作用，极大地提高经济效率，推动相关产业的发展。对于产业数字化的实体经济来说，智能化技术的应用则大大降低了数据应用和产品生产的人工成本，同时极大提高了生产效率。甚至一些领域出现了无人车间、无人工厂、无人物流等无人经济现象，人工智能在一定程度上代替了人的劳动。当然，在智能化技术应用于数字经济的同时，给数字经济的相关产业和企业带来的丰厚的利润和收益。

其次，数字经济具有无载体性特征。无载体性是指产品没有实体性的物质存在形态，这类产品一般是无形产品，或者有物质载体，但产品的核心要件是无形的。在传统产业形态中，大部分服务业等第三产业生产的产品具有无载体性特征。而数字经济由于基于数字化信息技术，并且以数据作为关键生产要素，而数字作为符号和代码，如计算机中的程序以"0""1"数字代码构成，本身并不具有实体性存在形态。因此，可以说数字产业化经济形态中的大部分产品是无形的。[①]至于产业数字化经济形态，产品尽管可以物质形态存在，但其数字化要素和数字化技术又使得产品的核心要件具有数字化的无载体性特征。

最后，数字经济具有高溢出性特征。高溢出性主要基于数字技术及其网

[①]　数据运行和信息传输等过程中需要一定的物质载体，如光纤、卫星、基站等，但是这和物质产品本身所要附载的载体是不同的。

络化趋势,在数字技术和数字产品的可共享性和可复制性的基础上,产生数字技术和数字产品效用外溢的正外部性,从而使得数字经济具备了规模经济效应,大大放大了自身的价值。数字技术所依托的集成电路存在摩尔定律,以及数字经济的网络技术中存在梅特卡夫定律,这个定律提出网络的节点成指数趋势增长。这两大定律具有"颠覆性",使得数字经济超越了传统经济的界桩,在短时期内除了技术能够快速变革之外,还在于高溢出性将随着网络节点规模的扩大不断增长,也就是说,数字经济可以超低成本甚至零成本的方式运行。

(三)数字经济中劳动价值的数字化

显然,数字经济的上述三个方面的特征给解释数字经济的价值创造、价值来源和价值决定等问题带来一些困扰。经典马克思主义经济学中的价值主要依托物质载体,即生产性劳动所创造的能够满足人们某种需要的具有使用价值的物质产品,而对"非劳动"或"少劳动"产品、无形生产要素和无形产品关注较少。对此,一些学者试图从"复杂劳动""总体工人"和"价值转移"等角度对数字经济的价值来源问题进行探讨。这些探讨确实是在劳动价值论框架下给予了总体可行的解释,但由于没有考虑到数字经济的虚拟性特征本身,还不深入。

首先,数字经济中价值创造问题不能全部用"复杂劳动"和"总体工人"进行解释。数字经济中需要运用信息网络技术和智能技术,而这些技术的研发和运用需要一定的专业性和复杂性的劳动,这些劳动在同样时间内能创造出比一般劳动更多的价值。但是一方面,由于人工智能技术在数字经济中的深入和广泛的使用,劳动力在数字经济中的作用逐渐弱化,大量的人工智能代替了劳动力,使得非劳动性在数字经济领域将会成为未来趋势。这就意味着局部的复杂劳动不能覆盖数字经济全域。另一方面,数字经济的生产要素和产品主要以数字化的形式呈现,由于数字信息的可复制性和共享性的特征,以及网络化应用所呈现出的规模经济效应,使得数字生产要素和数字产品的价值具有高溢出性,数字经济领域所包含的生产性劳动的消耗不足以解释数字经济的高价值性。

　　其次,数字经济中的价值来源不能简单地用"价值转移"进行解释。价值转移被很多学者用以说明数字经济高价值的来源,认为数字经济的价值很大部分来自其他部门或者本部门其他企业(低利润企业或亏损企业)的劳动价值的转移。这种解释似乎能够说明数字经济的价值来源,就像劳动生产率高的企业可以通过个别价值低于社会价值的形式获得超额利润,以及资本有机构成低的部门通过价值低于生产价格的形式获得平均利润。但是在这里数字经济的重要特征在于数字经济本身所具有的虚拟性,劳动价值部分的量并不足以解释数字经济高价值的全部来源。因此,价值转移还主要基于数字经济和数字产品的"垄断性"和价值的高溢出性,数字产品必须实现超出自身劳动价值之外的更高的价值。这部分高溢出的价值本质上尽管主要是来源于价值转移,但必须基于数字经济的虚拟性特征解释其价值来源和价值决定问题。

　　由于数字经济本身所具有的非劳动性、无载体性和高溢出性等虚拟性特征,使得数字经济的价值并非只是实体性的劳动价值,有部分价值并不能由数字经济内部的实体性劳动来解释,表现为数字经济的价值超出了其实体性劳动创造的总价值。这部分价值也可以通过市场方式而实现,也就是可以与实体性劳动价值相通约,但却与实体性劳动价值有所区别,本质上是其他部门创造的价值或剩余价值的转移,我们将其称为数字化的劳动价值。数字经济的这部分价值并非本部门生产性劳动创造的,而是通过商品交换从其他部门和企业转移过来的。对数字经济来说,这部分价值尽管没有实体性的劳动价值,但自身却可以形成一套定价方式,作为国民经济价值系统的重要组成部分。

三、数字经济的价值构成、价值来源和价值决定

(一)数字经济中的价值构成

　　数字经济尽管存在虚拟性特征,但不论是以数字产业化的形态存在,还是以产业数字化的形态存在,数字经济需要依赖于实体经济和物质要素作为其构成和支撑。就以数字经济中的网络信息产业来说,构成网络信息经济

要素大致包括互联网基础层、网络连接层和在线空间层三个层面。①这表明，网络信息经济构成要素既有实体性的物质构成，也包括虚拟性的网络连接和在线平台。同样地，数字经济的生产要素及其产品构成包括计算机、移动通信工具、芯片、人工智能设备等数字经济基础设施和设备，数据存储、传输、计算和分析的设备、工具和材料，以及应用数字技术通过产业数字化方式生产出来的产品等实体性生产要素和产品，也包括诸如数据、程序、软件、信息以及这些虚拟性要素和产品所依托的互联网、大数据、云计算等虚拟技术平台，还包括信息技术、网络技术和智能技术等相关技术研发者、数字经济的物理设施和设备制作者、软件开发者、平台建设者、数据工程师、数字劳动者以及普通工人等数字经济的劳动者。也就是说，数字经济是实体性和虚拟性的融合体，并不属于纯粹的虚拟经济范畴。

因此，数字经济的价值既包括实体性劳动价值，也包括数字化劳动价值，是实体和数字价值的融合。其中，实体劳动价值是指数字经济中生产性劳动在数字经济产品和服务生产过程中所创造的价值，以及在此过程中实体性生产资料转移的旧价值（由上一个生产周期生产性劳动所创造的价值）。这是构成数字经济的重要价值基础，也是数字产业健康发展的依托，体现了数字经济价值的一般性。数字劳动价值是数字经济中难以用劳动价值直接解释，但可以通过交换实现的价值部分。这部分价值体现了数字经济的非劳动性、无载体性和高溢出性的特点，反映了数字经济价值的特殊性。数字经济中的实体劳动价值和数字劳动价值是相互融合的，这是由数字产业化和产业数字化为代表的数字经济与产业经济高度融合的结果。比如支撑数字信息处理的终端设备、相关电子元器件和智能设备等"数字产业化"生产领域，以及将数字信息和人工智能技术与先进制造技术深入融合的"产业数字化"生产领域，都需要生产性劳动的消耗和劳动价值的创造，在这一过程中降低了成本、提高了生产效率，由此产生超过生产性劳动耗费的高溢出

---

① 参见严金强、马艳、赵治成:《互联网基础理论与再生产模型探讨》,《教学与研究》,2016 年第7 期。

性价值,这又是数字劳动价值在生产结果中的体现。再比如数据作为数字经济的关键生产要素,其自身在作为生产资料生产其他产品的过程中,一方面转移了包含劳动价值的旧价值,另一方面处理和分析数据的数据工程师追加的活劳动创造了新增价值,同时也由于数据的可复制性和共享性带来的高溢出性价值而形成了数字劳动价值。

(二)数字经济的价值形成与来源

数字经济价值中的劳动价值部分主要来源于物质生产资料转移的旧价值,以及数字经济领域的生产性劳动者创造的新增价值。这两部分的价值与马克思所阐述的一般商品价值的创造和形成并没有区别。除了劳动价值外,数字经济价值的另一个组成部分为数字劳动价值。从数字经济数字劳动价值的实现和形成过程来看,主要来源于以下三个渠道:

1.来源于其他非数字经济领域的生产性劳动创造的剩余价值

数字经济依托于人工智能技术,通过将传统产业数字化改造提高生产效率和产品质量,带动无人经济发展,或者为产业数字化提供数字技术应用。由于数字产品具有可复制性,相比固定成本,复制成本可以忽略不计。在这两方面的作用下,数字经济领域相对于传统经济领域,其资本有机构成较高或者劳动投入相对较少。因此,在平均利润率规律的作用下,数字经济领域的生产价格高于价值,由此获得超过本领域劳动者创造的剩余价值。这些利润正是通过其他非数字经济领域的生产性劳动创造的剩余价值的一部分,因为与数字经济领域比起来,非数字经济领域的资本有机构成相对较低,价值将会低于生产价格。现实中,数字经济领域还往往通过垄断生产价格的方式获得非数字经济领域的剩余价值的转移。

2.来源于数字经济领域的其他行业或企业所创造的剩余价值

数字经济非常广泛,只要运用了数字技术行业和企业,其经济活动都属于数字经济范畴。一部分数字劳动价值可以来自其他关联行业的生产性劳动者创造的剩余价值。数字经济领域内容的剩余价值转移主要通过两种方式实现:一是以平台经济为代表的数字要素驱动行业,通过"租金"的形式获得加入平台的企业的剩余价值。互联网平台的共享性和规模性,使得加入平台的企业越多,在提高企业生产和销售效率的同时,平台规模经济效益越高。这些高出平台经济劳动价值的部分就形成了平台经济数字价值,这些价值归根结底来源于生产性劳动者创造的价值和剩余价值。二是来自数字经济领域其他数字化程度还不高或者劳动生产率相对低的企业的剩余价值。

3.来源于数字经济产品的直接购买者的剩余价值或劳动力价值

数字经济需要依托于信息网络和人工智能等新技术,尽管数字经济发展较为迅猛,仍然存在诸多领域的数字经济垄断问题,包括平台经济垄断、关键数据垄断和数字技术垄断等。就如马克思所阐述的垄断地租理论一样,数字经济(一般是数字产业化领域)的垄断者可以凭借垄断地位制定高额的垄断价格,即在原有生产价格的基础上,通过直接加价的方式从数字经济产品的购买者那里转移价值,由此形成数字经济的数字劳动价值。由于数字经济产品的购买者包括用于生产性消费的企业和用于生活性消费的劳动者,因此这种价值归根结底是来自购买数字经济产品的企业的剩余价值,以及购买数字经济的劳动者的劳动力价值。

当然,正如上文强调的,数字经济的实体劳动价值与数字劳动价值高度融合,使得两者往往难以完全分割。有些生产资料本身包含了一部分数字劳动价值,当其加入新产品的生产后转移到新产品中去的价值也包含有数字劳动价值的成分。比如未经过加工处理的由"产销劳动"或者"玩劳动"形成的数据,并不包含实体劳动价值,但作为分析处理的对象,其所有者或控制者同样也可以通过交换实现价值。

(三)数字经济中的价值构成与决定

根据上文的分析,数字经济产品价值由实体劳动价值和数字劳动价值两部分构成,其中实体劳动价值部分是数字经济中生产资料与劳动力结合所形成的价值,包括生产资料转移到数字经济产品中去的旧价值和劳动者创造的新价值(包括用以补偿可变资本的劳动力价值和被资本家无偿占有的剩余价值),其价值构成可以表示为:$W_l = C_l + V_l + M_l$。数字经济的实体劳动价值部分与一般商品价值量的决定并无二致。

数字经济中的价值特殊性在于其数字劳动价值部分,数字劳动价值是数字经济的价值中不能用自身的劳动价值来直接解释，但可以通过交换实现的价值部分。尽管数字经济的数字劳动价值主要来源于其他部门和企业创造的剩余价值的转移，也就是说这部分价值也是具有劳动实体的。但是在核算和计量数字经济领域的经济价值以及与其他领域的实体劳动价值进行量化比较和分析时，仍然需要数字经济有一套价值量计量标准，因此有必要对数字经济中的数字劳动价值的决定和构成机理进行分析。根据产生的具体机理，数字经济中的数字劳动价值由以下四个部分构成。

1. 由数字经济的非劳动性或低劳动性特征决定的数字经济产品的数字劳动价值

基于人工智能技术的数字经济产品，以及互联网平台用户的"产销劳动"或"玩劳动"所带来的数据信息，这些要素和产品不包含劳动价值或者只包含少量的劳动价值，但可以在交换中实现较高的价值或价格，由此形成的数字劳动价值，称之为数字经济的非生产性数字价值 W_{nw}，用公式可以表示为：

$$W_{nw} = n w_v$$

其中，n 表示智能生产的产品数量或互联网平台用户数量，w_v 表示单个产品实现的市场价值或单个用户产生的数据信息售卖价格。

2. 由数字技术和数字经济的无载体性特征所决定的数字经济产品的可复制性带来的数字劳动价值

这类具有复制性的数字经济产品如数据生产要素和大部分数字产品（软件、音像制品等），它们往往没有物质载体或者核心要件是非物质形态的，在生产过程中可以进行低成本甚至零成本的复制性生产。我们将这部分价值称为数字经济的可复制性数字价值 W_{cv}，用公式可以表示为：

$$W_{cv} = w(q + 1) - kq - w = (w - k)q$$

其中，w 表示生产第一个单位数字经济产品（母版）所耗费的劳动价值，k 表示复制成本，k 远远小于 w，q 为复制的数量。显然，复制性数字价值与复制的数量成正比，当复制数量越大，由此带来的数字劳动价值就越大。

3. 由数字技术或数字经济的共享性和高溢出性特征所决定的数字经济

产品的规模性带来的数字劳动价值

这种数字经济产品多见于平台经济（包括互联网生产性和生活性的服务平台）和数字技术应用产品(如移动通信、广播电视网、互联网、物联网等）。这类产品的特点是随着用户数或者网络节点数量的增加,边际成本逐渐降低,甚至可接近于零。但单位用户或节点将带来固定收益,由此形成的数字劳动价值,为数字经济的规模性数字价值 W_{sv},用公式可以表示为:

$$W_{sv} = nr - W_{sl}$$

其中,n 表示网络节点数量或者用户数量,r 表示从单个节点用户获得的收益(或使用平台的"租金"),W_{sl} 为搭建数字经济平台或开发数字技术的劳动价值。

4. 由数字经济的垄断性带来的数字经济产品的垄断收益所形成的数字劳动价值

这是数字经济产品通过制定垄断价格或者直接在原有价值基础上加价的方式实现的,称之为数字经济的垄断性数字价值 W_{mv},其大小由购买者的欲望和购买能力决定,也与数字经济产品的稀缺程度有关。

以上四个部分构成了数字经济的数字劳动价值,即:

$$W_v = W_{rv} + W_{cv} + W_{sv} + W_{mv} = W_{rv}(n) + W_{cv}(q) + W_{sv}(n,r) + W_{mv}$$

由于数字劳动价值的前三个组成部分与用户数、网络节点数、数字产品数等数字经济规模都直接相关,因此可将式子改写成:$W_v = W_v(n) + W_{mv}$。这里的字母代表数字经济规模（可用数字经济产品数或者网络节点用户数表示)大小。

数字经济的价值就由实体劳动价值和数字劳动价值总和构成,即:

$$W = W_l + W_v = C_l + V_l + M_l + W_v(n) + W_{mv}$$

从上式可以看出,数字经济的价值可以由实体劳动价值(包括实体性的生产资料转移的旧价值和生产性劳动力创造的新价值)、数字劳动价值和垄断性数字价值(即直接加价)三部分构成。其中,数字劳动价值与数字经济规模成正相关关系,随着单个数字经济企业的规模扩大,由此产生的规模经济效应越显著,带来的数字劳动价值越高。数字经济价值的高溢出性,正是通过规模性体现出来,而规模性又与数字经济具有非劳动性、无载体性等虚拟性特征密切相关。

四、结论

数字经济是生产力发展的结果,不仅创造出了数字化新产业,不断成为社会生产和生活的重要基础性产业,同时传统产业的数字化转型,正驱动生产方式和生活方式的深刻变革,对经济发展和产业格局产生深远影响。数字经济经历从信息化、网络化到智能化的飞速发展,带动传统产业的优化升级和生产效率的极大提高,是未来经济发展的新形态和新趋势。但如果按照传统政治经济学理论,数字经济的价值大部分并非由本部门创造的,而是从其他部门转移而来。这种观点尽管能够进行价值来源的解释,但并不能说明数字经济转移价值的内在结构及其量的决定机理,因此不能适应不断扩大并向实体经济逐渐渗透的数字经济发展需要。对此,本文基于马克思劳动价值论的基本原理和理论框架,在分析数字经济虚拟性特征的基础上,提出数字经济价值是实体劳动价值和数字劳动价值相互融合、共同组成。同时基于数字经济的虚拟性特征,分析了数字经济中数字劳动价值的来源及其产生的原因,并对数字经济价值的构成和决定机理进行了讨论。本文的探讨具有以下三个方面的结论和启示:

首先,数字经济价值来源与价值决定问题的解析不能脱离马克思的劳动价值论,而是应该在劳动价值论框架下进行探讨。数字经济和数字技术存在非劳动性、无载体性和高溢出性等虚拟性特征,使马克思劳动价值论在全面解释数字经济的高价值性与低劳动、无载体性之间的矛盾时遇到了新问题。本文提出并运用数字劳动价值这一范畴来解析数字经济的价值问题,将数字经济的价值区分为实体劳动价值和数字劳动价值,认为数字劳动价值是基于数字经济的虚拟性特征,依托于数字经济产品生产上的可复制、能共享和有规模经济效应的技术特点,给数字经济所在产业或企业带来超过自身劳动价值的价值。这种解析是对"价值转移"观点的深化和补充,是对马克思劳动价值论的坚持和发展。

其次，数字经济的价值来源和价值决定重点不是在于对可直接应用劳动价值论进行解析的劳动价值部分，而在于对其数字劳动价值的来源和决定问题的理论解析。数字经济在数字化产业和产业数字化的发展过程中，必然需要物质生产资料(包括数字技术及其相关设备)和生产性劳动者(包括数字技术研发人员、数据工程师和数字劳动者等)，这些要素形成和创造的价值与一般商品的价值并无二致。但数字劳动价值并非本部门内部的生产性劳动创造的，而是从其他产业、部门、企业和购买者转移的价值和剩余价值。数字劳动价值的大小与数字经济规模正相关，是由非生产性数字价值、可复制性数字价值、规模性数字价值和垄断性数字价值四部分构成。数字劳动价值量大小的决定可与实体劳动价值进行互通，又独立于实体劳动价值。

最后，在数字经济的价值构成中，除了垄断性数字价值是通过直接加价实现而与经济泡沫相关外，其余的实体劳动价值和数字劳动价值都具有相对应的劳动实体，都是社会总劳动价值在不同经济领域中的分配的结果。因此，数字经济的发展在推动生产力水平提高和物质财富(使用价值)增长的同时，也带来了价值关系从而经济关系的变革。与一般生产力发展规律一样，数字经济向智能化方向的发展必然带来社会资本有机构成提高和对工人需求的降低。但是我们不必为此担心劳动力就业和价值消亡的问题，因为在未来社会，作为生产力的科学一旦摆脱资本的束缚，"以交换价值为基础的生产便会崩溃，直接的物质生产过程本身也就摆脱了贫困和对立的形式……那时，与此相适应，由于给所有的人腾出了时间和创造了手段，个人会在艺术、科学等方面得到发展"[1]。

(严金强，复旦大学马克思主义学院副教授、硕士生导师)

---

[1] 《马克思恩格斯文集》(第八卷),人民出版社,2009年,第197页。

上海新业态行业工会建设：
实践、困境与路径创新 *

新业态劳动者参加和组织工会，已成为当今工会运动不可忽视的主题。在中国，新业态劳动者主要通过行业工会实现其团结权，而传统的行业工会研究往往忽略传统业态与新业态的差异。中国工会的组织建设动因更多来自国家政权建设的需要，行业工会在政权资源禀赋充足的行业内更容易实现。上海较早地启动新业态行业工会建设，首批成立的六家新业态工会在政府行政资源、行业协会资源、地方工会资源等方面都显示出政权资源禀赋的优势，但仍存在传统建设模式与新业态的不契合，可以从资源优化的角度创新行业工会建设路径。

一、引言

数字经济是中国经济发展的新引擎，[①]基于数据和数据技术应用而产生

＊ 本文原载于《工会理论研究》2021年第5期。

① 参见王一鸣：《数字经济启动发展新引擎（新论）》，《人民日报》，2020年7月28日。

的新业态①不断涌现。团结权是市场经济条件下劳动者最基本的权利,②在国际劳工组织所倡导的"劳工三权"中具有基础性地位。从国际工运态势来看,新业态劳动者的团结权即组织和参加工会的权利, 已成为全球工会运动不可忽视的主题。正如美国社会学教授贝弗里·西尔弗在《劳工的力量:1870 年以来的工人运动与全球化》一书中所说,资本结构调整虽然削弱了一个地方与一个产业部门劳工的力量,但调整后新的劳工群体一旦形成,尽管结构性力量与原部门有所差异,但劳工运动总是愈演愈烈。③作为数字经济时代资本结构调整的结果,新业态在后工业社会承接了劳工力量的转移,在新业态集结的劳动者也成为全球工会运动的焦点。部分国家工会开始主动着手组织平台的劳动者,例如英国成立了大不列颠独立工人工会(the Independent Workers Union of Great Britain)、德国 IG Metall 工会允许来自平台的自雇劳动者成为工会会员。部分平台从业者正在组织工会或类工会组织,美国纽约成立的"独立司机同业公会"(Independent Drivers Guild)是第一家与网约车公司谈判的非营利性劳工组织,法国优步司机组建了"客运经营者联盟"的新工会。④

中国是全球第二大数字经济体。在中国,以外卖送餐为代表的新业态满足了从业者时间自由、平衡工作与家庭、补充家庭收入等多方面的需求,已成为社会就业的重要组成部分,由此形成一支极具规模的就业队伍。与此同时,新业态因用工形式新颖、收入水平较高、劳动争议高发,屡屡成为舆论焦

---

① "新业态"一词多见于政府文件和新闻报道。2020 年 7 月,国家发展改革委等十三部门联合发布《关于支持新业态新模式健康发展激活消费市场带动扩大就业的意见》,以列举的方式定义了十五种新业态,均隶属于数字经济。国家工业和信息化部直属研究机构将"新业态"定义为,"以数字技术创新应用为牵引,以数据要素价值转化为核心,以多元化、多样化、个性化为方向,经产业要素重构融合而形成的商业新形态、业务新环节、产业新组织、价值新链条"。依据前两者的界定,本文所讨论的"新业态"泛指因数字产业化、产业数字化而形成、已具一定规模的新型经济活动,包括高技术产业、现代服务业,以及从现有产业和领域中衍生叠加出的新环节、新链条、新活动形态、新商业模式。

② 参见常凯:《论中国的团结权立法及其实施》,《当代法学》,2007 年第 1 期。

③ 参见[美]贝弗里·J.西尔弗:《劳工的力量:1870 年以来的工人运动与全球化》,张璐译,社会科学文献出版社,2016 年,第 114 页。

④ See David Chazan, *Striking Uber drivers blockade Paris airport*, The Telegraph, https://www.telegraph.co.uk/news/2016/12/23/striking-uber-drivers-blockade-paris-airport/.

点,从业者组织和加入工会在中国已然成为劳动领域不可回避的话题。2020年8月,抖音上上演了外卖小哥对平台老板的"灵魂三问";同年9月,《人物》杂志刊发的一篇文章《外卖骑手,困在系统里》在社交媒体上引发刷屏。在这两次舆情事件中,骑手一方或明确或暗含提出了结社权的需求,部分区域出现"骑士联盟"等原生组织。

中国工会对新业态的关注已有五年时间,自2018年起上升为工会重点工作,并开展一系列建会行动,探索吸纳从业者加入工会。从政策导向来看,区域性、行业性工会联合会是新业态从业者入会权实现的主要路径。2017年,《中国工会章程(修正案)》在第二十五条增写"从实际出发,建立区域性、行业性工会联合会,推进新经济组织、新社会组织工会组织建设"的内容。2018年,全国总工会下发《推进货车司机等群体入会工作方案》,将行业工会建设作为入会方式和工会组建形式上主要探索的举措。从地方工会实践来看,由于新业态的工作场所、工作时间的非确定性及工作方式的弹性化,以成立行业工会实现新业态劳动者团结权,成为一个常见的路径选择。2021年9月,全国总工会出台《关于推进新就业形态劳动者入会工作的若干意见(试行)》,指出加强以覆盖新就业形态劳动者为主的行业工会联合会建设,作为吸收新就业形态劳动者入会和提供管理服务的重要载体。

与新业态从业者强烈的现实需求和中国如火如荼的行业工会建设实践相比,作为主流形态的新业态行业工会相关研究较为暗淡。近年来,法学、社会学、经济学等领域对新业态的诸多研究,提出创新工会组织形式作为保护网约工途径之一。[①]更有学者指出"让工会成为新业态从业者们寻求救济、维护合法权益的重要媒介",推动新业态从业者社会保险权实现。[②]这些研究虽都涉及新业态工会,但都浅尝辄止。也有学者注意到现行工会制度滞后于经济变革,从应然角度论证工会联合会的功能作用,[③]但往往忽视新业态与传

---

① 参见王全兴、王茜:《我国"网约工"的劳动关系认定及权益保护》,《法学》,2018年第4期。

② 参见邱婕:《灵活就业:数字经济浪潮下的人与社会》,中国工人出版社,2020年,第135~152页。

③ 参见赵乾:《新形势下完善我国工会联合会制度的法律思考》,《工会理论研究》,2020年第5期。

统业态的差异。本文基于地方工会、行业工会的实证调研,从政府行政资源、泛行业协会资源和地方工会资源三个方面,对上海地区新业态行业工会的建设现状进行描述,探析新业态行业工会的建设逻辑,丰富中国语境下行业工会建设领域的实证研究。

二、理论基础与分析框架

(一)理论基础

西方学界对工会建设的研究秉持工业公民权的理论传统,行业工会研究亦是如此。T.H.马歇尔和安东尼·吉登斯在《公民身份与社会阶级》(*Citizenship and Social Class*)一书中,提出作为一种制度的公民权,工人阶级在19世纪中期创造了政治公民权的次级系统——工业公民权,工人阶级通过组建自己的工会来集体行使该权利。[①]劳动者基于结社自由,只要获得国家法律背书的工业公民身份即可组织和参加工会。

行业(Industrial)与产业在英语世界同义。行业工会是按照行业原则把劳工组织起来的,产业工会是由同一产业或性质相近的几个产业的劳工组织起来的。在传统手工业向现代工业变迁的过程中,行会工人、工场手工业工人以及被迫转入现代工业的农民构成了现代工人阶级,其结社组织在经历了早期的行会(或帮会)、秘密结社组织之后,形成现代意义上的工会。从这个角度而言,行业可谓现代工业的产业早期阶段。因此,行业工会与产业工会在工业公民权的主体上无实质性差异。

工会的早期形态是在熟练工人和半熟练工人中发展起来的以职业等劳动身份为纽带的“共同体”,颇像中世纪的同业互助会,在功能上试图按照自己的意愿去规范赖以谋生的职业。与现代经济社会发展同步,简单的社会分工和个体劳动逐步被高度分工和社会化大生产所替代。以职业等劳动身份为纽带的联合暴露出一些弊端:仅青睐技术工人;同一个企业的劳动者因职业差异被分别组织到不同的工会,容易引发工会之间的竞争;一些行当太小

---

① 参见 T.H.马歇尔、安东尼·吉登斯:《公民身份与社会阶级》,忠郭华、刘训练编,江苏人民出版社,2008 年,第 197 页。

或者在一些产业中难以厘清职业差别。一部分职业工会被迫与其他一个或多个工会联合成为被扩大的同业工会，在这个过程中，以职业等劳动身份为纽带的组织原则不断被突破，转为在一定的地域范围内"按生产部门把工人组织起来"。

工会组织形态在美国的变迁很好地印证了这一过程：美国职业工会形成于19世纪工业化初期。1935年，美国出现在产业基础上组建的产业工会委员会，产业工会逐步成为主流形态。20世纪六七十年代，美国政府部门和服务业开始成立产业工会并快速增长。从全球工会运动来看，职业工会虽然仍有一定数量存世，但是美国等世界发达经济体普遍采用产业原则组织工会，产业工会成为现代工会最常见、最基本的组织形式。产业的概念在进入后工业社会后也发生了扩充，行业或者产业不再限指工业产业，而是指劳动者挣取生活收入的方式，涵盖公共部门及服务业。

行业工会与产业工会的关系在中国同样如此。一个产业可以分为若干行业，由于行业和产业之间的隶属关系，行业工会在中国实际上是产业工会的一种组织形式。①除中国工人运动初期，曾经出现过按照职业原则组织行业工会之外，中国的行业工会本质上都属于产业工会。在1925年之前，我国工人阶级为了自身利益和革命斗争需要，曾经按照职业和行业原则组织工会，建立了火车司机工会、搬运工人工会、建筑工人工会等。到1957年中国工会第八次代表大会之前，我国工会都是按照产业原则组织建立的，地方工会是由产业工会联合组成的，名称为地方工会联合会。其间，不乏基层组织冠以行业工会之名。考虑到我国各地工业基础和发展水平很不平衡，同时也为了与党和国家领导体制相一致，②1957年中国工会八大通过《中国工会章程》，将"中国工会是按照产业原则在民主集中制基础上组织起来的"改为"中国工会是按照产业和地区相结合的原则在民主集中制基础上组织起来的"。中国工会九大、十大对这一组织原则进行了修改和完善。之后，产业工会建设日渐消减。

---

① 参见李玉赋主编：《产业工会工作概论》，中国工人出版社，2018年，第6页。
② 同上，第415页。

在中国工会现行组织体系中,产业工会条线即全国产业工会、地方产业工会及行业(性)工会联合会。行业(性)工会联合会与新中国成立初期冠以行业之名的产业工会不尽相同,其雏形产生于市场经济建设初期。1987年,江苏常州、山东潍坊等城市在经济体制改革中,按行业建立工会联合会,由各成员企业的工会主席做委员,并民主选举联合会主席,形成了依靠全体委员决策、主席与秘书长办公会议协商执行的运行机制。1988年,全国总工会肯定了这种联合制、代表制的工会组织体制,将之写入《中国工会章程》。行业(性)工会联合会是以产业分工和行业性质为组织原则,不分职业、工种、职务、技术工人与熟练工人、体力劳动者与脑力劳动者,由同一行业或性质相近行业的企事业单位工会,按照联合制、代表制的原则组织起来的一级工会,具有行业性集体协商、职工技能培训、劳动争议调解等功能。行业(性)工会联合会在中国工会组织体系中隶属基层,设立范围限定在区县及以下地域范围内,在地市范围可以探索建立行业性工会联合会。因此,本文所讨论的行业工会主要是指现行组织体系中的行业(性)工会联合会。

尽管"行业工会"的概念中西相近,但是由于中国与西方国家在工会制度上的差异,中国的行业工会建设难以套用工业公民权分析框架。包括中国在内的社会主义国家的工会体制深受列宁工会学说的影响,他形象地将社会主义国家的工会比作国家政权的"蓄水池"。①《中国工会章程》开篇就明确了中国工会的性质、定位,是党联系职工群众的桥梁和纽带,是国家政权的重要社会支柱。党的十九届四中全会提出推进国家治理体系和治理能力现代化,中央出台的一系列重要政策文件表明:中国工会在国家治理制度体系中扮演着重要角色。②在考察中国工会与国家的关系时,人们经常采用国家法团主义的观点,认为中国工会是劳动领域的国家法团,一个"准政府机构"。中国工会的组织功能不仅是工人阶级结合起来维护自身权利和利益的

---

① 参见冯同庆主编:《马克思主义工会思想史》,中国工人出版社,1993年,第174页。

② 参见陶志勇:《国家治理体系和治理能力现代化视角下的工会角色》,《工会理论研究》,2019年第6期。

社会团体,而且也是国家政权的部件。①这就决定了中国工会的基层建设动因不仅有"自下而上"的劳动者的团结权需求,更为重要的是"自上而下"的国家政权建设需要。杜赞奇在《文化、权力与国家:1900—1942年的华北农村》一书中,将国家权力对社会领域的控制能力作为成功的现代国家政权建设评判标准。于建嵘认为,国家政权建设的目的是建立一个合理化的、能对社会与全体民众进行有效动员与监控的政府或政权体系。②中国工会作为国家政权的一部分,其基层组织建设是将"体制外"劳动者尽可能多地纳入工会的组织体系之中,在"体制外"劳动者中建立有效的国家动员体系。

(二)分析框架

米格代尔认为,国家是一个权力场域,国家与社会在场域中对资源的支配能力决定其在场域中的地位。③作为国民经济体系的组成部门,行业(产业)场域十分复杂:外部环境涉及一国政治体制、经济体制和国际因素,内部主体因素除本文探讨的行业工会外,还包涵行业主管部门即政府,行业龙头以及业内诸多企业,基于政府职能转变、政企分开的需要而产生④的行业协会,在党建完善的行业还需囊括基层党组织。从资源依赖视角来看,一个组织通过合并、联合、游说或治理等方法改变外在环境,使之适合自身发展。本文认为,在以市场为主导、国家权威的动员体系不完备的新业态,工会的建设动因更多地来自国家政权建设的需要,而基层工会建设在国家支配资源能力强即政权资源禀赋充足的行业更容易实现,可从政府行政资源、行业协会资源、地方工会资源进行探讨。

1.政府行政资源

行业工会的传统建设逻辑主要依托政府行政资源。在计划经济时期,政府直接管理企业,下设若干负责产业的工业管理部门,产业工会与政府工业

---

① 参见汪仕凯:《中国劳工治理体制的转型与困境》,《领导科学论坛》,2017年第21期。

② 参见于建嵘:《国家政权建设与基层治理方式变迁》,《文史博览》(理论),2011年第1期。

③ 参见[美]乔尔·S.米格代尔:《社会中的国家:国家与社会如何相互改变与相互构成》,李杨等译,江苏人民出版社,2013年,第16页。

④ 董亚炜:《政府职能、国家权力与社会发展——当代中国行业协会的政治学研究》,复旦大学,2005年博士学位论文。

部门之间有着千丝万缕的联系,人员机构之间存在大量交叉和同构。在市场经济体制改革过程中,政府的工业管理权或是放开或是退居"守夜人"角色,产业部门几经削减、合并。产业工会要契合国家经济的产业结构调整变化,门类设置科学合理,而非面面俱到。①在改革后,产业行业条线上的工会机构并非"上下贯通""左右对齐",但纺织、石油、化工等传统产业工会依然保留下来,在地方上存在两种组织形式:驻会(地方总工会)产业工会和依托行政主管部门或骨干企业集团等设立产业工会。驻会制和依托行政主管部门设立的产业工会,将其机构设立在政府行业主管部门驻地,或吸纳政府官员担当工会领导职务;依托骨干企业集团设立的产业工会,其所依托的企业集团均为国资或国资控股,大多由政府工业管理部门转制为企业。因此,这类历史悠久的产业工会,在组织建设上延续对政府行政的资源依赖,其下属的区县及以下行政区域内的行业工会,与之情况近似,仍然保持较为完整的组织结构和良好的功能机制。

2.行业协会资源

进入市场经济体制后,中国工会在不同地区所建立的行业工会门类差异很大,这与当地行业发展状况休戚相关。对于经济体制改革后发展起来的行业,业内主要受市场机制影响,市场化程度较高,政府监管更为间接,相对而言国家政权建设不充分。这些行业是工会建设更为重要的空间,与计划经济时期就成长起来的产业相比,行业内的直接政府行政资源较少,这与在经济体制转型过程中,政府逐步退出对市场的直接干预有关。在国家让渡的社会空间中,行业协会逐渐成长起来,贾西津等将其分为政府自上而下地组建的大量行业协会、直接推动产生的中间型行业协会、"市场内生"行业协会三种类型,②部分协会延续了部门管理职权,或回归市场开始介入市场治理,成为政府部门管理的变形和延伸。从行业协会的产生原因和功能上看,行业协

---

① 参见中华全国总工会:《关于深入推进产业工会工作创新发展的意见》,https://www.acftu.org/wjzl/wjzlzcwj/qzwj/202105/t20210525_780901.html? 7OkeOa4k=qAq3rAqCJO3CJO3CJOA5PgbWPYHdlZiRgkdwKVyFPdlqqcmdRlT4qAqqJG。

② 参见贾西津、沈恒超、胡文安:《转型时期的行业协会——角色、功能与管理体制》,社会科学文献出版社,2004 年,第 102 页。

会资源当属政权资源之列。在市场化程度较高的行业,行业协会成为工会建设"借力"的又一选择。近几年,行业工会建设屡现"协会+工会""商会+工会"等与行业资源紧密"捆绑"的实践探索。2019年淮安市清江浦区组建行业工会试行"支部+协会+行业工会"运作方式,①很好地印证了工会建设对行业资源的青睐。

3.地区工会资源

中国工会作为国家政权的一部分,工会自身资源也是行业内国家政权资源的重要组成。在中国工会实行产业和地方相结合的组织领导原则之后,除铁路、民航、金融三个行业实行垂直领导外,其他地方产业工会接受地方总工会的领导。从工会的基层组织建设责任而言,地方工会除担负企业工会建设责任外,还承担推进区域性、行业性工会联合会建设的责任。地方工会的资源禀赋影响其推动当地行业工会建设的能力。再者,作为产业工会的基层组织形态,行业工会以联合会形式存在,"从实际出发"②在区县及以下行政区域建立,企业工会、联合工会等基层工会为其成员单位。从组织构成上来看,企业工会、联合工会是行业工会建设的基础。如果同行业的企业较多成立了工会,行业工会建设就会水到渠成。

三、上海实践:政权资源禀赋的视角

上海作为特大型城市和经济先行地区,数字经济对就业的改变和影响较早在该地区显现。同时,上海是最早开始探索新业态工会建设的地区,上海市工会第十四次代表大会提出聚焦各类流动、分散、灵活就业群体,开展新领域新兴群体建会集中行动。2017年,全国第一家外卖送餐员行业工会在上海成立,之后一年多的时间,上海市总工会依托政府主管部门、地区工会、行业协会等持续推动建立网约送餐、医疗照护、物流货运、家政服务等行业

①　参见杨忠、毕正州:《淮安市清江浦区组建行业工会试行"支部 + 协会 + 行业工会"运作方式》,《工会信息》,2019年第21期。

②　中华全国总工会:《关于加强和规范区域性、行业性工会联合会建设的意见》,https://www.acftu.org/wjzl/wjzlzcwj/qzwj/202101/t20210119_774022.html? 7OkeOa4k=qArNrAkEnWOEnWOEnqlpKJ1lgm.UymHr4y0syG0dqPQqqDxYvD24qAqqnq。

工会,广泛吸纳相关行业从业人员入会。

2018年3月,全国总工会启动"八大群体"①入会行动,要求全会上下作为"一把手"工程抓。"八大群体"涉及的产业部门除农民工集聚的传统行业,重点包括快递员、网约送餐员等新业态。在全国工会此次行动中,上海在新业态中探索成立行业工会的经验做法,多次被全国总工会作为样本推广。本文以数字经济为标尺界定,对2017—2018年上海首批成立的"八大群体"行业工会进行业态分析,其中符合本文讨论范畴的新业态行业工会共六家,囊括家政OTO、网约快递员、网约送餐员、互联网物流等较为典型的新业态。

表1　上海各区(县)首批"八大群体"行业工会成立情况(2017—2018年)

"八大群体"	建立行业工会的区(县)
家政服务员(含家政OTO)	浦东、徐汇、长宁
快递员	青浦
网约送餐员(外卖送餐员)	普陀
护工护理员*	杨浦
货车司机	嘉定、宝山
房产中介员*	徐汇

* 标识群体不属于新业态的外延范围,此外,"八大群体"援引全总建会行动的名称,案例中,上海是选择具有政权禀赋的群体建立了行业工会,故各区(县)的选择有重复亦有遗漏。商场信息员和保安员就是这样的情况。

(一)借力政府行政资源

中国工会在基层的组织体制是以法人组织为单位建立基层组织的,一个企业法人即成立一个工会。因此,中国工会基层组织形成了极具特色的"企业体制",通常基层组织增建是先以地方工会筹建企业工会,劳工再向企业工会申请加入的模式。《中华人民共和国工会法》第十条规定,企业、事业单位、机关有会员二十五人以上的,应当建立基层工会委员会。因此,如果在企业中有一定数量的会员职工,地方工会可以依法要求该企业建会。上海工会在家乐福等世界500强建会中多次采用类似的法律途径。但是依法要求企业建会需要具备一个条件:企业与工会会员之间有较为明确的劳动关系。

① 参见中华全国总工会:《将推动快递员等八大群体入会》,《人民日报》,2018年4月11日。

由于新业态用工模式的平台化、去雇主化,其劳动关系认定较为困难,司法实践中尚未形成统一的标准,新业态工会建设难以选择法律途径推进,只能选择其他"柔性"路径。从上海的实践来看,新业态行业工会建设借力的政府行政资源主要包括三个方面。

1.借力地方的政企关系

2017 年 11 月 29 日,普陀区网约送餐员行业工会联合会成立,这是全国首个网约送餐行业工会。之所以选择普陀区,主要考虑区内的政府行政资源基础。在国内市场,网上外卖行业主要由"美团"和"饿了么"两大平台公司运营。从以往基层增建经验来看,普陀区作为其中一个平台公司的实际运营地,具有得天独厚的资源优势:一是该平台公司作为地方重点扶持企业,在情感上更"亲政府";二是依照《中华人民共和国工会法》,普陀区总工会作为地方总工会,有权要求平台公司建立工会并使之成为自己的下级组织。

2.借力行政监管权力

2020 年全国总工会《关于加强和规范区域性、行业性工会联合会建设的意见》提出,区域性、行业性工会联合会委员会因工作需要,"可吸收政府有关部门代表参加"。上海工会在实践中为了获取更多的政府资源支持,主动邀请食药监局、城市交通管理局、市场监管局等具有行业监管职能的政府部门代表,出任区级行业工会副主席或委员,以期实现监管部门协助行业工会联合会运作。上海首批成立六个新业态行业工会的委员会,均引入了政府行政监管部门代表。

3.借力业态发展与社会民生的关系

新就业形态在行业划分上多属服务业,由于服务业关系民生、与城市安全稳定息息相关,上海工会于 2016 年争取到上海市政府财政项目化支持。2018 年,上海市总工会与上海市财政局联合下发《关于服务灵活就业群体工会会员项目经费使用管理办法》,使之前"两非一无"财政补贴得以延续。新业态劳工只需承诺愿意加入工会并进行实名登记即可享受相关福利。

(二)借助泛行业协会力量

行业协会有很强的互助性和公益性,行业龙头企业在业内需承担一定的社会责任。传统的行业工会运作,通常借助行业协会力量或骨干企业等泛行业协会力量。1988年中国工会十六届六次执委会提出联合制、代表制的组织原则,之后写入《中国工会章程》。行业工会遵循联合制、代表制原则,在区一级一般按照街道(镇)联合工会会员规模分配代表人数,会员代表主要来自重点街镇行业联合工会和行业龙头企业工会,要包含一定数量的行业劳模(先进)、经营管理、科技人员等。新业态行业工会建设没有跳出这一组织逻辑,在新业态行业不成熟的情况下,以期通过寻求或者培育一个行业协会或者龙头企业来实现与行业资源的合作。

一是积极与涉及新业态的传统行业协会寻求合作。作为数字经济激发的新增就业,相当比例的新就业形态不是凭空出现的,而是来自传统行业业务的数字化创新发展,例如家政行业中出现网络家政O2O模式,传统出租车行业逐步一体化的网约车。还有一些新就业形态是传统职业的互联化,例如网络写手、网络营销员、网络主播等。这些传统行业在业务数字化转换之前,政府行政监管方面已有较为成熟的立法,行业内也有较为成熟的行业协会。工会借助这些已有的行业协会力量,逐步嵌入新业态。上海行动伊始,浦东、徐汇、长宁三个区都迅速成立了家政行业工会,且都涵盖了新兴的家政O2O企业,这与上海家政业成熟、行业协会组织健全有密切关系,协会理事长单位的职工领袖或多或少在行业工会任职。

二是培育平台公司的行业龙头责任。企业内部至少有两种协调机制,除了价格机制实现资源配置外,还存在一种依托科层制实现的以权力再配置资源。正如科斯所说,当"一个工人从Y部门流动到X部门,并不是因为相对价格的变化,而是因为有人命令他这样做"时,就区分出了企业。①以网约送餐行业为例,网约送餐员依靠平台"接单","平台+个人"用工模式虽较标准劳动关系松散,但平台可以通过算法管理实现对劳动者的规训,对送餐员实行"差序格局式"的管理方式,外卖员可以通过不断积累分数升级到算法评

---

① 参见[美]奥利弗·E.威廉姆森、西德尼·G.温特编:《企业的性质:起源、演变与发展》,姚海鑫、邢源源译,商务印书馆,2010年,第19页。

定的更高层次,从而享受更高的订单奖励。①很多新业态劳动者全职从业,对平台存在很强经济依附性。上海工会在新业态行业工会建设中以期借助平台公司的组织资源,基本逻辑是通过平台公司组建工会带动签约代理商建立工会,并推动建立行业工会。例如,普陀区网约送餐员行业工会设立工会主席一人(由区总副主席兼任)、副主席三人,其中一位副主席由"饿了么"平台公司工会主席出任。同时,上海工会与"饿了么"等头部送餐平台合作,制作扫码一键式入会领保障页面,通过普陀区长风街道联合工会吸收了两万名网约送餐员入会;在后续的建会行动中,又寻求与"独立日"等线上灵活用工平台合作,帮助其在杨浦区大桥街道属地建会,吸纳了一万一千名平台上的灵活就业群体入会。

(三)依托地区工会组织资源

产(行)业工会与地方工会的衔接问题一直是组织建设中需要回答的问题。依据《中国工会章程》,"同一企业、事业单位、机关和其他社会组织中的会员,组织在一个工会基层组织中",基层委员会承担"会员的发展、接收、教育和会籍管理"的任务。产(行)业工会成立后,覆盖的企事业单位工会组织领导关系、经费收缴渠道保持不变。由于新业态灵活化的用工模式与中国工会组织体制契合度较低,上海工会在新业态的行业工会建设中对工会架构进行了创新,但没有突破现有的产地衔接关系。

新业态通常是基于业务的松散的人员联系,很难匹配工会科层制的框架体系。除顺丰、京东等电商物流为直营外,国内主要快递公司为了降低成本,依然采取加盟形式在其非主营地区寻找合作商代理业务,多为转包、分包、委托、承包、承揽等业务形式。此次建会行动按照行业划分新业态,没有以"建立劳动关系"作为组织工会的依据,而是以相同或类似行业作为组建依据,以加盟店、网点、门店为基本单位建构工会小组,规避新业态用工关系争议;在街道(镇)的行政区域内,建立具备行业特色的联合工会;由这些联合工会组合成立区(县)范围的行业工会联合会。

---

① 参见孙萍:《"算法逻辑"下的数字劳动:一项对平台经济下外卖送餐员的研究》,《思想战线》,2019年第6期。

上海工会将工作落脚点放到了街道(镇),希望街镇承担属地管理的责任。新业态行业联合工会日常接受街道(镇)级总工会领导,区(县)行业工会联合会作为区(县)级总工会的下级组织连入工会体制,在省(市)层面不设立行业工会。2017年9月至11月,普陀区总工会陆续在石泉、真如、长征、桃浦、万里五个街镇分别建立送餐员联合工会,将以"个人行为"成为工会会员的送餐员归口到街镇送餐员联合工会管理。考虑到由所在群体中选树的工会精英来开展工作,五个街镇送餐员联合工会的负责人,三人是街道工会干部、两人是送餐站点站长。

在新业态中成立行业工会将从业者吸纳进来,而非创新性探索职业工会在中国的可行性,强调对行业从业者的有效代表,联合制、代表制之下行业工会尽可能多地吸纳业内劳动者而非全覆盖。行业工会与成员工会之间是工作指导而非领导关系,"行业工会建在地区上",继续现有的中国工会组织制度可以充分利用地区工会资源。

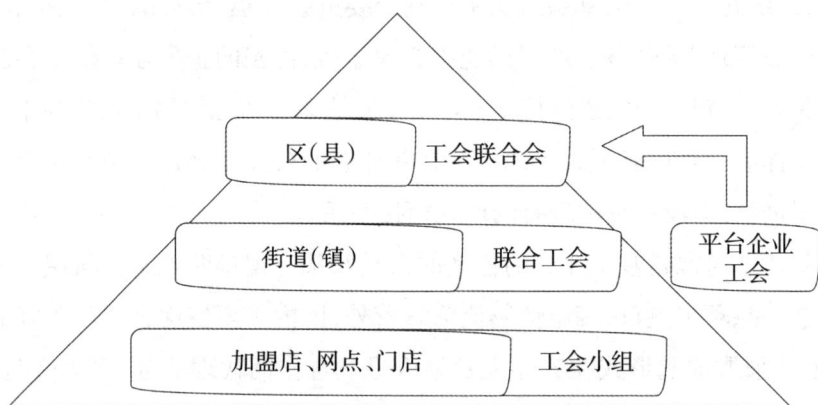

图 1 新业态行业工会的组织结构

四、新业态行业工会的建设困境

新业态行业工会建设的困境主要来自传统业态与新兴业态的张力。新经济、新产业、新业态不断涌现,但运营模式尚不稳定,生产链、工作岗位和工作技能的分解和重组没有休止过,用工模式及收入分配方案受其影响经常性发生变动，行业工会一成不变的建设方式难以应对持续变化的业态发展。因此，新业态行业工会虽然已经成立，但实体运行困难，突出表现为以下三个方面：

（一）平台公司与行业龙头的定位不匹配

传统业态历经市场变革、适配多国政体，其结果是行业体系成熟、主体功能健全，行业协会组织和龙头企业作用明显。然而直播销售、网络文学、游戏竞技等新业态的行业形态尚未成熟，将平台公司培育为行业龙头企业使其发挥社会责任存在困难。在新业态行业工会建设中，泛行业协会因自身力量不足而通常缺位。

一是平台公司与其经营的新业态非属同一行业。平台公司等数字技术的承载实体，在新业态中占有举足轻重的地位，是在新业态行业工会建设分析中必然考虑一隅，但从行业划分上又与新业态有出入。例如，网约送餐平台公司的行业归属为互联网科技企业，而网约送餐行业归属中国饭店协会外卖专业委员会管辖。赋予一个科技企业以外卖行业龙头企业身份，必然存在企业对行业内互助性需求不足、认同性不高等问题，由此引发企业价值与龙头企业社会责任之间的张力。

二是依照现代劳动法律制度，企业在标准劳动关系中应对受雇劳动者承担雇主责任。龙头企业通常对同行业的其他企业具有很深的影响，在行业内具有一定号召力和示范作用，在雇主责任履行上常常为业内表率。新业态的劳动用工更为灵活化，平台公司在现行法律制度下对依托平台就业者的责任归属社会责任而非雇主责任，这使其在履行行业龙头企业责任时存在诸多顾虑，抵触或拒绝以资方身份体现在工会关系中。在新业态行业工会运作中，平台公司工会虽然纳入了行业工会体系，但其行动受所在平台公司掣肘。

（二）工会传统的运作模式与新业态不契合

与严格规范的企业制和标准劳动关系相比，新业态行业工会在权力集中和渗透方面仍然有一定限度。尽管行业工会试图将分散的非正规就业同企业工厂中的正规就业一样加以高度整合，但是面对高度分散的非正规就业,行业工会的整合能力毕竟有限。

一是工会会员制出现了执行困难。中国工会在最基层的组织实行会员制,地方组织不是作为组织的团体会员加入总体组织,而是作为地方的一级组织存在。会员会籍按照全国总工会的解释是指工会会员资格,是否办理入会手续是建立会籍的评判依据。行业工会的建立使该行业的新业态从业者开始知晓中国工会,很多劳动者愿意接受工会服务并响应工会工作,但对建立会籍较为抵制。新业态用工高度灵活化,从业的"短期"与建立会籍的"长期"出现紧张,表现为不愿意交纳会费、拒绝办理入会手续,有的劳动者入会手续没有完成就已离开该行业。

二是对新业态工会精英的培育。行业工会虽然建立了,但是缺乏工会精英运作管理。高频流动抑制工会精英培育。外卖送餐员作为新业态的代表,具备灵活化、去雇主化、平台化等特征,一直以来人员流动率居高不下。根据2019年"饿了么"平台提供的数据,送餐员(包含专送骑手和众包骑手)的每月流失率达30%左右,能够做满半年的骑手不足10%。由于人员变动较大,工会精英培育很难进行, 其中一个街道行业联合工会在一年的时间内已换三任工会主席。

(三)地区的政权资源有限或难整合

传统业态行业工会建设所依赖的政权资源,在新业态中并不齐备。政府顺应市场变化和科技发展,对新形态发展普遍持鼓励和支持态度,在立法监管方面强调"包容审慎"。政府对新业态市场的规制起步不久,较为谨慎地出台了一些制度文件,因此新业态中政权资源十分有限。

中国工会根据多层次行政区划形成了各自的地方组织,街镇级工会是最基层一级的地方工会。新业态从业者分布或是基于互联网不受空间限制,或是由业务中心向外围呈辐射状分布。网上外卖是典型的"平台+个人"用工模式,是餐饮行业与互联网技术的叠加。外卖平台将城市从空间上划分为若干个大区、团和营,营级单位的负责人是片区配送经理,这些都是网上外卖业务的管理部门。平台公司逐步对送餐员脱管,不自雇送餐员,而是通过业务发包的方式完成外卖配送,包括众包和代理商承包两类,网约送餐员分为专送骑手、众包骑手两类。网约送餐行业以商圈、大型居民区设定业务片区，一个站点通常管理多个业务片区且片区之间可能跨街镇级乃至区级行政区。其结果是，行业工会需跨行政区划开展工作，有悖于工作习惯制约功能的发挥。

五、资源优化与路径创新

从新业态行业工会的各类问题来看，传统的建设模式与新业态的不契合，在很大程度上制约着新业态行业工会的功能发挥，因此创新行业工会建设路径势在必行。新业态的政权资源禀赋深刻影响行业工会建设的效率和效果，本文从资源优化的角度提出三点对策建议。

（一）行业工会的组建应由单维资源依赖向双维转变

工会是职工自愿结合的工人阶级的群众组织，在不同国家政体下，工会功能有一定差异，但工会作为劳动者集体权利的代言人地位不会改变。行业工会建设要抓住劳资结合的实质，改变传统业态行业工会单维依靠政权资源的建设逻辑，向依靠政权资源和劳工力量双维转变。新就业形态的用工模式难以组织化，但同时也有建立共同体的新的机会。国际劳工组织在对全球劳动力市场状况描述时，将劳动力人口分为雇主、工薪阶层、自营职业者和家庭贡献型工人。在统计非正规就业时，自营职业者并不等同于非正规就业。新业态亦是如此，从业者并不都属于会员的范围。新业态行业工会建设要妥善处理会员范围的"窄"与"宽"，在纯洁性的基础上追求广泛性，坚持在非会员中开展一定的工作，拓展工会在新业态劳动者中的影响力，实现工会建设资源禀赋由单维向双维转变。

（二）行业工会的运行模式应对接新基建、面向智慧化

为适应互联网时代特点，中国工会提出"智慧工会"建设，通过运用互联网、大数据、云计算、人工智能等先进信息技术构建工会智能化服务职工体系。在新业态行业工会建设上，智慧工会应与实体工会结合，契合新业态运营模式。共享劳务成为一种共享经济的新潮流，也是新业态的主流用工模式。建立相应的劳务资源数据平台，可以有效应对大规模灵活用工对劳务监

管带来的挑战。上海等多个城市已启动以信息基础设施、融合基础设施和创新基础设施为主要内容的城市"新基建",智慧工会建设应思考与城市"新基建"互嵌,将以平台公司为代表的新业态数据资源接过来,遏制数据垄断。此外,智慧工会还应实现数字经济时代劳动者权益维护功能,借助高端智力资源对"智能调度系统"进行算法审查,从算法上维护新业态劳动者权益。

(三)行业工会的功能发挥有赖法律保障体系建立完善

在企业用工、劳动者就业的灵活自由和安全风险共生并存的新业态,劳动规制正处于研究试验时期。优化社会保障体系的覆盖能力、解绑改革工伤保险与劳动关系、完善网约工劳动风险分散和基本权益保障制度等与新业态相匹配的劳动规制建设尚无定论。而行业工会在新业态中实现维护就业者合法权益、推动构建和谐劳动关系,引导劳动者依法理性有序表达合理利益诉求,仍需依托健全法律保障体系。2020年5月,习近平总书记在全国政协经济界联组会上指出,新就业形态领域当前最突出的就是新就业形态劳动者法律保障问题等。2021年7月,人社部等部门联合出台《关于维护新就业形态劳动者劳动保障权益的指导意见》,此时正是中国工会发挥制度优势,源头参与新业态劳动规制构建的最好时机,从而提升借助政府行政资源开展行业工会建设的能力。

(金世育,上海工会管理职业学院讲师、华东政法大学公共管理博士研究生)

第六篇

域外工人运动与劳动关系

国际金融危机以来法国劳工社会抗议①事件研究及对中国社会治理之启示 *

党的十九届四中全会重点研究了国家治理体系与治理能力现代化的重大课题。社会抗议事件是剖析一个国家治理问题的重要方面。自2008年国际金融危机以来,国际上劳工社会抗议事件日趋增多。本文选择老牌西方发达国家——法国的劳工社会抗议事件作为分析对象,总结梳理了法国社会抗议事件存在"有组织"与"无组织"两类社会抗议事件的特征,深入分析引发社会抗议事件的内在原因,并结合中国当前社会治理中的一些问题,提出了相关启示与思考。

一、问题的提出

自2008年国际金融危机以来,世界经济发展陷入低谷,越来越多的国家出现社会紊乱、失序问题,国际上社会抗议事件此起彼伏,2010年11月突尼斯"阿拉伯之春"抗议运动更是掀起社会抗议的浪潮。近几年,社会抗议运动更加频繁、激烈,抗议内容涉及范围也较为广泛,有涉及经济民生方面的,有涉及宗教方面的,有涉及种族方面的,还有涉及政治方面的。这些内容相互交织、相互激化,使抗议事件显得更为复杂。以近几年为例,在欧洲,2018

---

① 本文所说的劳工,不单单指传统意义上的工人群体,还包括工会会员、非工会会员等在内的各类普通劳动者。本文所说的社会抗议,主要是指针对政府发起的各类群体性罢工、游行、示威等事件。

* 本文原载于《工会理论研究》2021年第6期。

年 11 月,法国政府调高燃油税引发民众抗议,爆发了"黄马甲运动",不仅持续时间较长而且扩散到欧洲不少国家。2019 年 12 月,因民众反对政府宣布的养老金改革计划,法国再次爆发大规模罢工示威行动。在南美洲,2019 年 10 月初,智利首都圣地亚哥地铁票涨价 30 比索(约 0.28 元人民币),引发大规模抗议和骚乱,结果交通停顿,社会秩序失控,并导致当年亚太经合组织(APEC)领导人非正式会议和联合国气候变化大会停办。在亚洲,2019 年 12 月,印度议会通过政府推动的《公民身份法修正案》,让来自巴基斯坦、孟加拉国和阿富汗三国的非回教徒获取公民身份,但排除了穆斯林,结果引发大规模抗议示威。2020 年,泰国各地抗议示威行动有二百多次,主要诉求是"政府下台、修改宪法、改革君主制"。2020 年 10 月 5 日,印度尼西亚通过《创造就业法案》,导致成千上万的民众走上街头抗议,与警方发生激烈冲突。在北美洲,2020 年 5 月 25 日,美国一名黑人男子被白人警察暴力执法致死,引发的抗议和骚乱蔓延到全美上百个城市,爆发了一场声势浩大的"黑人的命也是命"(Black Lives Matter)运动,这场运动还延伸到欧洲相关国家。

这些社会抗议运动是世界大变局深刻演变的重要内容,与全球动荡源、风险点的增多密切相关。党的十九届五中全会明确提出,要进一步"把安全发展贯穿国家发展各领域和全过程,防范和化解影响我国现代化进程的各种风险"。社会的发展变迁是社会抗议运动的主要动因。当前和今后一个时期,随着新一轮科技革命和产业变革深入发展,受国际环境不稳定性、不确定性明显增加等综合因素影响,整个世界的社会运动可能也会出现更多新情况、新问题。因此,对于社会抗议发展的特点、原因、规律、趋势等进行深入研究,并对当前我国社会治理中面临的一些问题提出相应的建议,就显得非常有意义。通过研究分析世界各国各类社会抗议运动,我们发现,不论社会如何发展变迁,参与社会抗议运动的主体力量却相对稳定,除了部分事件以学生为主体外,大都以普通劳动者为参与主体。劳动者群体基于自身政治、经济、社会等权益发展之需要,通过集会、游行、罢工等形式主要向政府表达不满。一些研究劳工的学者甚至断言,国际金融危机"又一次将劳工的力量释放出来",劳工问题又成为"当今世界各国执政集团面临的难题"。①如何从劳工与工会的视角审视社会抗议运动,是本文的研究重心。

层出不穷的社会抗议事件几乎覆盖到全世界,"无论是发展中国家还是发达国家,没有几个国家和地区可以幸免"②。为何选择法国劳工社会抗议事件作为本文的分析对象?直接原因是,法国作为发达资本主义国家,在西方世界有着特殊的地位。同时,法国工人运动与马克思主义的诞生和发展有着非常密切的关系,使得法国成为一个具有抗议传统的国家,法国工会也长期在罢工抗议中承担着主要角色。更重要的因素是,与西方其他国家相比,法国在历史发展、现行制度等方面与中国有一定程度的相似性。从文化维度看,法国和中国都具有相对悠久的历史,双方都形成了自身民族特色的文化文明记忆,号称"清末怪杰"的思想家辜鸿铭甚至讲"中国和法国文化是世界上唯一最相似的一对"。从制度维度看,中国和法国都经历过很长一段封建社会的中央集权君主时期,如今,政府对经济活动的干预较多,③国有企业在国家经济中占有重要地位。20世纪80年代初,法国的国有化达到最高峰,国有企业有4300多家,产值占国内生产总值的40%。④

习近平总书记指出:"拉美、中东以及一些欧洲国家的教训表明,不切实际的高承诺、高福利、高债务,要么是失信于民、政府垮台,要么是债务累累、财政危机。这值得我们警惕。"⑤法国作为高福利国家,其社会保障方面的制度改革能给中国提供足够的经验或者教训。自20世纪70年代后,法国深陷经济增势低迷、失业率高企、贫富差距扩大、社会阶层断裂的泥潭。⑥国际金融危机的爆发进一步加剧了这一趋势。多年来, 法国一直通过消减福利开

① 汪仕凯:《全球劳工治理:议题、机制与挑战》,《世界经济与政治》,2015年第8期。

② 郑永年:《当代社会抗议运动为什么失效?》,《联合早报》,2019年8月13日。

③ 参见:《法国与中国相似 政府角色很重要》,人民网,https://oversea.huanqiu.com/article/9CaKrnKlZHr。

④ 参见关琦:《法国国有企业的现状与走向》,《中国中小企业》,2013年第9期。

⑤ 中共中央宣传部:《习近平总书记系列重要讲话读本》,学习出版社、人民出版社,2014年,第111页。

⑥ 参见潘小娟:《法国国家治理改革及其启示》,《中共中央党校(国家行政学院)学报》,2019年第1期。

支、放松用工制度和提升企业竞争力等方式进行改革,①但总是陷入"改革—抗议—妥协"的怪圈,几乎每次改革都要引发大规模的社会抗议运动,结果并不如意。从法国相关社会抗议的参与范围来看,参与抗议的对象较为"纯粹",主要是经济民生等方面有诉求的普通劳动者,他们主观上没有"颜色革命"的动机,以美国为首的其他西方国家只是"隔岸观火",没有深入介入相关抗议。可以说,法国的社会抗议主要与法国自身国家治理方面面临的各类经济社会问题有关。这些问题也是当前西方欧洲国家治理体系面临的新课题。正如一些学者所言,剖析法国"可以成为解析'欧洲病'乃至西方国家所遭遇历史性困局的一个样本"②。

二、法国劳工社会抗议事件之特征

国际金融危机爆发以来,法国全国性的社会抗议事件更加频繁。我们梳理分析了法国 2008—2020 年间主要针对政府发起的 19 起③罢工事件及法国"黄马甲运动"等劳工社会抗议(见表 1),发现这些事件呈现以下特征。

表 1　2008—2020 年法国主要罢工事件一览表

罢工时间	罢工事件	罢工者/罢工单位	罢工原因	罢工行动	罢工影响
2009 年 1 月 29 日	法国百万工人大罢工	法国交通和公共服务行业工人	抗议政府处理金融危机不当	罢工游行	公共交通瘫痪,多家银行停业,学校、邮局、医院关闭
2010 年 9 月 7 日	2010 年法国大罢工	交通运输、邮政等公共服务行业工人及私营业工人	抗议政府的退休制度改革	罢工游行	多条地铁停运,超半数境内列车停运,约半数国内航线停飞
2013 年 6 月 11 日	法国航管人员大罢工	法国航管人员	抗议欧盟修改航管规章	罢工	全国机场取消 1800 个航班

① 参见陈俊侠:《法国改革失败的教训》,《新华每日电讯》,2013 年 11 月 21 日。

② 卜永光:《法国之乱背后的西方历史性困局》,澎湃新闻,https://www.thepaper.cn/newsDetail_forward_5282660。

③ 这二十起抗议事件在国际社会具有一定的影响力,主要采集于各相关媒体,此外还有大量工会针对企业的罢工抗议,未作相应统计。

罢工时间	罢工事件	罢工者/罢工单位	罢工原因	罢工行动	罢工影响
2014年6月17日	法国短期表演艺术工作者罢工	法国短期表演艺术工作者	抗议政府改革失业津贴制度	罢工	全国有多项文化活动取消
2014年6月18日	法国铁路工人罢工	铁路工作人员	抗议法国政府为疏解铁路系统的债务而打算着手改革	罢工	对铁路客运、货运产生影响,对企业和罢工者造成经济损失
2014年9月15日	法国航空公司驾驶工会罢工	法国航空公司驾驶工会	不满法航计划扩展旗下廉价航空	罢工	造成法航巨大经济损失,罢工者薪水减少
2014年12月	法国铁路查票员、急诊和一般诊所医师罢工	法国国家铁路公司查票员、急诊医师和一般诊所医师	前者担心工作不保,后者抗议卫生部部长图雷有关工时和值班制度的提议	罢工	高速火车取消、区域列车受影响,为民众看病带来困扰
2015年6月25日	法国出租车司机大罢工	法国出租车司机	反对美国网约车公司优步Uber以不公平价格竞争	由罢工演变为暴力事件,阻断交通、焚烧轮胎、推翻汽车	交通拥堵、机场火车站瘫痪
2016年1月	法国出租车司机、教师等多行业联合罢工	法国出租车司机、航空管制员、教师、医护人员及政府机关工作人员	抗议类似Uber这种非传统的工作服务产生的劳资双方争议	罢工游行后演变为暴力冲突,数百位出租车司机占据巴黎西部主要路口	交通拥塞
2016年3月10日	法国国家铁路公司工会发起罢工	法国国家铁路公司工会(国铁近半数员工参与罢工)	要求调薪及增聘足额员工,反对政府有关两轮工作之间最短间隔和休息日的新规定	罢工游行	铁路交通受影响,许多旅客改走公路,连带造成严重塞车

续表

罢工时间	罢工事件	罢工者/罢工单位	罢工原因	罢工行动	罢工影响
2016 年 3 月 21 日	法国全国多座机场航管人员罢工	法国机场航管人员（自 2009 年以来第 41 次罢工）	反对裁员,不满对新科技的投资不足	罢工	航班取消、飞机延误、乘客在机场过夜
2016 年 3 月 31 日	法国劳工及学生走上街头抗议	法国劳工及学生、法国总工会和工人力量总工会等主要工会组织	要求政府撤回劳动法改革方案	学生罢课、抗议游行,各地发生零星冲突、在街头燃烧杂物、冲进市政府、破坏商店橱窗	全国有中学被封锁,学生停课,巴黎埃菲尔铁塔全天关闭
2016 年 4 月 29 日	法国劳工和学生示威抗议	17 万劳工和学生示威抗议	要求政府撤回劳动法改革方案	示威与罢工;有人丢掷瓶罐和鹅卵石攻击安全部队,警方发射催泪弹反制;多城市爆发警民冲突	在巴黎的警民暴力冲突中,有 24 名警员受伤,124 名抗议者被捕。航班取消、延误
2016 年 5 月 17 日	反对劳动法改革示威	法国总工会、工人力量等 7 家工会,公共交通运输系统员工、教师、餐厅员工	反对劳动法改革方案	法国 7 个工会负责人在队伍前方领头,举行全国范围内的大罢工,抗议示威;示威者向警方扔掷汽油弹,警方发射催泪瓦斯	法国总统欧蓝德重申,不会撤除这项劳动法;警方逮捕了 12 人
2016 年 5 月 18 日	警察工会在全国发起"反对仇恨警察"的集会	警察工会、法国警察	反对仇恨警察	在巴黎共和国广场集会;法国警察不能罢工,只能在休息时间或假日抗议	1 辆警车遭焚烧
2016 年 6 月 10 日	巴黎清洁人员罢工	巴黎清洁人员	反对劳动法改革方案	在垃圾焚化厂和垃圾处理中心发起罢工	半数行政区垃圾无人清理,垃圾堆积;垃圾处理场进出停摆

罢工时间	罢工事件	罢工者/罢工单位	罢工原因	罢工行动	罢工影响
2018 年 3 月 22 日	大批法国公务员与铁路员工罢工	法国政府机关工作人员、铁路员工、电厂员工、教师、航空交通管理人员	抗议政府改革,不满取消公务员职位	罢工、示威游行,警方出动催泪瓦斯和水龙对抗民众,警方与游行者扭打	大部分高铁、城际铁路、航班取消
2018 年 4 月 3 日	法国国家铁路公司员工全国性罢工	法国国家铁路公司员工、垃圾清洁队、电力公司及法国航空公司员工	抗议政府对国家铁路公司的改革	发起罢工,每周 2 天,持续 3 个月	高铁取消、高速列车受到影响,仓库停工、供货部门无货供应
2019 年 12 月 5 日	法国全国跨行业大罢工	铁路工人、航空地勤、教师、医务人员、警察和消防员	反对政府进行退休制度改革	发起无限期罢工示威,抗议游行,持续至 2020 年 1 月	铁路、航班取消,交通几乎瘫痪;学校停课

（一）参与社会抗议的劳工群体在发生新的变化

从历次社会抗议的参与对象看,法国公职人员①、国有企业劳工群体是主力军。早在 20 世纪 60 年代,国有企业劳工罢工已逐渐成为法国社会抗议的主流。②20 世纪 80 年代以来,公职人员广泛参与社会抗议运动。2007 年 11 月的法国大罢工,参与的公职人员占全法公职人员总数 520 万人的 30%。③国际金融危机以来,参与社会抗议的对象依然以这两类群体为主,法国交通运输等国有企业劳工群体还是历次罢工的主要力量,教师、医务人员等公职

---

① 据陆雄文主编的《管理学大辞典》(上海辞书出版社,2013 年),法国国家公务员是法国国家机关的公职人员。主要分为两类:一类是不适用《公务员法》的公务员,主要指议会的工作人员、司法部门的法官、军事人员,以及具有工商业性质的国家管理机构、公用事业和公立公益机构的工作人员;另一类是适用公务员法的公务员,即在中央政府以及所属的驻外机构或公立公益机构的各级部门中正式担任专职的人员,如政府机关各部门从事行政管理事务的常任工作人员、外交人员、教师、医务人员等。文中所说的"公职人员""公务员"专指后一类公务员。

② 参见沈坚:《战后法国的工人阶级与社会冲突》,《世界历史》,2003 年第 6 期。

③ 参见郑秉文:《特殊的社保制度 特别的改革路径——2007 年 11 月法国大罢工述评》,《红旗文稿》,2008 年第 1 期。

244/ 工会理论与实践前沿报告(2021—2022)

人员仍广泛参与。这些抗议事件普遍都由工会主导。但是从 2018 年开始,法国社会抗议运动逐步呈现出"双线"发展:一条是工会主导的有组织的罢工运动,另一条则是非工会主导的"黄马甲运动"。"黄马甲运动"的参与对象,主要是那些最低工资领取者、非全职工作者、社会救助金受益者、退休者,还包括相当一部分自由职业者乃至小型企业的经营者。①

(二)政府改革成为引发抗议的重要导火索

法国的政府改革与社会抗议几乎如影随形,国际金融危机之后更是如此。2008 年 12 月,法国萨科齐政府针对金融危机制订刺激经济计划。2009 年 1 月 29 日,法国随即爆发金融危机以来第一次大规模罢工。2010 年 9 月至 10 月,法国工会针对政府提出的退休制度改革方案,先后举行 4 次全国罢工。这些罢工成为萨科齐在 2012 年大选中未能连任的重要导火索,萨科齐成为法国 31 年来首个未能连任的总统。在奥朗德政府后期,力推劳动法改革。2016 年 3 月至 6 月,法国发生多次罢工潮,抗议政府劳动法改革案偏向雇主。2017 年马克龙当选总统,继续推出政府改革计划,很快也激起了劳工群体的抗议。2017 年 9 月,法国爆发反对政府劳动法改革案的全国性大罢工。2018 年 11 月,因反对政府上调燃油税,"黄马甲运动"爆发。2019 年 12 月,"黄马甲运动"尚未完全平息,针对政府的养老金改革计划,法国再次爆发大规模罢工示威行动。2020 年 11 月,法国政府推出《整体安全法》,又引发多次示威抗议。

(三)抗议事件对经济社会健康持续发展造成严重影响

法国的"罢工文化"在经济危机中得到强化,动辄出现数万人甚至十万人以上的罢工示威。②在我们搜集的法国抗议事件案例中,3/4 以上的抗议事件都涉及公共交通领域,这直接导致航班取消、延误,高铁、地铁停运,直至交通拥堵或瘫痪。同时,罢工还可能造成学生停课、垃圾无人清理、供货部门无货供应等,使运输业、旅游业、餐饮业等行业受到巨大冲击。法国统计局综

---

① 参见许振洲:《法国的"黄马甲运动":民粹主义的泛起还是精英政治的危机?》,《国际政治研究》,2019 年第 5 期。

② 参见陈新丽、冯传禄:《法国政治认同研究》,《法国研究》,2012 年第 4 期。

合过去数据与经验分析认为,大规模罢工每持续 10 天将对当季经济增长造成约 0.1 个百分点的损失。①甚至有学者认为,2019 年 12 月爆发的大罢工可能是法国 2020 年第一季度经济萎缩 6%的重要原因。②而且由于抗议活动中民众被激起的愤怒情绪很容易迅速传播,进而引发各类暴力活动,严重影响社会稳定和国家机器的正常运转。特别是 2018 年以来的"黄马甲运动",暴力性质更加突出,每一轮"黄马甲运动"几乎都伴随着暴力和破坏。抗议者肆意地打砸抢,燃烧车辆,洗劫商铺,破坏文物,冲击国家机构、警察局、电视台、媒体机构和医院,挑衅和殴打治安警察,攻击官员和议员,制造骚乱,甚至演化成大规模的暴力事件。③

(四)平台企业经营模式带来剧烈社会抗议

2011 年起,Uber 率先进入法国运营,先后引发两次较大规模的社会抗议事件。Uber 的进入,对法国出租车行业产生了较大影响,有法国出租车司机表示,Uber 的出现让他们的收入降低了 30%到 40%。④2015 年 6 月,法国出租车司机认为 Uber 以不公平的价格竞争且政府执法无改变,发动第一轮罢工,罢工游行后来演变为暴力冲突,部分 Uber 司机和乘客甚至遭到伏击。⑤2016 年 1 月,法国发生包括出租车司机和公职人员在内的多场不同产业工会的抗议运动,其中出租车司机的抗议更受关注,他们继续抗议 Uber,⑥并要求政府采取行动阻止这种不公平竞争。

三、法国劳工社会抗议事件之内在原因

法国劳工社会抗议事件频发,有经济发展方面的原因,更有社会治理方

① 参见李鸿涛:《法国经济增长遭受严重冲击》,《经济日报》,2019 年 12 月 23 日。
② 参见傅志华、于雯杰:《法国大罢工的根源是财政问题》,《财政科学》,2020 年第 6 期。
③ 参见吴国庆:《从黄马甲运动看法国政府社会危机治理》,《社会治理》,2019 年第 8 期。
④ 参见王晟:《法国出租车业的保守与 Uber 的冲击》,澎湃新闻,https://www.thepaper.cn/news-Detail_forward_1357735_1。
⑤ 参见迟腾:《法国出租车司机大罢工 抗议 Uber 带来破坏性竞争》,界面新闻,https://www.jiemian.com/article/524190.html。
⑥ 参见《法国同时现不同行业罢工 出租车司机"火气"最大》,环球网,https://world.huanqiu.com/article/9CaKrnJTtTL。

面的原因。用一些学者的话说,法国之乱"背后有着复杂的政治、经济和社会根源","折射的是历史性的世界变局"。①

(一)新自由主义泛滥造成法国贫富差距加剧、劳工民生维艰

二战以来,法国经历"黄金三十年"后,经济发展开始减缓。自20世纪80年代末开始,包括法国在内的西方国家大力推行新自由主义,"新自由主义极大地改变了收入分配的整体模式"②,"不论是在发达国家还是在一些后进发展中国家,新自由主义成就了一定的经济繁荣,但代价是财富越来越向极少数人集中"③。从法国来看,新自由主义经济并未给它带来生机,特别是国际金融危机爆发后,法国经济发展陷入低迷。2014年以来,尽管法国经济出现温和复苏态势,但劳工等低收入阶层收入增长滞胀未曾有任何改变。国际经济合作组织发布的相关报告显示,法国社会贫富差距扩大的趋势,在2007年之后明显加快,法国的社会不平等程度达到三十年来最高,正处于危险的历史高位。④法国社会学家克里斯蒂安·拉瓦尔认为,法国"黄马甲"揭竿而起就是对新自由主义发展的典型抗争反应。⑤

(二)民众与政府的信任共识日趋分化

美国著名政治学者福山认为,信任是决定社会命运的唯一最重要的因素。公民必须相信政府知道自己在做什么。⑥法国出现了民众对政府的严重信任危机。从劳工层面看,法国现行政治体制构成与劳工阶层严重脱节。

① 卜永光:《世界大变局,西方国家治理逻辑走向异化》,半月谈,http://www.banyuetan.org/gj/detail/20200106/1000200033136201578272363037237067_1.html。
② [法]热拉尔·迪梅尼尔、多米尼克·莱维:《新自由主义的危机》,魏怡译,商务印书馆,2020年,第53页。
③ 卜永光:《法国之乱背后的西方历史性困局》,澎湃新闻,https://www.thepaper.cn/newsDetail_forward_5282660。
④ 参见陈婧:《贫富差距考验法国社会》,《新闻晨报》,2015年6月24日。该文还指出:"收入最低的10%的人群,其在2007—2011年之间所累积的财富年度平均数量,只相当于社会总财富的1%。而天平的另一端,10%收入最高的人群似乎完全没有受到经济危机的影响,收入在这5年内还增长了2%。"
⑤ 转引自[法]胡斯托·巴兰科:《法学者:新自由主义难以为继》,《参考消息》,2019年12月12日。
⑥ 参见[美]弗朗西斯·福山:《美抗疫不力源于政治信任危机》,新华网,https://baijiahao.baidu.com/s? id=1662861964841729079&wfr=spider&for=pc。

1936 年法国议会中有将近 50 名工人议员,而今天法国国民议会的 577 名议员中已看不到一个工人,甚至各政党、工会的头面人物都出身于精英阶层,精英阶层日益同质化。①久而久之,这种体制构成会导致劳工阶层的声音难以得到有效反映。从整个社会看,法国民众对政府天然地不信任。在西方话语体系下,政府是一种"必要的恶",个人与政府之间被塑造成一种以矛盾对立为主的关系。②根据非政府组织"透明国际"2013 年底的调查结果,90% 的法国人认为法国公共部门存在腐败。③再加上各大政党为争夺选票过分许诺,而大多数许诺都无法实现,导致民众对政府的不信任加深。以法国总统马克龙为例,在 2017 年 10 月 15 日马克龙首次接受电视采访之后,欧洲电视一台便称,61% 的观众看完节目后不信服马克龙的观点, 马克龙上任 5 个月便遭遇信任危机。④在 2018 年的民意调查中,更被 75% 的民众认为是"忽视穷人的富人总统"⑤。在新冠肺炎疫情发生后,这种信任危机继续加剧。民意调查显示,法国只有不到 40% 的人口计划接种疫苗。法国国家科学研究中心的专家表示,民众对政府管理新冠危机的不信任,以及对疫苗副作用的反复争论,导致疫苗接种遭遇信任危机。⑥以上种种,一些学者认为,法国已经出现政治认同危机,⑦甚至是代议制民主在整体制度上出现危机。⑧

(三)法国碎片化社保制度致部分职工群体既得利益固化

综观金融危机以来法国历次劳工罢工抗议事件, 养老金制度改革是抗

①　参见许振洲:《法国的黄马甲运动: 民粹主义的泛起还是精英政治的危机？》,《国际政治研究》,2019 年第 5 期。

②　参见范勇鹏:《政府诚信是社会诚信的标杆》,《人民日报》,2017 年 12 月 17 日。

③　参见《调查称九成法国人认为政府存腐败》, 环球网,https://world.huanqiu.com/article/9CaKrnJF3wH。

④　参见潘亮:《前所未有信任危机 马克龙电视辩解六成人不满意》,《环球时报》,2017 年 10 月 17 日。

⑤　傅志华、于雯杰:《法国大罢工的根源是财政问题》,《财政科学》,2020 年第 6 期。

⑥　参见《法国疫苗接种遇信任危机 仅不到 40% 的人口计划接种》, 央视网,https://weibo.com/1977460817/JCIWemcw6？ mod=weibotime。

⑦　参见陈新丽、冯传禄:《法国政治认同研究》,《法国研究》,2012 年第 4 期。

⑧　参见许振洲:《法国的黄马甲运动: 民粹主义的泛起还是精英政治的危机？》,《国际政治研究》,2019 年第 5 期。

议事件频发的重要诱因。法国自 1948 年福利改革后,基本养老形成了普通制度、农业制度、特殊制度、自由职业制度四大制度并存的格局,呈现出一种高度碎片化的状态。①特殊制度主要覆盖公务员、职业军人、公共机构人员、法国铁路公司(国营)、电气煤气工作人员、矿工、海员等,②其中法国铁路公司、巴黎运输公司被称为"特殊中的特殊"。③统计表明,法国平均退休金为每月 1400 欧元,国家公务员为 2200 欧元,国家铁路公司员工为 2636 欧元,巴黎运输公司 3705 欧元。④特殊制度的社保支出给法国政府造成巨大的财政负担,特殊制度尽管经历多次改革,但特权依然保留。享受特殊制度的职工群体由于共同的利益捆绑,已经成为法国高福利制度下相对固定的既得利益群体。这些享受特殊制度的群体是法国罢工抗议的主力军,只要政府相关改革涉及这些群体的利益,他们就会用罢工示威等激烈行动表示抗议。2019年 12 月法国大罢工的主要推动者就是国家铁路公司和巴黎地铁公司的员工。而且他们不仅对政府改革进行罢工抗议,专门针对资方的罢工也不少。2010 年 1 月至 4 月,法国国家铁路公司员工举行了 3 次大罢工,第三次罢工更是有 16000 名火车司机、查票员和铁路货运工人参与,罢工不仅让法国国营铁路公司损失巨大,也严重影响了公众利益。⑤

(四)法国工会具有较强的斗争性

法国有法国总工会、法国工人民主联盟、法国工人力量总工会、法国基督教工会联盟、法国专业管理人员联合会和专业管理人员总工会五大影响力较大的工会联合会。⑥法国工会开始于法国大革命,并通过 19 世纪群众运

① 参见郑秉文:《特殊的社保制度 特别的改革路径——2007 年 11 月法国大罢工述评》,《红旗文稿》,2008 年第 1 期。

② 参见郑秉文:《特殊的社保制度 特别的改革路径——2007 年 11 月法国大罢工述评》,《红旗文稿》,2008 年第 1 期。

③ 参见彭姝祎:《法国退休制度的改革历程和特点》,《法国研究》,2014 年第 4 期。

④ 参见彭姝祎:《法国缘何爆发新一轮大规模抗议示威活动》,《世界知识》,2020 年第 1 期。

⑤ 参见卫中:《法国铁路工人大罢工 夜班火车全部取消,》搜狐网,http://news.sohu.com/20100407/n271342987.shtml。

⑥ 参见赵祖平:《法国劳工关系协调机制及其变革——全球化及金融危机背景下的探究》,《行政管理改革》,2019 年第 9 期。

动的历次战役延续下来的,具有悠久的斗争传统。①以法国总工会为例,它有一百多年的历史,常常以过去的斗争史为自豪,甚至一些德国工会同仁认为,法国工会运动的政治色彩较浓,直接与政党政府发生冲突,而且将此视为工会有力的表现。②从现实情况看,工会组织发动的罢工对经济社会产生严重影响,但依然得到不少民众的谅解与支持。1994 年的一次罢工后民调显示,超过 60%的民众对罢工抗议表示同情,认为是有效的社会诉求方式。③2019 年 12 月 4 日,在大罢工前一天进行的民调显示,超过 70%的法国人支持改革,但也有近 70%的法国人支持罢工。④这些都使得法国工会的罢工抗议具有相当的民意基础。同时,在法国工会中,特殊制度覆盖的职工群体参会率最高,而特殊制度一直是法国政府改革的重点,为了体现工会的作用,维护这些既得利益群体的权益,法国工会只有在劳动法、退休制度改革等方面与政府展开激烈博弈。

(五)法国"不稳定阶层"持续扩大

2011 年,英国学者盖伊·斯坦丁提出了"不稳定的无产者"⑤概念,他将新社会结构中的阶级具体划分为,精英阶级、白领领薪阶级、专业技术人员、核心工人阶级、不稳定的无产者以及失业者和流氓不稳定的无产者。不稳定的无产者由于工作和生活的不安全、不稳定,已经成为一个新的危险阶级。⑥早在 1993 年,法国学者布尔迪厄和他的团队出版的《世界的苦难》一书就描述了"不稳定阶层"的相关情况,这个阶层包括陷入困境的小农、前景不明的钢

① 参见[法]让－马里·佩尔诺:《法国工会运动的历史与视角》,《史学理论研究》,2014 年第 1 期。

② 参见吴申耀、朱斌:《法国、瑞士和德国工会一瞥》,《工会纵横》,2003 年第 19 期。

③ 参见车耳:《罢工示威在法国》,《世界知识》,1998 年第 21 期。

④ 参见贺之杲:《法国罢工背后的福利制度之殇》,中国网,http://opinion.china.com.cn/opinion_0 _215800.html。

⑤ 姚建华、苏慧:《回归劳动:全球经济中不稳定的劳工》,社会科学文献出版社,2019 年版,第 1 页。

⑥ 参见姚建华、苏慧:《回归劳动:全球经济中不稳定的劳工》,社会科学文献出版社,2019 年版,第 8 页。

铁工人、邮局职员、秘书、小商人、社会工作者、低租金住房的看门人等。①还有学者指出,法国经济长期不景气催生出"不稳定的一代",包括流氓无产者、面对现实四处碰壁的"愤怒者"和失业白领与下岗工人等。②近年爆发的"黄马甲"运动,正是以这些不稳定阶层为主力,他们没有统一的雇主,没有统一的职业,也不是某个工会的成员;没有精密的组织动员,没有固定公认的领导者,③他们只是通过社交媒体实现了自组织。

四、法国劳工社会抗议的启示与思考

美国著名学者西尔弗曾指出:"资本到哪里,劳工和资本的冲突就跟到哪里。"④从实际情况看,当资本离开一个地方,这个地方也依然爆发各类劳工社会抗议运动,而且运动不仅仅指向资本,更多是指向政府。中国著名学者郑永年就强调:"对任何社会来说,社会抗议运动已经不是一个会不会的问题,而是什么时候爆发出来、以什么形式爆发出来的问题。"他把当前的各类社会抗议称之为"'富裕'时代的社会抗议"。⑤总结分析法国出现的各类劳工社会抗议事件,以下四个方面值得我们认真思考。

(一)必须高度警惕贫富差距扩大可能带来的社会抗议风险问题

近年来,法国在工会罢工之后又出现"黄马甲运动"等持续性社会抗议,最直接的因素是低收入群体收入增长缓慢,贫富差距加大。根据法国国家统计局的数据,2008—2016 年, 法国平均生活水平逐年下降, 而收入最低的40%家庭生活水平下降尤为严重。⑥从我国看,尽管我国居民收入持续增长,但居民收入基尼系数长期高于国际警戒线且近年来有所回升。数据显示,

① 参见许振洲:《法国的黄马甲运动:民粹主义的泛起还是精英政治的危机? 》,《国际政治研究》,2019 年第 5 期。

② 参见陈新丽、冯传禄:《法国政治认同研究》,《法国研究》,2012 年第 4 期。

③ 参见许振洲:《法国的黄马甲运动:民粹主义的泛起还是精英政治的危机? 》,《国际政治研究》,2019 年第 5 期。

④ [美]贝弗里·J.西尔弗:《劳工的力量》,张璐译,社会科学文献出版社,2016 年,第 2 页。

⑤ 郑永年:《"富裕"时代的社会抗议》,《联合早报》,2019 年 11 月 26 日。

⑥ 参见许振洲:《法国的黄马甲运动:民粹主义的泛起还是精英政治的危机? 》,《国际政治研究》,2019 年第 5 期。

2008 年我国基尼系数曾高达 0.491,2009 年至今呈现波动下降态势,2020 年降至 0.468,累计下降 0.023。①《21 世纪资本论》的作者托马斯·皮凯蒂指出,2015 年,中国最富有的 10% 人群占全部财富的比重为 67%,最富有的 1% 人群占全部财富的比重为 30%,而最底层的 50% 人群,只占有全部财产的 6.4%。中国社会收入分配和财富占有不平等问题,虽没有美国严重,但已超越法国。②

李克强在十三届全国人大三次会议闭幕后的记者会上指出,中国"有 6 亿中低收入及以下人群,他们平均每个月的收入也就 1000 元左右"③。而且我国中等收入群体的工资性收入占比较高,在经济下行或退休后收入减少,住房、教育、医疗等支出快速上涨时,不少人员或家庭很容易滑出中等收入群体、跌入低收入群体之中。④如此庞大的低收入人群,若他们的收入增长缓慢,追不上社会平均工资的增长幅度,而其他生活成本却不减反增,与高收入人群的收入差距会持续加大,久而久之将可能成为引发社会不稳定的重要因素。

(二)必须长远考虑退休养老保险制度可持续发展问题

法国的养老金制度改革引发了多次剧烈罢工抗议。法国的退休制度建立在劳动人口多于退休人口的前提下,"养老金基本采取现收现付的方式,也就是参加工作的人养退休的人,这一制度的前提是新入职的劳动力应该不断增加,否则就没有足够的现金流来支持不断扩大的养老金支出"⑤。法国的养老退休制度建立于"辉煌的 30 年",当时经济高速发展、就业充分、劳动

---

①　《中国的全面小康》白皮书新闻发布会答记者问,国家统计局网站,http://www.stats.gov.cn/xxgk/jd/zcjd/202109/t20210930_1822661.html。

②　参见赵磊:《中国跨越"中等收入陷阱":基于工具理性抑或价值理性?》,《党政研究》,2019 年第 6 期。

③　李克强总理出席记者会并回答中外记者提问,中国政府网,https://www.gov.cn/govweb/premier/2020-05/29/content_5515798.htm#11。

④　参见詹成付:《提高人民收入水平》,《中国民政》,2021 年第 2 期。

⑤　孙兴杰:《法国式罢工与国家治理困境》,《中国经营报》,2019 年 12 月 16 日。

力供不应求,确保了退休制度良好运转。①但是法国从 20 世纪 60 年代开始逐渐进入老龄化社会,2000 年老龄化率已达到 16%,②2019 年法国 65 周岁以上人口已占总人口的 20%。③经济发展迟缓、快速老龄化和年轻人失业率居高不下等因素,给法国退休制度带来严重危机。尽管如此,自 20 世纪 90 年代以来,法国的社保福利水平却依然保持上升趋势。历届法国政府都将养老金制度改革作为重点,但经济发展黄金期已过,福利"蛋糕"难以继续"做大",只能重新"切分蛋糕"。基于法国的碎片化社保格局,无论是改革公务员、国企人员等群体的"特殊制度",还是延迟退休年龄,每次改革必然会损害部分群体的既得利益,这成为历次罢工抗议的主要导火索。

我国的社保制度存在和法国类似的情况。一是我国社保基金不足的问题已经凸显,但退休待遇依然保持逐年增长。目前,社保基金的不足主要通过国有资本划转的方式补充。二是我国也存在城镇职工基本养老保险制度不统一的突出矛盾。机关、事业单位工作人员与企业职工的养老保险制度不统一,不同区域的养老保险制度也不统一,与法国的碎片化社保格局在一定程度上相似。三是我国也在逐步进入老龄化社会。到 2025 年,预计我国 60 岁以上人口占比将达到 20.5%,65 岁以上人口占比将接近 14.0%, 劳动年龄人口将继续减少 2000 万人左右,比重下降至 61.5%,④和法国类似,我国也将逐步出现劳动人口少于退休人口的问题。我们必须吸取法国的经验教训,一定要在经济保持中高速增长的过程中解决退休制度的可持续发展问题。一方面,要清醒认识社保基金的可持续发展问题。随着中国落实《中欧投资协定》和未来可能加入《全面与进步跨太平注伙伴关系协定》(CPTPP),国有企业经营将可能受到一定冲击,国有资本的划转问题是否也会受到冲击、退休

① 参见彭姝祎:《法国退休制度的改革历程和特点》,《法国研究》,2014 年第 4 期。
② 参见彭姝祎:《法国养老制度的现状及改革》,《法国研究》,2017 年第 3 期;丁建定、郭林:《战后法国混合型社会保障制度特征的形成及其影响——兼论法国社会保障改革缓进及罢工频发的原因》,《法国研究》,2011 年第 4 期。
③ 参见傅志华、于雯杰:《法国大罢工的根源是财政问题》,《财政科学》,2020 年第 6 期。
④ 参见陈昌盛等:《"十四五"时期经济社会发展十大趋势》, 学习强国,https://www.xuexi.cn/lgpage/detail/index.html? id=12078791758816565277&item_id=12078791758816565277。

待遇是否还能逐年提升值得深入研究。另一方面,要加快推进养老保险制度并轨改革。吸取法国职工社保"特殊制度"利益群体固化的教训,把握住我国经济尚处在高质量发展的有利阶段,通过"做大蛋糕"与"分好蛋糕"两手推进,先行解决不同单位类型、不同区域职工基本养老保险制度割裂的突出矛盾。同时,还要高度关注当前不少企业员工养老保险按照最低工资标准缴纳现象,超前研究未来养老金待遇方面的"两极"分化问题。

(三)必须密切关注灵活就业快速发展可能引发的社会问题

自 20 世纪 70 年代末以来,"劳动弹性化"随着新自由主义从西方发达国家逐步扩展,目前已经席卷包括中国在内的各类发展中国家。[1]劳动弹性化的一个结果,就是灵活用工被泛化。2013 年,来自欧盟统计局的数据显示,法国劳动人口中有 18.4%从事非全职工作。[2]从中国来看,为促进就业,我国政府早在"十五"计划(2001—2005 年)就提出实行灵活的就业形式,"十三五"规划明确要求加强对灵活就业的扶持力度。[3]据全国总工会 2011 年调查,全国劳务派遣人员总数为 3700 多万,占国内职工总数的 13.1%,这还不包括劳务外包以及其他非全日制用工。近年来,随着互联网经济快速发展,进一步加速了灵活用工模式的发展,零工经济应运而生。据相关统计,西方发达国家以自雇合作用工和临时工为主体的灵活用工占比越来越高,波兰、西班牙、意大利等国家灵活用工占总就业人数的比例达到 30%以上,法国灵活用工达到 26%,其中自雇合作用工占比 11%,临时工占比 15%。[4]据估计,到 2025 年,中国零工经济从业者将达到 7200 多万。[5]德国学者的量化分析证明,非典型劳动者存在着较大的社会经济风险,他们将可能是非典型化运动中的最大输家。[6]美国前劳工部长、著名经济学家罗伯特·莱克说:"零工经

---

① 参见田野:《非典型劳动关系的法律规制研究》,中国政法大学出版社,2014 年,第6~7 页。

② 参见赵祖平:《法国劳工关系协调机制及其变革——全球化及金融危机背景下的探究》,《行政管理改革》,2019 年第 9 期。

③⑤ 参见肖巍:《关注"互联网+"灵活就业的劳动关系新变化》,《工会理论研究》,2020 年第 1 期。

④ 参见冯喜良、张建国等:《灵活用工》,中国人民大学出版社,2018 年,第 12 页。

⑥ 参见田野:《非典型劳动关系的法律规制研究》,中国政法大学出版社,2014 年,第 90 ~91 页。

济对于劳动群体来说可能是一个噩梦,以爱彼迎(Airbnb)和优步为代表的零工经济平台,让劳动者的工作变得不可预知,它们不但不能帮助美国中产阶级维持生活,实际上还使得他们的收入与以往相比有所降低。"①新加坡《联合早报》发出警示,为应对经济衰退,日本实行散工制度,但新冠肺炎疫情却带来散工群体的失业潮,导致出现了更多社会问题。他们担忧,以合约形式打工的零工经济从业者在新加坡也越来越多,经济风暴一来,他们必定是际遇最不堪的群体。

以零工经济为代表的灵活就业快速发展,将对经济社会的运行带来更为直接的挑战。然而基于稳就业的具体考虑,我国还将继续推进灵活就业。2020 年 7 月,国务院办公厅专门发布《关于支持多渠道灵活就业的意见》,这项规定明确要支持个体经营、非全日制就业、新就业形态(从制度上与劳务派遣和劳务外包等作了区分)等灵活就业快速发展。从现实看,共享平台"网约工"群体已逐步成为灵活就业的主体力量,外卖骑手是其中的代表。美团《2020 年上半年骑手就业报告》显示,美团骑手总数达到 295.2 万人,饿了么蜂鸟及配官网显示的骑手数量为 300 万人。②但是据实地调研,平台企业在促进就业的同时,刻意规避与外卖骑手建立劳动关系,也不承担为骑手缴纳社会保险责任,甚至出现平台企业通过人力资源公司将外卖骑手异地注册为个体户的趋势,将他们全面推向社会。一旦灵活就业人员完全个体化,他们的住房、子女就学、社会保障等各类权益问题,都很难通过正常组织化渠道常态化掌握。比如,由于户籍限制,灵活就业人员的社会保险无法实现异地缴纳。从某种程度上看,一些灵活就业人员可能成为游离于整个社会之外的边缘人群。外卖骑手等多数灵活就业人员的就业能力较弱,一旦就业机会减少,他们将走向何方?当经济下行或再次发生新冠肺炎疫情之类的突发危机,部分灵活就业人员是否会成为西方学者笔下的"不稳定的阶层""危险的

---

① 转引自姚建华、房小琪:《在线零工工作:概念、现状与未来》,《工会理论研究》,2020 年第 1 期。

② 参见《外卖骑手困在系统里》,IT 时代网,http://www.ittime.com.cn/news/news_41779.shtml。

阶层"？①法国的"黄马甲"就有很多是体制外的自由职业者和小企业老板，②还有不少来自郊区或者乡村。③我们需要高度警惕这种风险。

(四)必须切实提升工会组织的代表性与有效性

从西方发达国家看，工会经历了很长一段从被压制打击到被纳入制度轨道的发展历程。法国工会也是如此，二战前，工会作为劳资斗争的产物，不仅是资本，同时也是国家的对抗力量，活动受到限制和镇压；二战后，法国在宪法中确认工会的合法性。④到 20 世纪 70 年代末，工会入会比例超过 20%，达到法国工会力量的顶点。⑤20 世纪 80 年代以来，随着新自由主义发展，西方国家逐步出现"去工会化"情况。⑥从 70 年代中期开始，法国从事第三产业的职员队伍不断扩大，产业工人绝对数量减少，这导致工人阶级的"分化"，工会组织发展进入更为困难的时期，⑦工会入会率一直下跌。1996 年，法国工会入会率跌至 8.3%，之后一直保持在 8% 左右。⑧目前，法国只有公共部门和公共企业能够维持相对较高的工会入会率，⑨公共部门雇员的入会率约为 15%，私营部门约为 5%(与中国机关事业单位、国企工会入会率高、非公企业入会率偏低有些相似)。⑩入会率下降，也就意味着法国工会代表性出现问

---

① 参见《思维"重新设定"是艰巨工程》，联合早报网，https://www.zaobao.com/forum/editorial/story20210128–1119866。

② 参见许振洲：《法国的黄马甲运动：民粹主义的泛起还是精英政治的危机？》，《国际政治研究》，2019 年第 5 期。

③ 参见《"黄马甲"运动：阶层隔阂和发展失衡》，《半月谈》，http://www.banyuetan.org/gj/detail/20190212/1000200033136201549937766329373068_1.html。

④ 参见吴申耀、朱斌：《法国、瑞士和德国工会一瞥》，《工会纵横》，2003 年第 19 期。

⑤ 参见[法]让－马里·佩尔诺：《法国工会运动的历史与视角》，《史学理论研究》，2014 年第 1 期。

⑥ 参见赖德胜等：《和谐劳动关系论：全球发展与中国实践》，中国工人出版社，2019 年，第 76~77 页。

⑦ 参见沈坚：《战后法国的工人阶级与社会冲突》，《世界历史》，2003 年第 6 期。

⑧ 参见赵祖平：《法国劳工关系协调机制及其变革——全球化及金融危机背景下的探究》，《行政管理改革》，2019 年第 9 期。

⑨ 参见[法]让－马里·佩尔诺：《法国工会运动的历史与视角》，《史学理论研究》，2014 年第 1 期。

⑩ 参见赵祖平：《法国劳工关系协调机制及其变革——全球化及金融危机背景下的探究》，《行政管理改革》，2019 年第 9 期。

题。以法国"黄马甲运动"为例，事件发生后，马克龙认识不到这场运动的自发性、群众性，在第一时间分别会见了各政党、各工会的领导人，试图在他们的协助下尽快找到解决方案。①实际上，法国工会对"黄马甲运动"缺乏影响力。法国工人阶级结构的变化对工会产生较大影响，这与我国情况较为类似。我国职工队伍结构随着经济发展也在发生巨大变化，特别是以前作为会员主体的产业工人队伍规模缩小，而以服务业为代表的第三产业从业人员不断增加，这必将对工会入会产生较大影响。在经历产业资本全球化转移导致的"去工会化"现象后，随着平台经济快速发展，又出现以确认劳动者身份为典型的"去劳动关系化"现象，以网约工等为代表的灵活就业群体的出现对工会组织代表性的冲击会更加猛烈，甚至一些学者认为这是当前工会组织面临的最大危机。②

从世界范围看，不同国家甚至同一国家的不同地区，对网约工身份的法律认定采取不同的方式。以优步司机为例，2018 年 4 月，美国宾夕法尼亚州东区地区法院判决认定优步司机是独立承包商，意味着优步司机在该州丧失了组织工会的权利。而在 2019 年加州通过的新劳工法案 AB-5 则认定优步司机属于雇员，具有组织工会的权利。但是 2020 年 11 月，加州一项全民公决又让优步等公司获得 AB-5 的豁免权。为适应平台经济的发展，法国在 2016 年 8 月出台《埃尔霍姆里法案》，首次明确了平台工作者享有与雇员相似的集体权益，加入工会等结社自由不受影响。③中国的互联网平台经济走在世界前列，网约工等灵活就业群体的问题日益凸显。比如，网约加入工会在依据上就存在一些问题。按照《中华人民共和国工会法》《中国工会章程》，加入中国工会一般有两个条件：一是劳动关系是否建立，二是是否以工资收入为主要来源。网约工等灵活就业人员在劳动关系认定上存在模糊地带，他

---

① 参见许振洲：《法国的黄马甲运动：民粹主义的泛起还是精英政治的危机？》，《国际政治研究》，2019 年第 5 期。

② 上海财经大学教授王全兴在 2020 年复旦大学马克思主义学院与上海工会管理职业学院共同举办的"新就业形态下的劳动群体与工会工作"学术研讨会上发表的观点。

③ 参见[法]伊莎贝尔·道格林等：《平台经济与劳动立法国际趋势》，中国工人出版社，2020 年，第 69 页。

们的收入是否属于工资收入也存在不同认识。这些都对工会发展网约工群体入会造成直接影响。尽管不少地方已经将美团、饿了么等外卖员纳入工会，但随着外卖员等灵活就业群体的进一步"去劳动关系化"，工会必须在组织网约工群体加入工会问题上进行理论创新，必须进行法律与章程的相应修改，让组建工会有法可依、有章程可依。在网约工等灵活就业群体加入工会以后，工会履行维权服务职责又成为新的课题。法国平台工作者工会也遇到类似问题，尽管他们可以结成工会，但在履行工会职责时却遇到问题。他们试图与优步公司展开集体谈判，结果却被对方拒绝，优步公司认为谈判代表并不能代表广大司机。①中国工会对灵活就业群体的履职情况也遭到质疑，北京市朝阳区人民法院的研究指出："工会保障方式尚未跟进、服务欠缺。从业者抱团诉讼的情况可以从一个角度反映出工会服务保障的缺位。工会组织传统的服务保障方式难以适应无固定办公场所和无固定作息时间的灵活用工方式。在平台用工不规范的情况下，从业者缺乏可靠专业权威的工会组织帮扶，会增加用工双方分歧的解决难度，工会组织维护职工合法权益的职责难以实现。"②2020年，网络热文《外卖骑手困在系统里》引起轰动后，一部分外卖骑手专门发视频指出他们的最大诉求是成立行业性工会，让工会代表他们与美团、饿了么等平台谈判"每单"的价格，不能让这些平台具有"说降就降"的直接决定权。但是目前组建的外卖骑手工会主要是属地的区域性工会，而外卖骑手对应的资方要么难以确定，要么是异地人力资源公司或劳务公司，连谈判对手都难以找到。所以目前外卖骑手工会只能履行传统意义上的送温暖之类的帮扶职能，职工代表大会、集体合同、法律援助等维权手段面对灵活就业人员存在失效危机。

总之，法国作为很早就跨过"中等收入陷阱"的西方国家，依然面临着因劳工群体固化、分化等造成经济社会动荡的劳工社会抗议问题。"十四五"时

---

① 参见[法]伊莎贝尔·道格林等：《平台经济与劳动立法国际趋势》，中国工人出版社，2020年，第81页。

② 《朝阳法院发布互联网平台用工劳动争议审判白皮书》，北京法院网，https://bjgy.chinacourt.gov.cn/article/detail/2018/04/id/3261190.shtml。

期,我国将大概率进入高收入经济体行列,[①]一定要从加强收入发展均衡化、社会保障普惠化、劳动群体组织化等方面着手,切实防止跨过"中等收入陷阱"却出现新的"国家富贵病"。

　　(李学兵,上海工会管理职业学院副院长;李健,上海工会管理职业学院讲师;钟文娜,上海工会管理职业学院讲师)

---

① 参见陈昌盛等:《"十四五"时期经济社会发展十大趋势》,学习强国,https://www.xuexi.cn/lgpage/detail/index.html? id=12078791758816565277&item_id=12078791758816565277。

多样化资本主义视域下的制度差异、企业雇佣策略与反全球化 *

近年来,以美国、英国为代表的发达经济体内部的反全球化日益盛行,而低学历工人阶层是反全球化联盟的核心。在对多样化资本主义分析框架进行修正和补充的基础上,本文试图对国家制度体系、企业雇佣策略与反全球化之间的因果关系进行理论建构, 旨在更好地解释不同类型发达资本主义经济体之间存在的反全球化可能性的明显差异。通过对六个制度领域(教育与培训、劳资关系与工会组织、企业间关系网络、金融体系及公司治理、社会福利制度、国家对经济的干预)研究文献的梳理发现,在经济全球化中,发达经济体的制度体系越接近理想型的自由市场经济体,企业追求劳动力套利雇佣策略的压力与动机就越大,低学历工人与发展中经济体工人之间竞争的可能性就越大, 因此反全球化的可能性也越大。

一、引言

"全球化"可以被简单地定义为相对不受约束的全球商品、服务和资本流动。自 20 世纪 90 年代末以来, 作为全球化主要载体之一的跨国公司(MNCs)发现自己所处的全球环境比前几十年更具有挑战性,这种环境的特点不仅是反复出现的经济危机(如网络泡沫、全球金融危机等),而且发达经

---

　*　本文原载于《工会理论研究》2022 年第 6 期。

济体①的低学历劳工阶层对全球化的好处越来越持怀疑态度,抗议全球化的事例比比皆是。②但近年来,他们对全球化的愤怒表现得更加戏剧化,例如2016年11月唐纳德·特朗普当选美国总统和英国2016年6月的脱欧公投。在本文中,"反全球化"③是指为支持抵制全球化的政策纲领而出现的以诸如英国脱欧和特朗普当选总统等为代表的"选举性胜利"。④

反全球化可能导致发达经济体的政府有意识地采取具体步骤来扭转支持全球化的政策,本文称之为"政策逆转"。虽然对全球化的抵制不会自动导致政策逆转,但两者之间的联系是,在其他条件不变的情况下,反全球化的程度越高,政策逆转的可能性就越大。对于依赖开放边界在全球范围内开展活动的企业尤其是跨国公司而言,反全球化和政策逆转都可能构成重大挑战。虽然已经有学者探讨了反全球化对包括雇佣策略在内的企业战略的影响,⑤但现有文献忽略了导致反全球化的制度因素,而不同类型发达经济体的制度差异会导致发生反全球化的可能性存在跨国差异。本文基于比较资

---

① 发达经济体的普遍特征是较高的人类发展指数、人均国内生产总值、工业化水准和生活品质。根据国际货币基金组织对世界经济体的分类,发达经济体主要包括澳大利亚、奥地利、比利时、加拿大、捷克、丹麦、爱沙尼亚、芬兰、法国、德国、希腊、冰岛、爱尔兰、以色列、意大利、日本、韩国、荷兰、新西兰、挪威、葡萄牙、新加坡、斯洛伐克、斯洛文尼亚、西班牙、瑞典、瑞士、英国、美国等国家。参见李永刚、张宇:《综合竞争力:发达经济体 VS 新兴经济体》,《现代经济探讨》,2012年第9期。

② Cuervo-Cazurra, A., Mudambi, R.& Pedersen, T., Globalization: Rising skepticism, *Global Strategy Journal*, 2017, No. 7(2), pp.155–158.

③ 本文主要讨论针对经济全球化的各种形式的不满。尽管支持反全球化的文化因素往往与经济因素纠缠在一起,但反全球化主要与经济全球化相关。因此,本文讨论的反全球化指的是经济因素驱动的反全球化。

④ 虽然2020年11月特朗普在美国总统大选中失败,但是美国政治极化的基础并不会松动,美国的社会撕裂仍然存在,没有了特朗普的"特朗普主义"依旧会对美国中低收入人群和保守主义者产生极高的吸引力。参见黄海涛:《美国国会大厦与"民主灯塔"的双重陷落》,《光明日报》,2021年1月8日。

⑤ See Kobrin, S. J., Bricks and mortar in a borderless world: Globalization, the backlash, and the multinational enterprise, *Global Strategy Journal*, No.7(2), 2017, pp.159–171.

本主义理论范式,①探讨制度如何以有利于或防止发达经济体出现反全球化的社会经济条件的方式,塑造了企业的雇佣策略。这里需要说明的是,虽然跨国公司是本文关注的重点,但本文讨论的企业并不仅限于跨国公司,因为并非所有面临全球化机遇和威胁的企业都是跨国公司;在发达经济体中仍有许多本土企业,然而它们的雇佣策略选择仍然可能导致反全球化和政策逆转。

　　比较资本主义范式认为,国家制度体系在约束企业行为的同时,也以支持特定层面的企业能力的方式为企业提供了比较制度优势。在那些主要依靠市场机制来组织经济活动的自由市场经济体(Liberal Market Economies,LMEs),政府通常尽可能少地采取措施来缓冲其未受过大学教育的工人(以下简称"非大学学历工人")由于全球化而遭受的经济损失,同时也尽可能少地限制企业尤其是跨国公司采用劳动力套利策略(也称"劳工套利"策略)②,即利用发展中经济体劳动力价格更便宜的工人来取代国内非大学学历工人。因此,自由市场经济体更有可能出现更大程度的反全球化。基于这一假设,本文试图在对比较资本主义范式的多样化资本主义(Varieties of Capitalism,VoC)分析框架进行修正和补充的基础上,从理论上分析国家制度体系、企业雇佣策略与反全球化之间的因果联系,从而更好地解释不同类型发达经济体之间存在的反全球化程度的差异。

　　① 参见常庆欣:《比较商业体制视域中的资本主义多样性》,《山东社会科学》,2016 年第 2 期;Fainshmidt,S.,Judge,W. Q.,Aguilera,R. V.,& Smith,A.,Varieties of Institutional Systems:A Contextual Taxonomy of Understudied Countries,*Journal of World Business*,No.53 (3),2016,pp.307–322;Saka-Helmhout,A.,Deeg,R.& Greenwood,R.,The MNE as a Challenge to Institutional Theory:Key Concepts,Recent Developments and Empirical Evidence,*Journal of Management Studies*,No.53(1),2016,pp.1–11;Jackson,G.,Deeg,R.,Comparing Capitalisms:Understanding Institutional Diversity and its Implications for International Business,*Journal of International Business Studies*,No.39(4),2008,pp.540–561.
　　② 参见韩英:《全球劳工套利的帝国主义本质与中国的选择》,《当代经济研究》,2016 年第 8 期。

二、研究路径:比较资本主义的分析框架

(一)全球化的政治问题:工人、劳动力套利与反全球化

关于贸易自由化和贸易开放对发达经济体影响的实证研究①表明,经济全球化通过吸纳大量发展中经济体的低工资工人的劳动力市场全球化,已经对发达经济体非大学学历工人的工资和就业产生了负面影响。之所以强调对发达经济体非大学学历工人的负面影响,是因为这些工人比受过大学教育的工人更有可能感受到来自发展中经济体工人的直接竞争。然而正如有学者指出的,在不同类型的发达经济体中,非大学学历工人对全球化负面影响的感知程度是不同的。②事实上,一些发达经济体已经开始限制由于非大学学历工人的相对工资损失而导致的不断扩大的不平等。基于比较资本主义研究范式,本文认为,不同类型发达经济体的制度差异在很大程度上可以解释全球化对非大学学历工人的负面影响的差异。

虽然反全球化是由不同社会群体组成的广泛联盟推动的,但是非大学学历工人是这一联盟的核心。③原因在于,正是这一工人阶层最容易受到全球化的负面影响。由于法律贸易壁垒的降低、运输革命和电信革命,经济全球化为企业通过在低工资国家/地区雇佣低技能和半熟练工人、重新配置其业务提供了新的机会,而企业几乎不需要承担额外成本。因此,正是这些非大学学历工人在全球化中损失最大,他们可能对促进或逆转全球化的政策最为敏感。既有研究表明,劳动力市场全球化,尤其是与相对低工资成本的中国的贸易,④对美国非大学学历工人产生了负面经济影响,⑤而最受对华贸

---

① See Milanovic, B., *Global Inequality: A New Approach for the Age of Globalization*, Cambridge, Harvard University Press, 2016, pp.155-211.

② Ibid., pp.118-153.

③ See Eatwell, R., Goodwin, M. J., *National Populism: The Revolt against Liberal Democracy*, London: Pelican Books, 2018, pp.1-26.

④ Autor, D., Dorn, D.&Hanson, G., The China Syndrome: Local Labor Market Effects of Import Competition in the United States, *American Economic Review*, No.103(6), 2013, pp.2121-2168.

⑤ Lin, K.H., The Rise of Finance and Firm Employment Dynamics, *Organization Science*, No.27(4), 2018, pp.972-988.

易负面影响的地区以投票选举特朗普的方式最为支持反全球化。[1]同样,也有研究表明,工人阶级的社会经济地位和教育水平[2]是英国脱欧的关键性决定因素。[3]因此,本文聚焦于发达经济体中这部分工人抵制全球化的可能性。

根据相关研究,本文假设劳动力市场的全球化既为发达经济体的企业提供了机会(可以直接或间接地利用发展中经济体的劳动力资源),也带来了威胁(因为企业的竞争对手也会利用这些新的劳动力资源),而特定的制度会鼓励或约束企业采取"升级"或"劳动力套利"的雇佣策略。[4]在劳动力套利策略中,企业通过直接或间接地利用发展中经济体的廉价劳动力来替代发达经济体的劳动力,从而寻求竞争优势。在升级策略中,企业寻求竞争优势的方式是放弃对发展中经济体廉价劳动力的密集利用,转而对本国人力资本进行更为昂贵的再投资。虽然这两种策略在营利能力和企业可持续性发展方面都可能取得成功,但是企业的选择会影响其所属经济体内部对全球化产生抵制的可能性。

需要注意的是,"劳动力套利"或"升级"策略并不是一个非此即彼的二分变量,而是一个雇佣策略的选择范围。企业通常会通过与发展中经济体的业务接触或多或少地利用其廉价劳动力资源,而不是完全依赖或完全放弃发展中经济体廉价劳动力所带来的成本节约。

(二)多样化资本主义的分析框架

比较资本主义研究的基本分析框架是"多样化资本主义"。[1]多样化资本

---

① See Autor, D., Dorn, D., Hanson, G., & Majlesi, K. (2016), *A Note on the Effect of Rising Trade Exposure on the 2016 Presidential Election*, https://mpra.ub.uni-muenchen.de/11288911/MPRA-Paper_112863.pdf, 访问时间:2020 年 10 月 10 日。

② 教育水平与社会经济地位呈显著的正相关关系。参见程黎、杨灿明:《试论教育与收入差距的关系——兼谈美国社会的收入差距》,《国家教育行政学院学报》,2010 年第 6 期。

③ See Goodwin, M. J., Heath, O., The 2016 Referendum, Brexit and the Left Behind: An Aggregate-level Analysis of the Result, *Political Quarterly*, No.87(3), 2016, pp.323-332.

④ See Hall, P. A., & Soskice, D., *Varieties of Capitalism: The Institutional Foundations of Comparative Advantage*, Oxford University Press, 2001, pp.337-442.

⑤ See Hall, P. A., & Soskice, D., *Varieties of Capitalism: The Institutional Foundations of Comparative Advantage*, Oxford University Press, 2001, pp.71-213.

主义是一个以企业(尤其是跨国公司)为中心的比较制度研究的理论范式,它将发达资本主义经济体大致分为两种类型——自由市场经济体(以美国为典型代表)和协调市场经济体(以德国为典型代表),着重于各经济体中不同制度领域的关联,从而克服了传统制度学派将雇佣关系制度孤立起来研究的倾向。同时,多样化资本主义以企业为中心的本质,克服了将制度与社会行动者(social actors)分开来分析的倾向(事实上,这两者是互相关联的)。尤其是多样化资本主义把焦点放在研究企业在不同的国家制度体系中采取不同的雇佣策略,从而把雇主重新纳入雇佣关系变革的分析。① "多样化资本主义"范式认为,在至少四个领域(教育与培训、劳资关系、企业间关系网络、金融体系及公司治理)中的差异性的制度安排会形成非随机性的制度结构,即在某个资本主义经济体中产生了特定的制度互补性,而当两个或多个领域的特定制度同时发生作用时,可能导致整个制度体系的绩效提升。根据上述制度体系的不同,大多数发达经济体可被分为自由市场经济体和协调市场经济体(Coordinated Market Economies,CMEs)两种类型。不同于自由市场经济体,在协调市场经济体中,经济活动在很大程度上通过经济和社会行为体之间的非市场机制进行组织和协调。"多样化资本主义"认为,特定的制度结构既能约束企业的行为,又能为企业提供制度性的投入要素,使企业具备制度竞争优势,从而实现企业在某领域的专业化比较优势。②

作为比较资本主义研究的基本分析框架,"多样化资本主义"正确地指出,自由市场经济体代表着一套相对连贯的以市场机制为核心的制度安排,并且是一些发达经济体(例如美国、英国、加拿大、澳大利亚和新西兰)的主要经济运行和组织方式。但是在描述其他发达经济体的资本主义制度时,协调市场经济体的概念或者说理想类型就显得过于狭窄(这一概念可能只能真正描述德国等少数几个发达经济体的资本主义制度),即使多样化资本主义分析框架强调的四个制度领域对于所有发达经济体都至关重要。正是由

---

① 参见[澳]班贝儿、兰斯伯里、韦尔斯等:《国际与比较雇佣关系:全球化与变革》,赵曙明、李诚,张捷等译,北京大学出版社,2012年,第1~26页。

② 参见常庆欣:《比较商业体制视域中的资本主义多样性》,《山东社会科学》,2016年第2期。

于协调市场经济体这一理想类型的适用范围有限,本文使用"非自由市场经济体"(non-LMEs)这一更为宽泛的概念类型,将自由市场经济体与其他发达经济体区分开来。在多样化资本主义强调的四个制度领域,一些非自由市场经济体也可能存在互补性的制度结构,而且这些制度结构与协调市场经济体(如德国)的制度结构存在明显区别。

自由市场经济体与非自由市场经济体的本质区别与关于企业目标的基本定义有关。例如,在自由市场经济体中,上市公司(跨国公司通常是上市公司)的目标被狭义地、工具性地定义为使股东回报最大化;而在非自由市场经济体中,除了使股东回报最大化外,上市公司通常还被认为是承担着非利润目标责任的准公共机构。[①]因此,非自由市场经济体比自由市场经济体更重视公司的生存,而在自由市场经济体中,破产、并购和其他形式的公司解体主要被视为一个有益的市场驱动过程,从而将资产释放出来配置于更具生产性的部门。这种本质区别反映在不同类型资本主义经济体的制度设置中:自由市场经济体的制度结构增强和鼓励企业之间的竞争,并鼓励企业在不断变化的市场环境中迅速作出反应;在非自由市场经济体中,制度结构允许企业在更长的时间跨度内进行战略调整和重组。

当然,典型的协调市场经济体(如德国)和其他非自由市场经济体的制度设置不可能仅通过提供必要的投入(例如,投资于培训创造高价值的技能工人)来实现企业的长期生存。在短期内,它们还会采取政策措施来缓冲企业、工人和国民经济中的其他利益相关者面临的经济全球化的负面影响。制度缓冲是理解不同发达经济体的工人和企业对全球化不同反应的关键。

然而除教育与培训、劳资关系、企业间关系网络、金融体系及公司治理四个制度领域之外,多样化资本主义现有文献相对忽视了发达经济体制度体系的另两个方面的作用:国家对经济的干预和国家提供的社会福利制度。当我们考虑对全球化的不同反应和缓冲全球化的影响时,二者发挥了比多样化资本主义研究认为的更为广泛的作用。因此,本文第三部分将考察以上

---

① See Weimer, J., Pape, J. C., A Taxonomy of Systems of Corporate Governance, *Corporate Governance International Review*, No.7(2), 1999, pp.152–166.

六个制度领域,以及它们如何影响了企业和工人面对全球化挑战时的反应。继而,本文试图就国家制度体系对反全球化的可能性产生的影响进行理论建构。

需要指出,自由市场经济体与非自由市场经济体之间的区分也不是非此即彼的二分变量,而是一个连续变量范围,假设在给定的制度体系,一端是理想型的非自由市场经济体,另一端是理想型的自由市场经济体。理想型的自由市场经济体以对市场机制的最低限度监管作为决定性的经济运行体制。但基于多样化资本主义范式,有研究将一些发达经济体称为类自由市场经济体(LME-lite)或类协调市场经济体(CME-lite)。[1]然而正如对多样化资本主义模型的批评所指出的那样,[2]这样的分类事实上假设所有的资本主义经济体都适用于CME-LME的类型学范围,却忽视了世界上实际存在的一些不在此范围内的资本主义经济体的制度体系。虽然在全球化竞争压力的影响下,典型的协调市场经济体(如德国)制度结构为工人和企业提供了缓冲,但是本文认为,与德国不同的其他非自由市场经济体制度结构同样有效地为工人和企业提供了缓冲。

因此,本文使用"混合市场经济体"这一概念来指称不同于理想型协调市场经济体的其他非自由市场经济体。在混合市场经济体中,并非所有的制度领域都表现出纯粹的自由市场倾向或纯粹的非自由市场倾向,也就是说,在一个给定的混合市场经济体中,各制度领域在缓冲工人面对的全球化压力和约束企业采取劳动力套利策略方面,可能起着相反的作用。例如,瑞典的企业现在越来越依赖外部股东的股权融资,这是自由市场经济体的一个典型特征。[3]这一特征可能会加剧反全球化倾向,因为它迫使企业追求劳动

① See Witt, M. A., Jackson, G., Varieties of Capitalism and Institutional Comparative Advantage: A Test and Reinterpretation, *Journal of International Business Studies*, No.47(7), 2016, pp.778-806.

② See Allen, M., The Varieties of Capitalism Paradigm: Not Enough Variety? Socio-Economic Review, No.2 (1), 2004, pp.87-108; Crouch, C., Models of Capitalism, *New Political Economy*, No.10(4), 2005, pp.439-456.

③ See Schnyder, G., Like a Phoenix from the Ashes? Reassessing the Transformation of the Swedish Political Economy Since the 1970s, *Journal of European Public Policy*, No.19(8), 2012, pp.1126-1145.

力套利策略。然而瑞典也是世界上最发达、最团结的福利国家之一，这种典型的非自由市场经济体特征同时会削弱反全球化倾向。

三、理论建构：制度差异、企业雇佣策略与反全球化

多样化资本主义分析框架特别适合于探讨国家层面的制度差异如何为企业应对全球化的技术和经济压力提供不同的激励和能力。在这一部分，本文将针对上述六个制度领域分别提出一组理论命题，从而进行理论建构；并且每一组命题分别涉及(a)非企业行为体和(b)企业，因为非企业行为体和企业都与制度体系互动，从而影响反全球化的程度或可能性。此外，本文还将讨论由上述六个制度领域组成的整个制度体系对反全球化的影响。

（一）教育与培训

自由市场经济体通常更注重在大学教育中培养白领专业人士（也称"白领工人"[①]），而相对忽视大专和中专层面的职业教育。[②]相比之下，非自由市场经济体通常建立相关制度，由国家直接投资于技能工人培训或鼓励企业增加对工人培训的投资，以降低其竞争对手"挖墙脚"的风险。因此，一些非自由市场经济体通过广泛的职业教育和培训——包括国家积极资助的技能培训（如瑞典），国家与行业协会合作提供培训（如奥地利、德国和瑞士），或企业内部的终身培训和就业（如日本），[③]从而为各产业部门输送高素质的非大学学历技能工人。[④]因此，自由市场经济体的非大学学历工人往往拥有较

---

① 参见李中仁、陈周旺：《迈向劳工政治分析范式的白领工人研究——理论述评与现实启示》，《上海行政学院学报》，2013 年第 2 期。

② Thelen，K，Varieties of Labor Politics in Developed Democracies，In P. A. Hall & D. Soskice（Eds.），*Varieties of Capitalism*，Oxford，Oxford University Press，2001，pp.71–103.

③ 这一制度安排有效抑制了企业竞争对手来争夺本企业的技能工人。

④ See Hall，P. A.，Soskice，D.，*Varieties of Capitalism：The Institutional Foundations of Comparative Advantage*，Oxford University Press，2001，pp.247–275；Jackson，G.，Deeg，R.，The Long-term Trajectories of Institutional Change in European Capitalism，Journal of European Public Policy，No.19（8），2012，pp.1109–1125；Jackson，G.，& Sorge，A.，The Trajectory of Institutional Change in Germany，1979–2009，Journal of European Public Policy，No.19（8），2012，pp.1146–1167；Schnyder，G.，Like a Phoenix from the Ashes? Reassessing the Transformation of the Swedish Political Economy since the 1970s，*Journal of European Public Policy*，No.19（8），2012，pp.1126–1145.

低的、通用性的技能,这些技能使他们可以受雇于各类企业,而非自由市场经济体的非大学学历工人往往拥有较高的但更具企业或行业特征的技能,从而使他们较难离开本企业或行业。

如果我们认为全球化导致了全球低技能劳动力的增加,发达经济体的企业可以通过将生产活动转移到发展中经济体,或外包给发展中经济体的外部供应商,从而利用发展中经济体的廉价劳动力,那么自由市场经济体中受雇于可贸易商品和服务行业(tradable goods and services sectors)的非大学学历工人就会强烈感受到全球化的冲击,而非自由市场经济体(如德国)高技能的非大学学历工人则不会感受到这种冲击。由此本文提出以下命题:

命题 1a 培训和教育制度对非大学学历工人投资越多,则非大学学历工人在与发展中经济体工人竞争时脆弱性就越小,因此反全球化的可能性也越小。

就企业层面而言,自由和非自由市场经济体非大学学历工人的技能状况,也导致这两类发达经济体的企业在这些工人技能最适合的领域实现专业化。自由市场经济体的企业倾向于专门从事可以标准化的可贸易商品的大规模生产,也可以雇佣受过大学教育的白领工人从事密集型的研发活动;而非自由市场经济体的企业则倾向于利用各自经济体的培训系统,对非大学学历工人进行针对特定行业或企业的深度技能培训,[1]这些技能是在企业、行业和国家培训体系之间的互动关系中长期发展起来的,因此不太容易被其他经济体复制。[2]依赖于各自经济体教育培训制度提供的独特技能体系,非自由市场经济体的企业通常已经发展出了自己的核心竞争力,因此与自由市场经济体的企业相比,它们更难将其生产转移到发展中经济体。由此本文提出以下命题:

---

① See Thelen, K., Varieties of labor politics in developed democracies. In P. A. Hall & D. Soskice (Eds.), *Varieties of capitalism.* Oxford, UK: Oxford University Press. ,2001,pp.71–103.

② See De Massis, A., Audrestch, D., Uhlaner, L., & Kammerlander, N., Innovation with limited resources: Lessons from the German Mittelstand, *Journal of Product Innovation Management*, No.35(1),2018, p.125–146; Thelen, K., *How institutions evolve: The Political Economy of Skills in Germany, Britain, the United States, and Japan*, Cambridge, Cambridge University Press, 2004, pp.1–38.

命题 1b　培训和教育制度对非大学学历工人投资越多，则企业就越可能依赖本国的非大学学历工人，因此反全球化的可能性也越小。

(二)劳资关系和工会组织

比较资本主义研究表明，自由市场经济体的劳动力市场比非自由市场经济体的劳动力市场监管程度低，前者的工会规模小得多，实力也弱得多，而且支离破碎。[1]这常常引起人们对受到严格监管或工会组织化程度高的劳动力市场灵活性的担忧。然而更"僵化"的劳动力市场的优势在于，为可贸易行业的工人提供了缓冲，使其免受全球化的经济压力。[2]同样重要的是，非自由市场经济体的这些相同的劳资关系制度甚至有助于更好地保护非贸易行业的工人。换言之，这些劳资关系制度往往会减轻全球化给整个社会带来的冲击和负担。例如，有研究表明，与美国相比，许多非自由市场经济体的零售业工人有更好的薪酬和工作条件。[3]由此本文提出以下命题：

命题 2a　工会组织化和劳动力市场监管水平越高，非大学学历工人就会在与发展中经济体工人的竞争中受到更多保护，因此其反全球化的可能性就越小。

上述非自由市场经济体的劳动力市场制度不仅通过保证一定的收入水平和提供社会保障来保护工人，而且还能约束企业的雇佣策略选择。因此，劳动力市场制度还可以通过间接的、企业层面的渠道来影响反全球化的可能性。事实上，强有力的工会组织和劳动力市场规制限制了企业在劳动力市场上的战略决策(例如大规模裁员)，因为企业要么无法在非自由市场经济体采取这类行动，要么必须付出非常高的成本，例如向被解雇的工人支付更

① See Thelen, K., Varieties of Labor Politics in Developed Democracies. In P. A. Hall & D. Soskice (Eds.), *Varieties of capitalism*. Oxford, Oxford University Press, 2001, pp.71–103.

② 尽管 21 世纪以来有些非自由市场经济体（例如丹麦）的劳动力市场制度变得更为"自由化"，但仍能为受全球化负面影响的工人提供更高水平的缓冲。因此，虽然这些非自由市场经济体建立了新的"灵活安全就业的"劳动力市场制度，但工人的生计仍然受到保护。参见于艳芳：《丹麦劳动力市场的灵活保障就业模式》，《中国财政》，2011 年第 7 期。

③ See Carre, F., & Tilly, C., *Where the Bad Jobs are Better*, Russell Sage Foundation, 2017, pp. 111–157.

高比例的解雇赔偿金，且解雇赔偿金的计算年限要比自由市场经济体长得多。①因此，这些强大的制度约束使得非自由市场经济体的企业更难利用全球化而将业务转移到低工资国家。这些制度限制可能会在短期内对企业营利能力产生负面影响——它们会导致更高的重组成本和劳动力成本，但实际上也会促使企业寻求可行的"升级"策略，因为采取"劳动力套利"策略要么由于成本太高，要么由于一些非自由市场经济体严格的劳动法规，而成为不可能的选项。这些劳资关系和劳动力市场监管方面的强大制度压力，为非自由市场经济体的非大学学历工人提供了更多的保护，使他们免受全球化对就业的负面影响。由此本文提出以下命题：

命题 2b　工会组织化和劳动力市场监管水平越高，企业采用劳动力套利策略的可能性就越低，因而发生反全球化的可能性也越小。

(三)企业间关系网络

自由市场经济体的企业通常与其他企业保持一定距离的、完全基于市场机制的交易，而非自由市场经济体的企业之间通常会产生各种稳定的、长期的、因而更具合作性的关系。在非自由市场经济体，即使是在同一行业中相互竞争的企业也会通过不成文的"关系契约"来协调它们的业务活动，例如在培训和研发领域，它们通过集中资源生产公共产品。换言之，与自由市场经济体的企业相比，非自由市场经济体的企业之间存在着更广泛的正式合作关系。因此，非自由市场经济体的企业通常通过密集交叉的股权关系和重叠的董事会网络而相互关联。这种企业间关系网络为法律上独立的企业之间的协调提供了"社会基础设施"，通过鼓励企业间的合作实践来塑造企业行为，并在商业精英中创造了某种"共同的商业伦理"。②企业间的关系网络通过提供完全基于市场机制的替代方案，在一定程度上使企业与竞争性的市场力量隔离开来。

---

① See Gospel, H., & Pendleton, A., Finance, Corporate Governance and the Management of Labour: A Conceptual and Comparative Analysis, *British Journal of Industrial Relations*, No.41(3), 2003, pp.557–582.

② See Windolf, P., *Corporate Networks in Europe and the United States*, Oxford, Oxford University Press, 2002, pp.21–94.

除了欧洲，在东亚地区的韩国和日本都产生了横跨多个行业的大型企业集团。在某种程度上，这样的结构可以使集团内企业免受市场力量的冲击。①因为这种企业间关系给集团内企业提供了一个缓冲，使其免受突然的技术和其他变革带来的短期压力。面对全球化的挑战和采用劳动力套利策略企业的竞争压力，这种在非自由市场经济体常见的稳定的企业间关系，为在短期内不得不对这些竞争压力作出反应的企业提供了缓冲。因此，非自由市场经济体的企业更可能放弃劳动力套利策略，从而有更多的时间探寻可行的升级雇佣策略。

基于以上关于企业间关系网络的讨论，本文提出以下两个理论命题：

命题 3a　企业之间的合作关系越是长期稳定，企业采用劳动力套利策略的可能性越小，因此反全球化的可能性也越小。

命题 3b　企业之间的合作关系越是长期稳定，企业越有可能通过雇佣本国工人来应对依赖发展中经济体工人的企业的竞争，因此反全球化的可能性也越小。

(四)金融体系与公司治理

比较资本主义文献进一步区分了发达经济体中影响企业融资方式和公司治理的金融制度，特别强调了以股权融资为基础的金融体系和以银行融资为基础的金融体系之间的区别。

自由市场经济体的金融体系通常以股权融资为基础，银行不与企业客户建立长期关系；而非自由市场经济体的股票和债券市场普遍较不发达，但拥有强大的银行业为非金融企业提供长期融资。对发达经济体公司治理的比较研究指出，相对于以银行融资为基础的金融体系，以股票市场为基础的金融体系对于企业成长而言更具有优势。②以股权融资为基础的金融体系的

---

① See Gerlach, M., & Lincoln, J, *Japan's Network Economy: Structure, Persistence, and Change*, Cambridge University Press, 2004, pp.10-50.

② See La Porta, R., Lopez-de-Silanes, F.&Shleifer, A., The Economic Consequences of Legal Origins, *Journal of Economic Literature*, No.46 (2), 2008, p.285 - 332; Armour, J., Deakin, S., Lele, P.&Siems, M. M., How do Legal Rules Evolve? Evidence from a Cross-country Comparison of Shareholder, Creditor, and Worker Protection, *The American Journal of Comparative Law*, No.57 (3), 2009, pp.579-629.

主要优势是,通过汇集散户和机构投资者的大量资本,使企业能够通过最大限度地提高股价来降低融资成本。此外,以股票市场为基础的金融体系通常包含风险资本市场,从而使初创企业能够轻松获得融资。①而在非自由市场经济体,银行和企业之间通过各种各样的制度安排保持持久的关系,因此资本可以在更长的时间范围内等待投资回报。②此外,银行和企业间这种长期关系,也使银行更容易获得企业的内部信息并对企业进行监督,从而降低了资金成本。③

金融体系和公司治理方面的制度差异对企业的管理和战略也有重要影响。基于对股票市场的依赖,自由市场经济体的公司治理体系往往是以少数股东(minority shareholders)为导向的,其各种法律机制强化了企业管理层对这些外部股东的责任。④此外,由于自由市场经济体缺乏耐心的长期资本提供者,使得企业所有权结构更具流动性,也使企业更可能面临敌意收购的威胁。事实上,在自由市场经济体,企业本身已成为所谓"公司控制权市场"中的商品,这被视为一种关键性的公司治理机制,以确保企业管理者专注于使外部股东的回报最大化。⑤而在非自由市场经济体,公司治理体系通常缺乏这样的机制来增加外部股东的权力;相反,长期的银行融资和耐心的大股东(内部控股股东)使得少数外部股东的利益成为非自由市场经济体企业经理人的次要关注。

上述企业利益相关者的权力差异对企业的雇佣策略产生了影响。在自由市场经济体, 资本市场的压力促使企业在发生危机时经常将裁员作为降

---

① Armour, J., Cumming, D., The Legislative Road to Silicon Valley, *Oxford Economic Papers*, No.58(4), 2006, pp.596–635.

② See Deeg, R., Hardie, I., & Maxfield, S., What is Patient Capital, and Where does it Exist? *Socio-Economic Review*, No.14(4), 2006, p.615–625.

③ See Khan, M. H., Rents, efficiency and growth. In K. S. Jomo & M. H. Khan (Eds.), *Rents, rent-seeking and economic development*, Cambridge University Press, 2000, pp.21–65.

④ See Fainshmidt, S., Judge, W. Q., Aguilera, R. V., & Smith, A., Varieties of Institutional Systems: A Contextual Taxonomy of Understudied Countries, *Journal of World Business*, No.53(3), 2016, pp.307–322.

⑤ See Jensen, M. C., & Ruback, R. S., The Market for Corporate Control: The Scientific Evidence, *Journal of Financial Economics*, 1983, No.11, pp.5–50.

低成本的第一选择,却仍要向外部股东支付股息。①相反地,在非自由市场经济体,耐心的大股东往往允许企业在危机时期不解雇工人,而是在一定程度上牺牲股息和财务业绩。②由此本文提出以下命题:

命题 4a　在以银行融资为主的发达经济体,外部股东对企业可行使的权力较小,而非大学学历工人就越有可能对企业施加影响,使其采取"升级"雇佣策略,因此反全球化的可能性也越小。

命题 4b　在以银行融资为主的发达经济体,外部股东向企业施压以实施劳动力套利策略的权力就越小,因此反全球化的可能性也越小。

(五)社会福利制度

本文第二部分指出,比较资本主义文献对国家提供的社会福利制度关注不够。然而在多样化资本主义之前的研究已经归纳了发达经济体中存在的三种类型的社会福利制度,即以英美为代表的自由社会福利制度、斯堪的纳维亚国家的社会民主主义福利制度、以德国及某些西欧国家为代表的基督教民主福利制度。③这些不同类型的社会福利制度非常有助于理解,为什么有些经济体能够比其他经济体为经济全球化的失败者提供更多的援助。

有学者研究发现,25 个发达经济体中的 65%~70%的家庭的实际市场收入在 2005—2014 年间持平或下降。④尽管如此,有些发达经济体的社会福利制度在救助实际市场收入持平或下降的最贫穷社会阶层方面, 做得比另一些发达经济体好得多。因此,在同样面对劳动力市场全球化导致的与发展中经济体的低工资工人的竞争时, 那些提供慷慨的社会福利的发达经济体中

---

① See Gospel, H., Pendleton, A., Finance, Corporate Governance and the Management of Labour: A Conceptual and Comparative Analysis, *British Journal of Industrial Relations*, No.41(3), 2003, pp.557–582.

② See Deeg, R., Hardie, I., & Maxfield, S., What is Patient Capital, and Where does it Exist? *Socio-Economic Review*, No.14(4), 2016, pp.615–625.

③ See Esping-Andersen, G., *The three worlds of welfare capitalism*, John Wiley & Sons, 1990, pp.9–35.

④ See Dobbs, R., Madgavkar, A., Manyika, J., Woetzel, J., Bughin, J., Labaye, E., & Kashyap, P.Poorer than their parents? Flat or falling incomes in advanced economies. https://www.mckinsey.com/~/media/mckinsey/featured%20insights/Employment%20and%20Growth/Poorer%20than%20their%20parents%20A%20new%20perspective%20on%20income%20inequality/MGI-Income%20-Inequality-Executive-summary-July-2016.ashx,访问时间:2020 年 10 月 10 日。

的非大学学历工人为适应全球化而承受的成本要低得多。更为慷慨的福利制度也为退休工人提供了更好的生活条件,从而降低了他们的经济焦虑。由此本文提出以下命题:

命题5 国家的社会福利制度越强大,就越能保护更多的工人免于承受全球化的代价,因此产生反全球化的可能性就越低。

(六)国家(政府)对经济的干预

某些非自由发达经济体的政府在组织金融体系、劳动力市场甚至行业协会方面,扮演着比现有比较资本主义研究认为的更重要的角色。此外,在东亚①和某些西欧国家(如法国和意大利)②,政府也会主动干预经济。就本文而言,国家对全球经济的干预主要有两种形式:贸易政策和产业政策。

在贸易政策方面,东亚发达经济体(如日本、韩国)通过高关税保护农业被视为对农民的一种福利政策,这一政策在其国内具有广泛的合法性。③同样地,根据世界贸易组织的规则,日本与韩国的政府能够通过谈判对进口汽车征收高额关税(比欧盟和北美的关税高)。不同于自由市场经济体的自由贸易政策,这种高关税确实保护了日韩的汽车制造业劳动力不被自由贸易所取代。因此,日韩企业及其民众认为,国家干预对自由贸易的防范是完全合法的,这种共识在一定程度上限制了日韩通过自由贸易协定拥抱全球化。总之,对经济干预更多的国家可能会采用更多的保护主义政策(包括关税、非关税壁垒和贸易管制),虽然这可能会影响经济增长,但也可能有助于保护某些行业免受全球化的竞争压力。这些干预措施还加强了许多应对全球化冲击的缓冲措施。由此本文提出以下命题:

命题6a 国家通过贸易保护对经济的干预越多,非大学学历工人与发展中经济体的工人相互竞争的可能性就越小,因此反全球化的可能性也越小。

在其他的制度领域,国家干预也通过对企业战略的影响对反全球化产

① See Wade, R., *Governing the Market*, Princeton, Princeton University Press, 1990, pp.34–54.

② See Zysman, J., Governments, *Markets and Growth*, Ithaca, Cornell University Press, 1993, pp.99–171.

③ See Kim, P. H., The east Asian Welfare State Debate and Surrogate Social Policy: An Exploratory Study on Japan and South Korea, *Socio-Economic Review*, No.8, 2010, pp.411–435.

生了间接的影响。首先,保护主义的贸易政策减轻了那些原本不得不与廉价进口商品竞争的企业的压力。这减缓了企业降低成本的压力,进而减少了它们将产业链迁移到低工资发展中经济体的动机。其次,政府也通过产业政策干预经济,这些产业政策鼓励本国企业进入新的行业,并将其核心生产活动放在本国国内。例如在韩国,政府为财阀集团进入绿色能源等新领域提供政策支持和融资,同时将这些新领域的高附加值生产活动留在韩国。[①]这些通过在国内创造高价值工作的产业政策有助于阻止"去工业化",并为韩国工人提供了社会经济利益,[②]从而使他们对全球化的恐惧感降低。由此本文提出以下命题:

命题 6b 国家通过贸易保护或产业政策对经济的干预越多,企业就越有可能将其生产活动及相伴而生的就业机会置于本国内部,因此抵制全球化的可能性也越小。

(七)制度的互补性及其总体效应

至此,本文讨论了六个制度领域中制度安排的含义,但多样化资本主义分析框架的一个关键论点是,单个领域的制度不是孤立地发挥作用,而是组合在一起共同发挥作用,这些互补性制度的综合效应大于其部分的总和。[③]因此,还必须考虑上述各领域的制度安排在总体上所产生的效应和影响。

在经济全球化中,以美国为典型代表的一些发达经济体基于自由市场原则的制度聚合及相互强化(而不是这些制度效应的简单相加)产生了强大的制度推动,导致企业追求"劳动力套利"雇佣策略。然而在另一些发达经济体(即混合市场经济体[④])的制度体系中,由于一些制度与其他类似自由市场经济体的制度没有相互强化甚至起相反作用,从而大幅度降低了企业追求

---

① See Thurbon, E., *Developmental Mindset: The Revival of Financial Activism in South Korea*, Ithaca, Cornell University Press, 2016, pp.125–142.

② See Kim, K. M., Kwon, H. K., The State's Role in globalization: Korea's Experience from a Comparative Perspective, *Politics and Society*, No.45(4), 2017, pp.505–531.

③ See Amable, B., Institutional Complementarities in the Dynamic Comparative Analysis of Capitalism, *Journal of Institutional Economics*, No.12(1), 2016, pp.79–103.

④ 参见本文第二部分的分析框架。

劳动力套利的动机和压力。例如,虽然日本采取了一些自由市场导向的改革措施,但其制度体系的其他方面(如终身雇佣制、强大而稳定的企业间供应链网络)与基于自由市场原则的制度安排发挥着相反的效应,因此日本的劳动力市场并未转向以劳动力套利为中心的均衡。①而在多样化资本主义谱系的另一端(即理想型的非自由市场经济体或协调市场经济体)也存在着各领域制度的相互强化与聚合,从而推动企业采用"升级"雇佣策略。例如,德国先进制造业中存在大量世界一流的中小企业并不能简单地用劳动保护、工人的技能养成或以银行融资为主的金融体系来解释,而是要看各领域的制度聚合如何使企业具备了采用"升级"雇佣策略的动机和能力。②由此本文提出以下命题:

命题 7a 发达经济体的制度体系越远离理想型的自由市场经济体制度模式,非大学学历工人与发展中经济体工人竞争的可能性就越小,因此反全球化的可能性也越小。

在企业层面,自由市场经济体的制度模式意味着企业更容易受到国内和国际竞争的影响;然而企业的战略选择也较少受到限制,这使它们能够比非自由市场经济体的企业更自由地利用全球化提供的机会——各制度领域的制度总体效应激励企业采取依赖发展中经济体低工资、低技能工人的劳动力套利策略。因此,在以股权融资为基础的金融市场压力和存在敌意收购的威胁下,自由市场经济体的企业被迫不断地降低成本,而非大学学历工人通常不被企业视为宝贵的人力资本,而是需要最小化的可替代成本。另外,非自由市场经济体的制度互补性产生了完全相反的制度总体效应:由于企业与资本提供者、其他企业建立了长期稳定的合作关系,因此它们不仅面临较少的增加营利和降低成本的压力,而且它们还依赖于高技能的劳动力,这

---

① See Vogel,S.,*Market Craft:How Governments Make Markets Work*,Ithaca,Cornell University Press,2018,pp.77–116.

② See De Massis,A.,Audrestch,D.,Uhlaner,L.,& Kammerlander,N.,Innovation with Limited Resources Lessons from the German Mittelstand,*Journal of Product Innovation Management*,No.35(1),2018,pp.125–146.

些劳动力往往被企业视为不易替代的、需要不断投资的宝贵资产。由此本文提出以下命题：

命题7b　发达经济体的制度体系越远离理想型的自由市场经济体制度模式，企业追求劳动力套利策略的压力与动机就越小，因此反全球化的可能性也越小。

本文讨论的六个制度领域的不同特征，直接影响了发达经济体内部的反全球化程度。作为多样化资本主义谱系的两端，自由市场经济体或非自由市场经济体各领域的制度差异通过制度互补性增强（或削弱）其他制度领域的效应，它们还通过影响价值链分工而间接影响反全球化的程度。在其他条件不变的情况下，反全球化程度越高，政策逆转的可能性就越大。

四、结论与讨论

本文认为，在一个特定的发达经济体，国家制度影响反全球化和政策逆转的可能性，即制度通过限制或鼓励企业采取劳动力套利策略的倾向，进而降低或增加特定发达经济体出现反全球化和政策逆转的可能性。

本文的分析框架试图为未来的研究奠定一个理论基础，而且这个分析框架显然还需要改进和进一步的实证研究来验证。首先，发达经济体的政治制度可能是影响反全球化和政策逆转的可能性的一个中介因素。①例如，特朗普政府除了取消进一步深化经济全球化的政策外（如退出 TPP），并没有导致太多支持反全球化的政策逆转。然而美国的行政部门在制定贸易政策上拥有许多手段，总统可以在未经立法部门许可的情况下使用这些手段。事实上，自 2016 年特朗普当选以来，已经利用总统权力实施了一些反全球化的政策逆转，比如发动与中国的贸易战以及与美国盟友的多重贸易争端。

其次，笔者认为，本文提出的理论命题有助于理解制度差异在导致反全球化的可能性、程度和后果的重大差异方面所起的复杂的、多层次的作用，因此也有助于理解不同类型发达经济体的企业（尤其是跨国公司）目前面临

① Culpepper, P., *Quiet Politics and Business Power*, Cambridge: Cambridge University Press, 2010, pp.145–198.

的不确定性的差异。此外,进一步的实证研究也应探讨发展中经济体反全球化背后的动机和制度因素,以及驱动反全球化的非经济因素。尤其是诸如东盟、欧盟、南方共同市场和北美自由贸易区等区域性贸易一体化在影响区域内的发展中国家制度鼓励或限制反全球化和政策逆转方面所起的作用,是有待探讨的一个重要课题。通过纳入发展中国家,本文提出的分析框架可能有助于对更多不同类型的资本主义市场经济体制度的研究。

最后,就企业层面而言,本文着重指出自由市场经济体的许多企业追求全球化的雇佣方式或策略(劳动力套利)增加了反全球化的风险,并可能导致政策逆转,从而限制了企业通过全球化寻求更高利润的自由。那么自由市场经济体的企业,特别是大型跨国公司,如何才能使它们对全球化的参与在政治上更具可持续性呢? 有学者发现,部分高绩效的美国企业与雇佣美国工人之间存在重要的互动关系,但是由于缺乏非自由市场经济体中常见的制度支持,美国企业较难采用"升级"雇佣策略。[1]这意味着,自由市场经济体的企业可以通过政治参与,寻求建立类似非自由市场经济体的相关制度,使升级雇佣策略对企业而言更为可行、成本更低。这种政治参与是有历史先例的,例如在欧洲大陆的一些发达经济体,国家的许多教育培训和社会福利制度在很大程度上是由企业家的需求驱动的。[2]但本文认为,自由市场经济体的企业可能面临一个关键性的集体行动问题:就单个企业而言,企业有追求劳动力套利策略的动机,但如果许多企业都追求劳动力套利,那么就整体而言,企业将由于反全球化的政策逆转而付出追求劳动力套利的代价。

(朱鸣,上海工会管理职业学院研究部副部长、上海市工人运动研究会理事)

---

① See Kochan, T., "Shaping the Future of Work." Presentation at the Watson Institute. Providence, RI:Brown University, 2017, pp.11-31.

② See Estevez-Abe, M., Iversen, T., & Soskice, D., Institutional and Sectoral Interactions in Monetary Policy and Wage/Price-Bargaining. In P. Hall & D. Soskice (Eds.), Varieties of Capitalism: *The Institutional Foundations of Comparative Advantage*, Oxford University Press, 2001, pp.145-183.

参考文献

一、中文文献

(一)著作

1.《马克思恩格斯文集》(第一~十卷),人民出版社,2009 年。

2. 中央编译局编译:《马克思恩格斯列宁斯大林论巴黎公社》,人民出版社,1961 年。

3.《列宁全集》(第 35 卷),人民出版社,2017 年。

4.《列宁论工会》,工人出版社,1959 年。

5. 中华全国总工会、中共中央文献研究室编:《毛泽东邓小平江泽民论工人阶级和工会工作》,中央文献出版社,2002 年。

6.《刘少奇论工人运动》,中央文献出版社,1988 年。

7.《胡锦涛文选》(第三卷),人民出版社,2016 年。

8.《习近平谈治国理政》(第二卷),外文出版社,2017 年。

9.《习近平关于社会主义社会建设论述摘编》,中央文献出版社,2017 年。

10. 中共中央宣传部:《习近平总书记系列重要讲话读本》,学习出版社、人民出版社,2014 年。

11.《包惠僧回忆录》,人民出版社,1983 年。

12. [美]彼得·A.霍尔、戴维·索斯凯斯:《资本主义的多样性:比较优势的制度基础》,王新荣译,中国人民大学出版社,2018 年。

13. [澳]班贝儿、[澳]兰斯伯里、[澳]韦尔斯等:《国际与比较雇佣关系:

全球化与变革》,赵曙明、李诚、张捷等译,北京大学出版社,2012 年。

14.《当代中国工人阶级和工会运动》,当代中国出版社,2009 年。

15. 共青团中央青运史研究室等编:《青年共产国际与中国青年运动》,中国青年出版社,1985 年。

16. [美]哈里·布雷弗曼:《劳动与垄断资本——二十世纪中劳动的退化》,方生等译,商务印书馆,1978 年。

17. [德]黑格尔:《精神现象学(上卷)》,贺麟、王玖兴译,商务印书馆,1979 年。

18. 贾西津、沈恒超、胡文安:《转型时期的行业协会——角色、功能与管理体制》,社会科学文献出版社,2004 年。

19. [德]卡尔·洛维特:《从黑格尔到尼采:19 世纪思维中的革命性决裂》,李秋零译,三联书店出版社,2019 年。

20.《李立三赖若愚论工会》,档案出版社,1987 年。

21. 李玉赋主编:《产业工会工作概论》,中国工人出版社,2018 年

22. 李玉赋:《新的使命和担当——〈新时期产业工人队伍建设改革方案〉解读》,北京:工人出版社,2017.

23. 李玉赋主编:《新编中国工人运动史(上下卷)》,中国工人出版社,2016 年。

24. 李玉贞等主编:《马林与第一次国共合作》,光明日报出版社,1989 年。

25. 李玉贞著:《马林传》,中央编译出版社,2002 年。

26. 刘益涛编:《毛泽东在延安纪事》,陕西人民教育出版社,1994 年。

27. 刘明逵、唐玉良主编:《中国工人运动史(第一卷)》,广东人民出版社,1998 年

28. [德]莫泽斯·赫斯:《赫斯精粹》,邓习议编译,南京大学出版社,2010 年。

29. 全国总工会课题组编:《深入学习贯彻习近平总书记关于工人阶级和工会工作的重要论述》,中国工人出版社,2021 年。

30. [日]石川祯浩:《中国共产党成立史》,袁广泉译,中国社会科学出版

社,2006 年。

31. 徐正明等译:《共产国际与中国革命(苏联学者论文选译)》,四川人民出版社,1987 年。

32. 姚启荣编著:《中国劳模史 1932—1979》,中国工人出版社,2020 年。

33. 姚建华、苏慧:《回归劳动:全球经济中不稳定的劳工》,社会科学文献出版社,2019 年。

34. 杨奎松:《"中间地带"的革命——国际大背景下看中共成功之道》,广西师范大学出版社,2012 年。

35. [德]于尔根·奥斯特哈默:《中国革命:1925 年 5 月 30 日 上海》,强朝晖译,社会科学文献出版社,2017 年。

36. 余陶生:《劳动价值论争论评说》,中国社会科学出版社,2017 年。

37. 中华全国总工会组织部:《中国工会章程简史》,中国工人出版社,2015 年。

38. 中华全国总工会:《职工代表培训教材》,中国工人出版社,2015 年。

39. 张太雷:《张太雷文集》,人民出版社,2013 年。

40. 张国焘:《我的回忆》(上),东方出版社,2004 年。

41. 周雪光:《组织社会学十讲》,社会科学文献出版社,2003 年。

(二)期刊文章

1. 习近平:《加强领导做好规划明确任务夯实基础 推动我国新一代人工智能健康发展》,《人民日报》,2018 年 11 月 1 日。

2. 习近平:《关于〈中共中央关于全面深化改革若干重大问题的决定〉的说明》,《人民日报》,2013 年 11 月 16 日。

3. 习近平:《在庆祝中国共产党成立 100 周年大会上的讲话》,《人民日报》,2021 年 7 月 2 日。

4. 习近平:《在纪念马克思诞辰 200 周年大会上的讲话》,《党建》,2018 年第 5 期。

5. 陈平:《中国国家治理体系现代化的时代意蕴及其操作合理性——一个历史制度主义的分析》,《理论导刊》,2015 年第 1 期。

6. 陈新丽、冯传禄:《法国政治认同研究》,《法国研究》,2012 年第 4 期。

7. 陈学明、姜国敏:《马克思主义的"劳动解放"理论及其对当代中国的启示》,《上海师范大学学报》(哲学社会科学版),2016 年第 4 期。

8. [法]C. 白蒂尔海姆:《无产阶级专政社会各阶级和无产阶级意识形态》,《每月评论》,1971 年 11 月。

9. 段宇波、赵怡:《制度变迁中的关键节点研究》,《国外理论动态》,2016 年第 7 期。

10. 何玉长、宗素娟:《人工智能、智能经济与智能劳动价值——基于马克思劳动价值论的思考》,《毛泽东邓小平理论研究》,2017 年第 10 期。

11. 何俊志:《结构、历史与行为:历史制度主义的分析范式》,《国外社会科学》,2002 年第 5 期。

12. 胡斯托·巴兰科:《法学者:新自由主义难以为继》,《参考消息》,2019 年 12 月 12 日。

13. 黄海涛:《美国国会大厦与"民主灯塔"的双重陷落》,《光明日报》,2021 年 1 月 8 日。

14. 任帅军:《〈神圣家族〉意识形态探究》,《复旦学报》(社会科学版),2020 年第 2 期。

15. 聂锦芳:《"现实的个人"与"共同体"关系之辨——重温马克思、恩格斯对一个重要问题的阐释与论证》,《哲学研究》,2010 年第 11 期。

16. 彭姝祎:《法国退休制度的改革历程和特点》,《法国研究》,2014 年第 4 期。

17. 荣震、柏维春:《历史制度主义视角下我国腐败治理体制变迁研究》,《辽宁大学学报》(哲学社会科学版),2020 年第 48 期。

18. 陶志勇:《国家治理体系和治理能力现代化视角下的工会角色》,《工会理论研究》,2019 年第 6 期。

19. 文宗瑜:《化解"就业难"与"人才荒"结构性矛盾——以产业产品附加值提升为视角》,《人民论坛》,2021 年第 1 期。

20. 吴晓明:《马克思主义中国化与新文明类型的可能性》,《哲学研究》,

2019 年第 7 期。

21. 许振洲:《法国的黄马甲运动：民粹主义的泛起还是精英政治的危机？》,《国际政治研究》,2019 年第 5 期。

22. 徐伟轩、吴海江:《恩格斯晚年对资本主义变化的认识及其时代意义》,《马克思主义研究》,2020 年第 4 期。

23. 向青:《中国共产党创建时期的共产国际和中国革命》,《近代史研究》,1980 年第 4 期。

24. 姚远:《卢格与马克思——黑格尔法哲学批判的两种书写》,《中国社会科学报》,2018 年 11 月 21 日。

25. 杨奎松:《关于早期共产党人"马克思主义中国化"问题——兼谈中共"一大"纲领为何没能联系中国实际》,《史林》,2021 年第 1 期。

26. 杨京德:《中国提出实现体面劳动 3 项主张》,《人民日报》,2007 年 6 月 13 日。

27. 中华全国总工会:《将推动快递员等八大群体入会》,《人民日报》,2018 年 04 月 11 日。

28. 张双利:《论〈共产党宣言〉对资本主义的批判》,《探索与争鸣》,2018 年第 5 期。

29. 邹诗鹏:《赫斯与马克思思想形成关系再探——赫斯影响马克思的限度与马克思对赫斯的自觉批判》,《复旦学报》(社会科学版),2021 年第 3 期。

30. 朱巧玲、闫境华、石先梅:《数字经济时代价值创造与转移的政治经济学分析》,《当代经济研究》,2021 年第 9 期。

(三)其他文献

1. 戴隆斌主编:《共产国际第二次代表大会文献》，中央编译出版社，2012 年。

2.《建国以来中共中央关于工人运动文件选编》,工人出版社,1989 年。

3.《建国以来工运历史教学参考资料》(第 1 册),中华全国总工会干部学校,1982 年。

4. 李桂才主编:《中国工会四十年资料选编(1948—1988)》,辽宁人民出版社,1990 年。

5. 卢权等编撰:《广东早期工人运动历史资料选编》,广东人民出版社,2015 年。

6. 全国总工会政策研究室:《中国企业领导制度的文献》,经济管理出版社,1986 年。

7.《陕甘宁边区工运史料选编》,工人出版社,1988 年。

8. 沈云龙主编:《近代中国史料丛刊》(第 19 辑),文海出版社,1973 年。

9. 中共一大会址纪念馆编:《中国共产党创建史研究》,上海人民出版社,2012 年。

10. 中共一大会址纪念馆编:《中共首次亮相国际政治舞台档案资料集》,上海人民出版社,2016 年。

11. 中共"一大"会址纪念馆等编:《上海革命史资料与研究》(第 12 辑),上海古籍出版社,2012 年。

12. 中共中央党史研究室第一研究部译:《联共(布)、共产国际与中国国民革命运动(1920–1925)》,北京图书馆出版社,1997 年。

13. 中共中央党史研究室第一研究部编:《共产国际、联共(布)与中国革命文献资料选辑(1917–1925)》,北京图书馆出版社,1997 年。

14.《中共中央关于工人运动文件选编(上中下)》,档案出版社,1984 年。
86.《中国共产党章程》,人民出版社,2007 年。

15. 中央档案馆编:《中共中央文件选集(1921—1925)》(第一册),中共中央党校出版社,1989 年。

二、外文文献

(一)著作

1. Gary S. Becker, Investment in Human Capital: A Theoretical Analysis. Journal of Political Economy, No.7, 1962, p.p 9–49; Theodore W. Schultz, Investment in Education: Equity–Efficiency Quandary, University of Chicago Press, 1972.

2. Jacob Mincer, Schooling, Experience, and Earnings. New York National Bureau of Economic Research, Columbia University Press, 1974.

3. Theodore W. Schultz, Investment in Human Beings, University of Chicago Press, 1962.

(二)期刊文章

1. Ann P. Bartel. Training, Wage Growth, and Job Performance: Evidence from a Company Database, Journal of Labor Economics, No.13(3), 1995.

2. Cathy Yang Liu , Luísa Nazareno. The Changing Quality of Nonstandard Work Arrangements: Does Skill Matter? The Russell Sage Foundation Journal of the Social Sciences, No.5, 2019.

3. Fainshmidt, S., Judge, W. Q., Aguilera, R. V., & Smith, A., Varieties of institutional systems: A contextual taxonomy of understudied countries, Journal of World Business, No.53(3), 2016.

4. Peter H. Cappelli. Skill Gaps, Skill Shortages &Skill Mismatches: Evidence and Argument for the United States, ILR Review, No.2, 2015.

5. Sarah Le Duigou, Endogenous Unemployment Benefits in an Equilibrium Job Search Model over the Life Cycle, Annals of Economics and Statistics, No. 138, 2020.

6. Thomas Lemieux. Occupations, Fields of Study and Returns to Education. The Canadian Journal of Economics, No.4, 2014.

7. Zafar Nazarov, Alisher Akhmedjonov, Education, On-the-Job Training, and Innovation in Transition Economies, Eastern European Economics, No.6, 2012.